公務員試験

出るとこ過去問

2 民法I
総則及び物権

国家一般職・地方上級レベル対応

新装第2版

セレクト SELECT
100

TAC出版
TAC PUBLISHING Group

JN015561

● はじめに ●

目指す場所に必ずたどり着きたい方のために──
『出るとこ過去問』は、超実践的 〝要点整理集＋過去問集〟 です。

「公務員試験に合格したい」
この本を手にされた方は、きっと心からそう願っていると思います。

　公務員試験に合格することは、けっして容易なものではありません。勉強すべき科目は多く、参考書は分厚い。合格に必要な勉強時間はおおよそ1500〜2000時間といわれており、準備に半年〜1年かける方が大半でしょう。覚悟を決め、必死で取り組まなければなりません。

　たとえ予備校に通っていても、カリキュラムをひたすらこなすだけでせいいっぱいという方もいるでしょう。独学の場合はなおさら、スケジュールどおりに勉強を進めていくには、相当な自制心が必要です。試験の日程が近づいているにもかかわらず、「まだ手をつけていない科目がこんなにある」と落ち込んでしまう方もいるかもしれません。

　そんな時こそ、本書の出番です。この『出るとこ過去問』は、公務員試験合格のための超実践的 〝要点整理集＋過去問集〟 です。絶対に合格を勝ち取りたい方が最後に頼る存在になるべく作られました。

　おさえるべき要点はきちんと整理して理解する。解けるべき過去問はきちんと解けるようにしておく。それが公務員試験で合格するためには必須です。**本書は、合格のために 〝絶対理解しておかなければならない要点〟 の簡潔なまとめと、これまで公務員試験の中で 〝何度も出題されてきた過去問〟 だけを掲載しています。**だからこそ、超実践的なのです。

　たくさんの時間を使い、たくさん勉強してきたけれど、まだ完全に消化しきれていない科目がある。そんな方にとって、本書は道を照らす最後の明かりです。**本書のPOINT整理やPointCheck を頼りに重要事項を整理して理解し、過去問が解けるところまでいけば、合格はもうすぐです。**

　いろいろと参考書を手にしてみたものの、どれもしっくりとせず、試験の日程ばかりが迫ってきている。そんな方にとって、本書は頼もしい最後の武器です。**本書をぎりぎりまで何度も繰り返し勉強することで、合格レベルまで底上げが可能となります。**

　道がどんなに険しくても、そこに行き先を照らす明かりがあれば、効果的な武器があれば、目指す場所に必ずたどり着くことができます。

　みなさんが輝かしい未来を勝ち取るために、本書がお役に立てれば幸いです。

2020年3月　TAC出版編集部

● 本書のコンセプトと活用法 ●

本書のコンセプト

1. 過去問の洗い直しをし、得点力になる問題だけを厳選

その年度だけ出題された難問・奇問は省く一方、近年の傾向に合わせた過去問の類題・改題はしっかり掲載しています。本書で得点力になる問題を把握しましょう。

<出題形式について>
　旧国家Ⅱ種・裁判所事務官の出題内容も、国家一般・裁判所職員に含め表記しています。また、地方上級レベルの問題は地方上級と表示しています。

2. 基本問題の Level 1 、発展問題の Level 2 のレベルアップ構成

Level 1 の基本問題は、これまでの公務員試験でたびたび出題されてきた問題です。何回か繰り返して解くことをおすすめします。科目学習の優先順位が低い人でも、最低限ここまではきちんとマスターしておくことが重要です。さらに得点力をアップしたい方は Level 2 の発展問題へ進みましょう。

3. POINT整理と見開き2ページ完結の問題演習

各章の冒頭の**POINT整理**では、その章の全体像がつかめるように内容をまとめています。全体の把握、知識の確認・整理に活用しましょう。この内容は、 Level 1 、 Level 2 の両方に対応しています。また、**Q&A**形式の問題演習では、問題、解答解説および、その問題に対応する**PointCheck**を見開きで掲載しています。重要ポイントの理解を深めましょう。

注意 本シリーズの「民法Ⅰ」「民法Ⅱ」は、下記の国家一般職の科目区分に対応しています。
　「民法Ⅰ」＝民法（総則及び物権）　　「民法Ⅱ」＝民法（債権、親族及び相続）
・国家一般職試験で両方を選択される方、民法に区分のないその他の試験種を受験される方は、本シリーズの「民法Ⅰ」「民法Ⅱ」の両方を学習する必要があります。

● 基本的な学習の進め方

どんな勉強にもいえる、学習に必要な4つのポイントは次のとおりです。本書は、この①〜④のポイントに沿って学習を進めていきます。

①理解する

問題を解くためには、必要な知識を得て、理解することが大切です。

②整理する

ただ知っているだけでは、必要なときに取り出して使うことができません。理解したあとは、整理して自分のものにする必要があります。

③暗記する　④演習する

問題に行き詰まったときは、その原因がどこにあるのか、上記①〜④をふりかえって考え、対処しましょう。

本書の活用法

1. POINT整理で全体像をつかむ

POINT整理を読み、わからないところがあれば、各問題の**PointCheck**および解説を参照して疑問点をつぶしておきましょう。関連する**Q&A**のリンクも掲載しています。

2. Level 1 ・ Level 2 のQ&Aに取り組む

ここからは自分にあった学習スタイルを選びましょう。苦手な論点は、繰り返し問題を解いて何度も確認をすることで自然と力がついてきます。

Level 2 の **Level up Point!** は得点力をつけるアドバイスです。当該テーマの出題傾向や、問題文の目のつけどころ、今後の学習の指針などを簡潔にまとめています。

●本書を繰り返し解き、力をつけたら、本試験形式の問題集にも取り組んでみましょう。公務員試験では、問題の時間配分も重要なポイントです。

➡ 本試験形式問題集

『**本試験過去問題集**』（国家一般職・国税専門官・裁判所職員ほか）

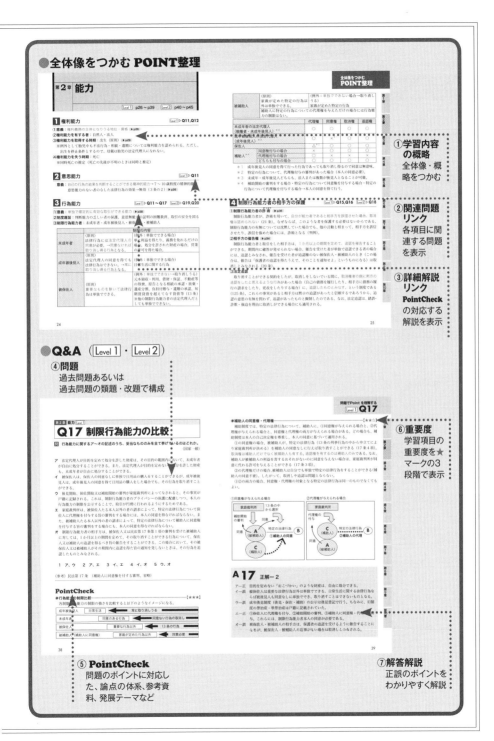

● 効率的『出るとこ過去問』学習法 ●

1周目

　最初は科目の骨組みをつかんで、計画どおりスムーズに学習を進めることが大切です。1周目は学習ポイントの①概要・体系の理解と、②整理の仕方を把握することが目標になります。

> 最初は、誰でも、「わからなくて当然」「難しくて当たり前」です。初めての内容を無理やり覚えようとしても混乱するだけで終わってしまうことがあります。頭に残るのは全体像やイメージといった形で大丈夫です。また、自力で問題を解いたり、暗記に時間をかけたりするのは効率的ではありません。問題・解説を使って整理・理解していきましょう。

1. POINT整理をチェック

　やみくもに問題を解いても、学習範囲の概要がわからなければ知識として定着させることはできません。知識の中身を学習する前に、その章の流れ・体系をつかんでおきます。

> **POINT整理**は見開き構成で、章の全体像がつかめるようになっています。一目で学習範囲がわかるので、演習の問題・解説がスムーズに進むだけでなく、しっかりした知識の定着が可能になります。ここは重要な準備作業なので詳しく説明します。

(1)各項目を概観（5分程度）

　次の3点をテンポよく行ってください。

　①章の内容がどんな構成になっているか確認

　②何が中心的なテーマか、どのあたりが難しそうかを把握

　③まとめの文章を読んで、理解できる部分を探す

> 最初はわからなくても大丈夫です。大切なのは問題・解説を学習するときに、その項目・位置づけがわかることです。ここでは知識の中身よりも、組立て・骨組み・章の全体像をイメージします。

(2)気になる項目を確認（30分程度）

　問題・解説の内容を、先取りして予習する感覚で確認します。

　①リファレンスを頼りに各問題や、問題の**PointCheck**を確認

　②まったく知らない用語・理論などは「眺めるだけ」

　③知っている、聞いたことがある用語・理論などは自分の理解との違いをチェック

> 全体像を確認したら、次にやることは「道しるべ」を作っておくことです。内容を軽く確認する作業ですが、知らないことや細かい内容はとばして、自分が知っている用語や理解できる内容を確認し、学習を進める時の印をつけておきます。

2. Level 1 の問題にトライ （問題・解説で1問あたり15分以内が目標）

　まずは読む訓練と割り切りましょう。正解をみてもかまいません。むしろ○×を確認してから、どこが間違っているのか、理解が難しいのかを判断する程度で十分です。問題を読んで理解できない場合は、すぐに解説を読んで正誤のポイントを理解するようにしてください。

> はじめは、問題を自力で解くことや、答えの正解不正解は全く考慮しません。また、ここで深く考える必要もありません。大切だとされる知識を「初めて学ぶ」感覚で十分です。問題で学ぶメリットを最大限に生かしましょう。

3. Level 1 の PointCheck を確認 （15分程度）

　学習内容の理解の仕方や程度を **PointCheck** で把握します。問題を解くための、理解のコツ、整理の仕方、解法テクニックなどを確認する作業です。暗記が必要な部分は、**PointCheck** の文中に印をしておき、次の学習ですぐ目につくようにします。

4. Level 2 の問題の正誤ポイントを確認

　Level 1 の問題と同様に読む訓練だと考えて、正誤のポイントを確認するようにしましょう。ただ、長い文章や、**POINT整理** にない知識、未履修の範囲などが混在している場合があるので、学習効果を考えると1回目は軽く流す程度でいいでしょう。また、Level 1 の **PointCheck** と同様、覚えておくべき部分には印をしておきます。

> Level 2 は2周目で重点的に確認するようにします。1周目はとばしてもかまいません。ただ、これからやる学習範囲でも、眺めておくだけで後の理解の役に立ちます。「なんとなくわかった」レベルの理解で先に進んでも大丈夫です。

2周目以降

　ここからは、問題を解きながら覚える作業です。大切なのは、「理解できたか・できないか」「整理されているか・されていないか」「暗記したか・していないか」を、自分なりにチェックしていくこと。できたところと、難しいところを分けていきましょう。

> 2周目でも、100パーセントの体系的理解は必要ありません。どうすれば正解に至ることができるかを自分なりに把握できればいいのです。最終的には自分の頭で処理できることが目標なのです。

　2周目以降は、もうやらなくていい問題を見つける作業だと考えてください。「ここだけ覚えればいい」「もう忘れない」と感じた問題は切り捨てて、「反復が必要」「他の問題もあたっておく」と感じる問題にチェックをしていきます。

> ここからが一般的な問題集の学習です。3周目は1日で全体の確認・復習ができるようになります。ここまで本書で学習を進めれば、あとは問題を解いていくことで、より得点力を上げていくこともできます。一覧性を高め、内容を絞り込んだ本書の利点を生かして、短期間のスピード完成を目指してください。

出るとこ過去問　民法I セレクト 100

公務員試験

国家一般職
地方上級レベル対応

出るとこ過去問

2

民法 I

総則及び物権

セレクト100

契約の成立・意思表示

Level 1　p4 〜 p17　Level 2　p18 〜 p23

1 契約とは

Level 1 ▷ **Q01,Q02**

⑴意思表示の合致 ▶ p4
①契約の意味：法的に履行が保障される「約束」
②契約の成立要件：相対立する意思表示の合致（申込み⇔承諾）
③契約の法的性質：相対立する意思表示の合致により成立する法律行為

⑵意思表示の意義 ▶ p6
　意思表示とは、表意者が一定の法律効果を意欲し、その旨を外部に表示する行為で、法律がこの者の意図した効果の発生を認めるもの。

⑶意思表示の効力発生 ▶ p4
　意思表示の効力は相手方に通知が到達した時に発生する（97 条 1 項）。発信後正当な理由がないのに、相手方が意思表示の通知到達を妨げたときは、通常到達する時に到達したとみなされる（2 項）。発信後到達までに表意者が死亡・意思無能力・制限行為能力になってもよい（3 項）。ただし、契約の「申込み」の意思表示の場合には、例外的に申込みの効力が失われる場合があることに注意（526 条）。

2 契約の有効要件

Level 1 ▷ **Q02,Q07**　Level 2 ▷ **Q08**

客観的有効要件	[不存在＝無効]	[効力維持の要請・取引安全]
契約内容の確定性	無効	慣習・任意規定・条理で補充
契約内容の実現可能性	無効（原始的不能等）	原始的不能の場合の損害賠償、契約不適合責任
契約内容の適法性	無効（強行規定違反等）	
契約内容の社会的妥当性	無効（公序良俗違反等）	不法原因給付
主観的有効要件	[不存在＝無効・取消]	[第三者保護・取引安全]
権利能力の具備	無効・効果不帰属	権利能力なき社団の法律関係
意思能力の具備	無効	制限行為能力制度の創設
行為能力の具備	取消し	催告・詐術・消滅時効・法定追認
意思欠缺でない	心裡留保	例外的無効	第三者善意無過失なら原則有効
	虚偽表示	原則的無効	第三者善意なら例外的に有効
	錯誤	取消し	社会通念上重要な錯誤・表意者無重過失・第三者善意無過失なら取消し制限
意思に瑕疵なし	詐欺	取消し	取消し前：第三者善意無過失なら取消し制限 取消し後：対抗要件の先後（判例）
	強迫	取消し	取消し後：対抗要件具備の先後（判例）

▶ p19

3 心裡留保 （93条）

Level 1 ▷ **Q02, Q03**　Level 2 ▷ **Q09**

(1)意義　表意者が表示行為に対応する真意のないことを知りながらする単独の意思表示。

(2)原則　取引安全のため、表示に従い効力を発生する（93条本文）。　▶ p8

(3)例外

　表示に対する真意がないことを知っている（悪意の）相手方や、不注意により知りえなかった（有過失の）相手方は保護の必要性なし。したがって、心裡留保は表意者の真意にしたがって無効となる（93条ただし書）。ただし、その無効は善意（心裡留保を知らない）の第三者に対抗（主張）できない（93条2項）。

4 虚偽表示 （94条）

Level 1 ▷ **Q02～Q04, Q07**　Level 2 ▷ **Q09**

(1)意義　相手方と通じて（通謀）行った、真意ではない意思表示。　▶ p10　▶ p16

(2)原則　当事者が効果不発生を通謀するのだから、原則無効（94条1項）。

(3)例外　無効は善意（虚偽表示と知らない）の第三者に対抗（主張）できない（94条2項）。

5 錯誤 （95条）

Level 1 ▷ **Q02, Q03, Q05, Q06**　Level 2 ▷ **Q09, Q10**

(1)意義　表示から推断される意思と、内心の不一致。　▶ p9　▶ p12　▶ p14

(2)錯誤取消しの要件：法律行為の目的及び取引上の社会通念に照らして重要な錯誤で、①意思表示に対応する意思を欠く錯誤か、または②基礎とした事情の認識が真実に反する錯誤（動機の錯誤→基礎事情の表示が要件、2項）

(3)錯誤取消しの制限 （95条3項・4項）

　①錯誤が表意者の重大な過失に基づく場合は原則取消しできない（ただし、相手方の悪意・重過失や、相手方の同一錯誤による例外に注意）。

　②錯誤取消しは、善意でかつ過失がない第三者に対抗（主張）することができない。

6 詐欺・強迫 （96条）

Level 1 ▷ **Q02, Q03**　Level 2 ▷ **Q09, Q10**

(1)詐欺取消しの要件　▶ p13

　①他人を錯誤に陥らせ、その錯誤により意思表示させようとすること（故意）

　②事実を隠したり虚構して表示する行為（欺罔行為）

　③取引上要求される信義に反する程度の欺罔行為であること（違法性）

　④欺罔により錯誤に陥り、それにより意思表示したと認められること（因果関係）

　　※第三者が欺罔行為を行った場合は、相手方がその事実を知り、または知り、または知ることができたことが要求される（96条2項）。また、詐欺による意思表示の取消しは、取消し前に利害関係に入った善意無過失の第三者に対抗（主張）できない（96条3項）。

(2)強迫取消し

　強迫によってなした意思表示は常に取り消すことができ、この取消しによる無効は善意の第三者にも対抗（主張）できる。

第1章　第2章　第3章　第4章　第5章　第6章　第7章　第8章　第9章　第10章

Q01 意思表示の効力発生

問 意思表示の効力に関する次の記述のうち、妥当なのはどれか。

1 表意者が自分の意思を発信した後は、到達前であっても、表意者はこれを任意に撤回することはできない。

2 意思表示が相手方に到達したと認められるためには、相手方が現実にその内容を了知したことが必要であるとするのが判例である。

3 契約の申込者が申込みの意思表示を発信した後に死亡した場合において、申込みの相手方が死亡の事実を到達前に知っていたときは、申込みの意思表示は効力を生じない。

4 意思表示の相手方が受領当時成年被後見人又は被保佐人であった場合には、表意者は意思表示のなされたことを相手方に対抗することはできない。

5 意思表示が未成年者に対して行われた場合には、その後法定代理人がこれを知ったときであっても、表意者は意思表示のなされたことを法定代理人に対抗することはできない。

PointCheck

●意思表示の効力発生・・【★★★】

⑴到達主義

意思表示は、その通知が相手方に到達した時からその効力を生ずる（97条1項）。改正前は、隔地者の契約の承諾の意思表示について、例外的に発信主義が採用されていたが、改正により契約承諾の意思表示も到達により効力が発生する（旧526条1項の削除）。また、相手方が正当な理由なく通知到達を妨害しても、通常到達すべき時に到達したものとみなされる（97条2項）。

⑵表意者の死亡・意思能力喪失・制限行為能力

①意思表示は、表意者が通知を発した後に、死亡・意思能力喪失・制限行為能力となっても、意思表示の効力に影響はない（97条3項）。意思表示の効果は、死亡の場合は相続人に承継され、能力喪失の場合は法定代理人の代理・同意によって補完されるのである。

②申込者の死亡等の例外 →以下の場合に申込みは無効（526条）
　　○申込者が、死亡・意思能力喪失の常況・制限行為能力になったら、申込みは無効とする意思を表示していたとき
　　○相手方が承諾の通知を発するまでに、申込者の死亡・意思能力喪失の常況・制限行為能力を知ったとき

●意思表示の受領能力・・・【★★☆】

意思表示の受領能力がないのは、意思無能力・未成年・成年被後見人である（98条の2）。被保佐人・被補助人は受領能力がある。また、法定代理人や、意思能力回復・行為能力者と

なった本人が、意思表示を知った後は、効力が主張できる（98条の2ただし書）。

●申込みと承諾期間‥‥‥‥‥‥‥‥‥‥‥‥‥‥‥‥‥‥‥‥‥‥‥‥‥【★★☆】
⑴承諾の期間の定めのある申込み（523条）
　承諾の期間を定めてした申込みは、撤回することができない。ただし、申込者が撤回権を留保しておくこともできる。
⑵承諾期間を定めない申込み
　①相手方が隔地者の場合（525条1項）
　　申込者が承諾の通知を受けるのに相当な期間を経過するまでは、撤回することができない。ただし、申込者が撤回権を留保しておくこともできる。
　②相手方が対話者の場合（525条2項）
　　対話が継続している間は、いつでも申込みを撤回することができる。
　※対話が終了すれば申込みの効力は消滅するが、不消滅の意思表示をすることもできる（525条3項）。

A01 　正解－3

1―誤　意思表示は到達したときに効力が発生するので（97条1項）、表意者が意思表示の通知を発送した後でも、到達する前なら撤回は可能である。撤回が、遅くとも前の意思表示と同時に到達すれば、撤回は認められる。

2―誤　判例は、「了知しうべき状態」におかれれば意思表示は到達したとしている。相手方の家の郵便受けに入ったり、同居の親族が受け取ったりした場合も、社会通念上、相手方の了知しうべき範囲に入ったことになる。相手方が現実に意思表示の内容を把握し理解する必要はない（最判昭36.4.20）。

3―正　原則は、意思表示を発信した後に表意者が死亡しても、意思表示の効力に影響を与えない（97条3項）。意思能力を喪失しても、制限行為能力者となっても同様である。意思表示は有効で、その後は相続や保護の制度に委ねられる。しかし、契約の申込みには例外がある（526条）。相手方が表意者の死亡を申込通知の到達前に知っているので、例外的に申込みは効力を生じない。

4―誤　意思表示が到達したときに、意思表示を受け取った相手方が意思無能力・未成年者・成年被後見人である場合は、表意者はその意思表示の効力を相手方に主張（対抗）することができない（98条の2本文）。しかし、被保佐人および被補助人は、意思表示の受領能力を有するので、表意者は意思表示の到達を主張することができる。

5―誤　未成年者は意思表示の受領無能力者であるから（98条の2本文）、受け取った時点では意思表示の効力はない。しかし、未成年者の法定代理人が知った後は、その知った時から、表意者はその意思表示の効力を対抗することができる（98条の2ただし書1号）。

Q02 意思主義と表示主義

問 民法に規定する意思表示に関する記述として、判例、通説に照らして、妥当なのはどれか。
(地方上級改題)

1 表意者が真意でないことを知りながら意思表示をした場合、表意者を保護する必要がないことから、相手方が表意者の真意を知っていたとしても、意思表示は無効とはならない。

2 表意者は、相手方の詐欺による意思表示を取り消すことができるが、第三者が詐欺を行った場合には、相手方がその事実を知り、または知ることができたときに限り、意思表示を取り消すことができる。

3 意思表示は、その通知が相手方に到達した時から効力が生じるため、表意者が発した通知が相手方に到達する前に、表意者が死亡又は能力を喪失した場合には、すべての意思表示について効力は生じない。

4 最高裁判所の判例では、相手方と通じてした虚偽の意思表示による無効は、善意の第三者に対抗することができないが、当該第三者がこの保護を受けるために、自己が善意であったことを立証する必要はないとした。

5 第三者が表意者に対する債権を保全する必要がある場合、表意者が意思表示の錯誤を認めて、表意者自らが取消しを主張する意思があれば、当該第三者は、意思表示の取消しを主張することができる。

PointCheck

●意思主義と表示主義について……………………………………………………【★★☆】

法律効果は表意者の効果意思に基づいて法が発生させるものであるから、もしも表意者に効果意思がなかった場合には、例え表示行為がなされても、法律効果は発生しない(=無効)と扱うべきである。このように、法律効果の発生にあたって効果意思の存在を重視する立場を意思主義という。しかし、この立場は表示を受けた相手方を害する。そこで、いったん表示行為がなされた以上、たとえ内心の効果意思がなかったとしても意思表示は有効とすべきだとする立場が登場する。これが表示主義である。民法の立場は、基本的に意思主義に立脚しつつも、取引の安全との調和から表示主義も取り入れている。

❖意思表示に関する民法の立場

	原則	例外
心裡留保	有効	相手方悪意有過失→無効
通謀虚偽表示	無効	善意の第三者→対抗不可
錯誤	取消し	善意・無過失の第三者→対抗不可
詐欺	取消し	善意・無過失の第三者→対抗不可
強迫	取消し	※

※強迫による取消しは善意の第三者にも主張可。

　例えば、通謀虚偽表示においては、虚偽表示をなした当事者の間では、内心の効果意思がないのであるから意思表示は無効としつつ、虚偽表示であったことを知らない第三者（善意の第三者）との関係では、取引の安全の考慮から有効としている（94条2項）。また、心裡留保においては、心にもないことを言って相手方をからかった表意者を保護する必要はないから、表示主義に立って意思表示は有効と扱われる（93条本文）。しかし、相手方が表意者に効果意思のないことについて悪意または善意・有過失の場合は、取引の安全を考慮する必要がないから意思主義に立ち返って無効としている（93条ただし書）。

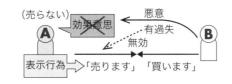

●意思表示を無効と扱うか取消しと扱うかを分ける基準……………………………【★☆☆】
　旧法では、①内心的効果意思が不存在となっている場合は無効と扱い、②内心的効果意思があるにはあるが、それにキズ（瑕疵）がついているという場合は取り消すことができるものと扱った。①にあたるのが、心裡留保・虚偽表示・錯誤の場合だが、改正法で錯誤の特殊性から効果を「取消し」と改めた。②にあたる詐欺・強迫の場合、取消しがなされると、意思表示は始めに遡って無効となる（取消しの遡及効）。
　※かつては、「意思の不存在」のことを「意思の欠缺」と呼んでいた。

A02 　正解－2

1―誤　真意でないことを知りながら行った意思表示とは、心裡留保の場合である。この場合は、表意者本人がわざと心にもないことを表示しているので、民法は意思表示は原則として有効とした（93条本文）。しかし、相手方が表意者の意思ではないことを知っていたり、知ることができた場合は無効となる（93条ただし書）。

2―正　第三者が詐欺を行った場合は、相手方がその事実を知り、または知ることができたときに限り、その意思表示を取り消すことができる（96条2項）。

3―誤　意思表示は、表意者が通知を発した後に死亡し、意思能力を喪失しまたは行為能力の制限を受けたときであっても、そのためにその効力を妨げられない（97条3項）。したがって、到達によって意思表示の効力が生じることになる（97条1項）。

4―誤　判例は、94条2項の保護のために、第三者自身が自己が善意であったことを立証しなければならないとした（**Q04**参照）。

5―誤　旧法における判例は、表意者が要素の錯誤を認める場合に、利害関係のある第三者の無効主張を認めていた。しかし、改正により、錯誤取消しは「意思表示をした者またはその代理人もしくは承継人に限り」することができる。

Q03 意思表示の不存在・瑕疵

問 意思表示に関する記述として最も妥当なのはどれか。 （国税専門官改題）

1 Aはその所有する土地につき、売却する意思がないにもかかわらず、それについて善意であるBに対して当該土地を売却する意思表示をした。Aの意思表示が真意でないことを知らなかったことについてBに過失がある場合でも、当該意思表示は有効である。

2 Aはその所有する家屋の所有権を、Bと通じてBに移転する旨の虚偽の意思表示をし、その後、Bは善意の第三者であるCに当該家屋を売却した。AはBに対する意思表示の無効をCに対して主張することはできない。

3 Bは、受胎しているA所有の馬がその来歴上良馬を出産すると考えて、Aとの間で当該馬の売買契約を締結したが、良馬を出産することはなかった。Bが当該馬を買う動機をAに表示していれば、その動機の錯誤についてBに重大な過失があったとしても、Bは当該売買契約を取り消すことができる。

4 Aはその所有する土地につき、Bの詐欺により、実際にはBに当該土地を買い受けるだけの支払能力がないにもかかわらず、Bに支払能力があるものと誤認して、Bに当該土地を売却した。Bはその後、Aに対するBの詐欺行為について善意無過失であるCに当該土地を売却した。Aは当該売買契約の取消しをCに主張することができる。

5 AはBから株式を買い受ける契約を締結したが、それは、第三者であるCの強迫によるものであった。Cの強迫の事実について善意であるBに対して、Aは当該売買契約を取り消すことができない。

PointCheck

●心裡留保 **【★★★】**

⑴表示主義による原則有効

心裡留保とは、表意者（A）が真意とは異なる（心裡を留保して）意思表示をすることである。例えば、AがBに対し、土地を売るつもりはないのに、売るといって契約を結ぶ場合が心裡留保となる。真意と異なる意思表示をしたAを保護する必要はない反面、Aの言動を信じて取引に入ったBは保護する必要がある。そこで、心裡留保に基づく法律行為は原則として有効とされる（93条1項本文）。要するに、相手方（B）の信じたとおりにするということである。したがって、嘘であると見抜いていたBを保護する必要はないので、BがAの心裡留保を知っていた場合（悪意）、または、不注意で（うっかりして）知らなかった場合（有過失）には無効とされる（93条1項ただし書）。

⑵無効の場合の第三者保護（93条2項）

93条ただし書が適用されてAB間の法律行為が無効とされる場合に、Bから土地を買ったCはどうなるのであろうか。Bは無権利者であるから、Cは所有権を取得しない。無権利者からは権利取得できないのが原則である。ただし、自業自得のAを保護する必要がな

い一方で、Bを信頼して買ったCを保護する必要がある。そこで、旧法では94条2項の類推適用（**Q04**参照）というテクニックが主張されていた。これを受けて、改正により93条2項に「善意の第三者に対抗することができない」と明記されたのである。

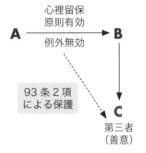

心裡留保
原則有効
A ──────→ B
例外無効

93条2項
による保護

C
第三者
（善意）

●錯誤の定義について‥‥‥‥‥‥‥‥‥‥‥‥‥‥‥‥‥‥‥‥‥‥‥‥‥‥‥【★☆☆】

　本来、錯誤とは、表示行為に対応する内心的効果意思が不存在の場合で、そのことを表意者本人が知らない場合をいった（**Q06**参照）。

　この原則的な定義では、例えば「近い将来近くに鉄道の駅ができるとの噂で土地を購入したが、駅建設の予定はなく思い違いであった」という場合が錯誤の中に入らない（動機の錯誤）。表意者にはその土地を購入するという内心的効果意思はあり、ただ近くに駅ができるから購入する気になったという基礎的な事情に誤解があるだけである。そこで、従来の判例・通説では態度を緩和し、動機の錯誤であっても、その動機が「明示」または「黙示」に表示され意思表示の内容となった場合に、例外的に錯誤に含まれるとしてきた。

動機

効果意思

表示行為

動機の表示　　相手方

　そのため、95条は、新たに錯誤を、①意思表示に対応する意思を欠く錯誤と、②表意者が法律行為の基礎とした事情についてのその認識が真実に反する錯誤（従来の動機の錯誤）に分けて規定し、動機の錯誤による意思表示の取消しは、その事情が法律行為の基礎とされていることが表示されていたときに限り、取り消すことができるとした。

A03 　正解―2

1―誤　心裡留保は原則有効だが、相手方Bが悪意有過失の場合は無効となる。
2―正　通謀虚偽表示の無効は善意の第三者に対抗できない（**Q04**参照）。
3―誤　動機の錯誤も法律行為の基礎とした事情（動機）が表示されれば錯誤取消しが
　　　　可能だが、表意者に重過失がある場合は無効主張はできない（95条3項）。
4―誤　詐欺取消しは、取消し前の善意無過失の第三者に対抗できない（**Q53**参照）。
5―誤　第三者による強迫であっても、表意者は取消しができる。強迫取消しには、詐
　　　　欺取消しのような善意の第三者の保護規定（96条3項）はない。

Q04 通謀虚偽表示

問 通謀虚偽表示に関する次の記述のうち、正しいものはどれか。 （国家一般）

1 通謀による虚偽表示は必ず双方で意思表示をする契約でなければならず、単独行為については通謀による虚偽表示は成立しない。

2 善意の第三者には虚偽表示の無効を対抗できないが、善意の第三者といえるためには、第三者が利害関係を持った時点から現在まで継続して善意であることが必要である。

3 Aが自己所有の不動産を通謀虚偽表示によりBに譲渡した後、善意のCがBよりこれを買い受けた場合、Cは登記がなくてもAに所有権を主張できる。

4 第三者は善意であっても過失があれば保護されないが、これらの主張・立証は無効を主張する者がしなければならない。

5 婚姻などの身分行為が通謀によってなされた場合、その意思表示は当事者間では無効であっても善意の第三者には無効を対抗できない。

PointCheck

◉ 94条2項の類推適用 ･･････････････････････････････････【★★☆】

94条2項の根底には、①虚偽の登記などの権利の外観が存在し、②その外観を信頼して利害関係に入った第三者がおり、③真の権利者にその外観作出についての帰責性が認められる場合には、第三者の信頼を保護し真の権利者に責任を負わせるという考え、すなわち「権利外観法理」（表見法理）が存在している。そこで、当事者間に通謀虚偽表示がない場合であっても、①②③の要件が備わっている場合には、94条2項を類推適用して第三者を保護することが可能となる。

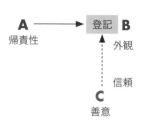

この類推適用にあたって問題となるのは、③の要件である。すなわち、真の権利者が偽りの登記などの外観が存在していることを「知っている」というだけで足りるのか、それともその外観を知った上で、明示または黙示に「承認」していたことまで必要か、という点である。この点について判例は、偽りの登記が存在するのを知りながらその登記を放置し、その存続を明示または黙示に「承認」していた場合には類推適用することができる（最判昭45.9.22）。

◉虚偽表示の『善意』は無過失を要するか･･････････････････････【★★★】

(1)判例の立場

いわゆる権利外観法理の制度は無過失を要件とするのが通常だが、虚偽表示は自ら故意に第三者を誤信させるような外形を作出した者に外形どおりの責任を負わせるものなので無過失を要しないと解している。

⑵有力説

94条2項は権利外観法理の一環をなすものと考えられるので、具体的状況に応じたきめ細かい判断を可能にするためにも「善意」は無過失を要する。

◉虚偽表示による譲渡における転得者の保護……………………………………【★★★】

譲受人が善意の場合、譲受人は確定的に権利を取得し（94条2項）、それからの転得者は悪意であっても前主の地位を承継するので、その権利取得は保護される（絶対的構成）。

譲受人が善意でも悪意の転得者は保護されないとする相対的構成によると、善意の前主が契約不適合責任を追及され、善意者保護の趣旨が没却される。また、派生的に権利の設定を受けた者との関係が複雑で収拾がつかなくなること、さらに、善意の第三者の出現後も転得者が事情を知りさえすれば保護を受けることができないことになり、権利関係がいつまでも不安定なものとなる（**Q07**参照）。

◉ 94条2項の保護に登記は必要か……………………………………………【★★☆】

94条2項の要件を具備すれば、取消権者に対する関係で第三者は転々取得した前主・後主の地位にあるとするのが94条2項の趣旨である。これは権利を争い合う対抗問題ではなく第三者は登記を要せず不動産の取得を主張できる。

A04 正解—3

1—誤　通謀虚偽表示をなすには、自己の意思表示を受ける相手方との通謀があれば足りる。この場合、相手方もまた意思表示をなすか否かとは関係がない。単独行為であっても相手方のある単独行為であれば通謀虚偽表示が成立し得る。

2—誤　第三者が善意であることという要件は、第三者が利害関係を持った時点で善意であればよく、その後に悪意になってもかまわないと解されている（判例）。なぜならば、無効であることを知らないで利害関係に入った者を保護することがねらいだからである。

3—正　Cが所有権の取得をAに主張するのに登記は不要であると覚えておいてよい（判例）。Cは善意の第三者であるから、Aは虚偽表示の無効をCに対抗できず、その結果Cからみれば、所有権がA→B→Cと順次移転したこととなる。したがって、AとCとの間は、前主・後主の関係となり、そこに対抗問題は存在しない。

4—誤　第三者は善意であれば過失があっても保護される。第三者の善意であることの主張・立証は、保護を受ける第三者がしなければならない。

5—誤　身分行為は、表意者の真意を尊重して法律効果を付与すべきものであるから、それが通謀虚偽表示によってなされた場合でも94条の適用はなく、だれに対しても常に無効であると解されている。

11

Q05 錯誤

問 錯誤（95条）に関する次の記述のうち、判例・通説に照らして妥当なのはどれか。

(地方上級改題)

1 人の身分・資産に関する錯誤は、それが表示されていると否とにかかわらず、95条1項の錯誤となる。
2 錯誤取消しによる意思表示の無効は、表意者が取消しを主張しない限り、第三者は原則としてその取消しによる無効を主張することはできない。
3 他人物の売買、賃貸借は、常に95条1項の錯誤を形成し、その法律行為は取り消しうる。
4 意思表示に錯誤がある場合には、それが表意者の重過失に基づくときであっても、表意者は意思表示の取消しを主張することができる。
5 内心に秘められた動機に錯誤があるときにも、それに基づく意思表示は錯誤となる。

PointCheck

●錯誤の分類……………………………………………………………………【★★★】
⑴表示行為の錯誤

	表示上の錯誤	内容の錯誤
意義	表示行為そのものを誤る場合	表示行為の持つ意味内容を誤解する場合
例	書き間違い・言い間違いの場合	グレープとグレープ・フルーツとは同じ果物だと思って、グレープ・フルーツを買う意思で「グレープをください」と言った場合

⑵動機の錯誤

　その法律行為をしようと思い立った動機に誤解（基礎とした事情についての認識が真実に反すること）があった場合である。例えば、近くに駅ができるという噂を信じて土地を買ったところ、それが単なる噂にすぎなかった場合とか、ある人を資産家と誤解して保証人になってもらったところ、資産家ではなかったという場合である。このように、物の属性や人の身分や資産に関しての誤解は多くの場合に動機の錯誤を形成することになる。

●錯誤の規定と担保責任の規定の優劣………………………………………【★★☆】
〈問題点〉

　売買契約の目的物が契約に適合しない部分（瑕疵など）があったとき、買主は売主に対して契約不適合責任（562条以下）を追及することができるが、加えて錯誤取消しの主張が可能かが争われてきた（物の瑕疵＝動機の錯誤であるから、前提として法律行為の基礎とした事情が表示されている必要がある）。

問題でPointを理解する
Level 1 Q05

第1章
第2章
第3章
第4章
第5章
第6章
第7章
第8章
第9章
第10章

〈判例・錯誤および契約不適合責任の改正前〉

　意思表示の食い違いを主張する表意者にとっては、意思表示を錯誤（従来は無効）とした方が保護が厚い（最判昭33.6.14参照）として、改正前の錯誤の規定が優先するとした。

〈学説〉

　従来の担保責任の規定でも、取引安定のための特別法たる担保責任の規定が一般法たる錯誤に優先するものと考える見解があった。改正された契約不適合責任では、「追完請求権」を買主の第一次的権利として位置づけ、代金減額請求権、損害賠償請求権および解除権に優先させている。また、「契約不適合を知った時から1年」（566条）に不適合の通知をすべきとした趣旨からも、錯誤取消しを認めるのは改正の意図を没却するものとも考えられる。

●詐欺と錯誤の二重効‥‥‥‥‥‥‥‥‥‥‥‥‥‥‥‥‥‥‥‥‥‥‥‥‥‥‥‥‥‥‥【★★☆】

　旧規定の錯誤（無効）では、詐欺行為による錯誤の場合に、無効行為を取り消せないのではないかという問題意識もあった。しかし、無効・取消しは、いずれも意思表示の効力を否認するという法的評価の違いであり、主張の仕方にすぎないのである。表意者保護の趣旨から、詐欺による錯誤の場合は、両者の選択的主張を認めるべきである。ただ、いずれの主張でも相手方や第三者の立場を考慮した法適用がなされるべきと考えられる。

●詐欺による錯誤の場合の第三者保護‥‥‥‥‥‥‥‥‥‥‥‥‥‥‥‥‥‥‥‥‥‥‥‥【★☆☆】

　旧規定の錯誤無効には第三者保護規定がなく、判例も詐欺による錯誤無効の主張について第三者保護の類推適用（旧96条3項）を認めていなかった。しかし、詐欺による錯誤は欺罔行為により生ずる場合が多いと考えられる。そこで、改正により錯誤の場合は、「第一項の規定による意思表示の取消しは、善意でかつ過失がない第三者に対抗することができない」（95条4項）とし、詐欺の場合は、「前二項の規定による詐欺による意思表示の取消しは、善意でかつ過失がない第三者に対抗することができない」（96条3項）と、同様の第三者保護規定が置かれることとなった。

A05　正解—2

1—誤　身分や資産に関する事柄が常に「法律行為の目的及び取引上の社会通念に照らして重要なもの」であるとはいえない。

2—正　錯誤により取り消すことができる行為は、意思表示をした者またはその代理人もしくは承継人に限り取り消すことができる（120条2項）。

3—誤　他人物売買・他人物賃貸借とも契約としては有効に成立し、通常は95条1項の錯誤とはならない。

4—誤　表意者に重過失があれば取り消しできない（95条3項）。

5—誤　動機は、表意者がその事情を法律行為の基礎としたことを表示した場合でない限り95条1項2号の錯誤取消しとはならない（95条2項）。

Q06 法律行為の基礎とした事情の錯誤

問 Xは、甲土地が将来高速道路の建設によって値上がりすると誤解して、甲土地について その所有者Yとの間で売買契約を締結した。この場合に関する記述として、正しいものは、 次のうちどれか。 *(裁判所職員改題)*

1 Xの甲土地を買う旨の意思表示は、動機の錯誤に基づくものであり、そのことについて 相手方であるYが善意無過失であれば、Xはその取消しをすることができない。
2 Xの甲土地を買う旨の意思表示は動機の錯誤に基づくものであり、XがYに対してその 動機を表示したか否かを問わず、Xはその取消しをすることができる。
3 Xの甲土地を買う旨の意思表示は動機の錯誤に基づくものであり、判例によれば、Xが Yに対してその動機を黙示に表示した場合でも、Xは取消しをすることができない。
4 Xの甲土地を買う旨の意思表示は動機の錯誤に基づくものであり、判例によれば、錯誤 の効果はXに限らずだれからでも取消しをすることができる。
5 Xの甲土地を買う旨の意思表示は動機の錯誤に基づくものであり、その錯誤に陥ったこ とについて、Xに重過失がある場合は、取消しをすることができない。

PointCheck

●錯誤の効果を取消しとした改正……………………………………………………………【★☆☆】
⑴旧錯誤の規定と判例
「意思表示は、法律行為の要素に錯誤があったときは、無効とする。ただし、表意者に重 大な過失があったときは、表意者は、自らその無効を主張することができない」(旧95条)
①法律行為の要素
　・表意者が意思表示の内容の主要な部分とし、もしこの点につき錯誤がなかったら、表 意者は意思表示をしなかったであろうと認められること。
　・意思表示をしないことが一般取引の通念に照らし至当と認められるもの。
②錯誤無効主張制限
　・表意者に重大な過失があったときは、無効を主張することができない。
　・表意者のみ無効主張が可能（旧判例、最判昭40.9.10）。
　錯誤は、意思表示をした当事者本人を保護しようとするものであるから、表意者に自身 において錯誤無効の主張をする意思がないときは、第三者が錯誤による意思表示の無効を 主張することは、原則として許されない。
③動機の錯誤
　法律行為をしようと思い立った動機に誤解があった場合、この動機の錯誤が、要素の錯 誤になるためには、動機が表示されて意思表示の内容になっていたことが必要とされた(判 例)。

⑵改正による新しい錯誤の規定の整理

①意思表示に対応する意思を欠く錯誤←⑴①要素の錯誤に対応

「95条1項　意思表示は、次に掲げる錯誤に基づくものであって、その錯誤が法律行為の目的及び取引上の社会通念に照らして重要なものであるときは、取り消すことができる。

　1号　意思表示に対応する意思を欠く錯誤」

②錯誤の効果は取消し←⑴②判例の無効主張制限に対応

③法律行為の基礎とした事情の錯誤←⑴③動機の錯誤・判例に対応

「95条1項2号　表意者が法律行為の基礎とした事情についてのその認識が真実に反する錯誤

95条2項　前項第二号の規定による意思表示の取消しは、その事情が法律行為の基礎とされていることが表示されていたときに限り、することができる。」

④表意者に重過失ある場合の取消し制限と、相手方の悪意重過失・錯誤の考慮（新設）

「95条3項　錯誤が表意者の重大な過失によるものであった場合には、次に掲げる場合を除き、第1項の規定による意思表示の取消しをすることができない。

　1号　相手方が表意者に錯誤があることを知り、又は重大な過失によって知らなかったとき。

　2号　相手方が表意者と同一の錯誤に陥っていたとき。」

⑤錯誤取消しによる第三者保護（新設）

「95条4項　第1項の規定による意思表示の取消しは、善意でかつ過失がない第三者に対抗することができない。」

A06　正解―5

1―誤　相手方の悪意・重過失が問題となるのは、表意者に「重大な過失」がある場合であり、それがなければ取消しも可能である。

2―誤　法律行為の基礎とした動機が表示されたといえることが、錯誤取消しをするために不可欠である（95条2項）。

3―誤　動機の表示の仕方は、明示でも黙示でもかまわない（判例）。

4―誤　取消しは、表意者・代理人・承継人に限られる（120条2項）。

5―正　表意者に重過失があるときは、表意者が意思表示を取り消すことはできない（95条3項）。例外として、相手方の悪意・重過失や、相手方の同一錯誤がある場合に取消しが可能となるのである（95条3項1・2号）。

Q07 無効・取消しと第三者保護

問 Aが自己所有の土地をBに売却した後に、当該売買契約の取消しまたは無効を主張して土地を取り戻すことができる場合として、判例に照らし、妥当なものはどれか。（国家一般）

1　AB間の契約が虚偽表示だった場合において、善意のCがBから抵当権の設定を受けていた場合。
2　Aは成年被後見人であったが、Bとの契約について成年後見人の同意を得ており、かつ契約時には意思能力を有していた場合。
3　AB間の契約が虚偽表示だった場合において、悪意のCがBから譲り受けて、さらに善意のDに売却していた場合。
4　AB間の契約においてCがAをだましたが、Bが過失によってそのことを知らなかった場合。
5　AB間の契約が虚偽表示だった場合において、善意のCがBから譲り受けて、さらに悪意のDに売却していた場合。

PointCheck

◉虚偽表示における転得者の地位……………………………………………【★★☆】

⑴直接の第三者（C）が悪意で、転得者（D）が善意の場合（→肢3の場合）

この場合Cは、悪意の第三者であるから、94条2項による保護は受けられない。よって、Cは無権利者ということになる。転得者Dはその無権利者から買い受けていることになるから、Dも無権利者となりそうである。Dも悪意であればこの結論で問題はない。しかし、Dが善意だった場合には、Dを保護して権利の取得を認めるべきである。その方法は、転得者Dに対しても94条2項を適用することである。94条2項の第三者というのは、虚偽表示の当事者（AとB）・包括承継人（A・Bの相続人）以外の者で、虚偽表示によって作られた外形（Bの土地のようになっていること）に基づいて、新たな利害関係を作った者をいう。転得者Dは、CがBから取得した土地を譲り受けているのであるから、Dは、Aによって作り出された虚偽表示の外形に基づいて利害関係を持った者といえる。よって、転得者のDは94条2項の第三者に該当するといえる。以上から、Cからの譲受人Dにも94条2項を適用し、転得者Dが善意のときは、例え直接の第三者Cに悪意があってもDは94条2項により保護されると扱うことになる（判例の立場）。

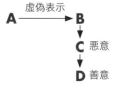

⑵直接の第三者（C）が善意で、転得者（D）が悪意の場合（→肢5の場合）

この場合、Cは、善意の第三者であるから94条2項が適用され、有効に権利を取得している。しかし、転得者のDには、悪意がある

から、Dに対して94条2項を適用すると、Dは虚偽表示の無効を対抗されて無権利者となる。Aからみれば、悪意のDに対してならば、虚偽表示の無効を主張して土地の返還を要求してもよさそうである。このように、CDそれぞれに94条2項を適用して、善意のCとの関係ではAB間の契約は有効だが、悪意のDとの関係ではAB間の契約の無効を主張できるとする立場を「相対的構成」と呼ぶ。(1)の場合もこの相対的構成に属する。

　しかし、この相対的構成には難点がある。それは、Aに土地を返還するはめになったDは、自分への売主Cに対して、売主の契約不適合責任を追及することになるからである。その結果、善意の第三者として保護されていたはずのCは、Dに対し損害賠償責任などを負うはめになりその保護が消えてしまうことになる。

　そこで、善意の第三者Cが登場した時点でAにすっぱりあきらめてもらうことにするのである。いったん善意の第三者が現れれば、Aとしては、もはや土地の返還請求はできなくなる。それなのに、たまたま悪意の転得者が現れたからといって、Aの権利を生き返らせる理由はない。したがって、善意の第三者Cの登場により、Aは権利を失い、Cは確定的に権利を取得したと考えるべきである。その結果、転得者Dの善意・悪意に関係なく、Dは権利を取得することになる（Dは、善意者Cの地位を承継する）。このような構成を絶対的構成と呼び、判例は(2)の場合にはこの立場に立っている。

(3)整理

　　第三者Cが悪意の場合→転得者に94条2項を適用（相対的構成）

　　第三者Cが善意の場合→転得者はCの権利を承継取得する（絶対的構成）

A07 正解－2

1―誤　AB間の契約は無効であるが、善意の第三者には無効を対抗できない（94条2項）。94条2項の第三者とは、虚偽表示によって作られた権利の外観に対して新たな利害関係を作った者をいうから、抵当権の設定を受けたCもこれに含まれる。

2―正　成年被後見人が行った行為は、成年後見人の同意の有無を問わず、取り消すことができる（9条）。契約時に意思能力がなくて無効であったかどうかは無関係である。

3―誤　94条2項の「第三者」には、直接の第三者からの転得者も含まれる。よってCが悪意でも善意のDは94条2項によって保護される（判例）。

4―誤　第三者が詐欺を行った場合、表意者に取消権が認められるのは、相手方が詐欺の事実を知っていた場合（悪意）、または知ることができた場合（有過失）に限る。

5―誤　Cが善意の場合には、DはCの善意者としての地位を承継するので、たとえ悪意であっても保護される（判例）。

第1章
第2章
第3章
第4章
第5章
第6章
第7章
第8章
第9章
第10章

Q08 法律行為の有効要件

問 法律行為に関する次の記述のうち、正しいものはどれか。 （裁判所職員）

1　法律行為の内容は実現可能でなければならないから、ある法律行為の内容が実現不可能な場合は、それが不可能になった時期を問わず、その法律行為は無効となる。

2　法律行為の内容は社会的に妥当でなければならないところ、犯罪その他の不正行為を勧誘したり、またはこれに加担したりする契約は公序良俗違反として無効になるが、対価を与えて犯罪をさせないという契約は有効である。

3　法律行為の内容は適法でなければならないから、民法の規定と異なる内容の法律行為は、無効となる。

4　法律行為の内容は確定していなければならないところ、ある法律行為の内容が確定しているか否かは、当事者の目的・慣習・条理等を総合して判断される。

5　ある法律行為が無効である場合、その法律行為は成立しなかったことになる。

PointCheck

●公序良俗違反の類型･･･【★★☆】

①犯罪行為に関するもの
　・犯罪を行う報酬として金銭を与える契約
　・犯罪を行わない報酬として金銭を与える契約

②人倫に反するもの
　・売春契約
　・妾関係維持の目的でなす贈与・遺贈
　※不倫関係を解消するための手切れ金契約は無効であるが、別れるにあたって慰謝料などの目的で金銭を給付するという契約は有効（判例）。

③射倖行為
　・賭博など

④個人の自由を極度に制限するもの
　・芸娼妓契約（売春宿などから借金をした親が、借金の返済のために、その娘を一定期間芸娼妓として強制的に働かせるという契約）
　　なお、判例は、芸娼妓とする契約の部分だけでなく、親の借金をする契約の部分についても公序良俗に反して無効であるとした（借金の返済不要）。

⑤個人の尊厳に関するもの
　・就業規則で女性従業員の定年を男性よりも若く定める場合（日産自動車事件）

◉**法律行為の有効要件**……………………………………………………………【★☆☆】

　法律行為の有効要件は何のために要求されるのかを考えてみると、それは、民法が裁判規範であることと関係する。

　民法は、当事者の間で権利義務の主張について争いが起こり、それが裁判に持ち込まれたときに、裁判所がどちらの当事者の主張が正しいかを判断するときのルールとして用いられるものである。例えば、売買契約を締結したのに相手方が代金を支払ってくれないときには、売主は、裁判所に訴えを提起し代金の支払いを請求することになるのであるが、その際、裁判所は当事者に権利・義務があるかどうかを民法を適用して判断する。

　契約が有効となれば権利・義務が発生しており、権利のある者の方が勝ち権利内容を強制的に実現してもらえる。逆に契約が無効と判断されれば裁判所は何もしてくれない。そこで、法律行為（契約）が有効か無効かは、裁判所による助力が適切かどうかの判断と裏表の関係だということができる。

Level up Point!　本問で取り上げられた有効要件は、①実現可能性　②社会的妥当性　③適法性　④内容の確定性、であるが、これらを欠くときは、裁判所は、契約の内容を強制的に実現することが不適切ないし不可能なのである（p2 POINT整理「2　契約の有効要件」参照）。

A08　正解ー4

1―誤　法律行為の内容が実現不可能なためにその法律行為が無効になるのは、法律行為のなされた時にすでに実現不可能になっていた場合、すなわち原始的不能の場合だけである。法律行為のなされた後に実現不能になった場合、すなわち後発的不能の場合には、法律行為の有効性を前提にして、債務不履行責任または危険負担の問題となる。

2―誤　対価を与えて犯罪をさせないという契約も無効である。犯罪を行わないというのは当然のことであり、対価をもらう筋合いのものではないからである。

3―誤　民法の規定には、強行規定と任意規定があり、任意規定は当事者の特約によって別段の定めをなすことを許容する規定である。任意規定と異なる法律行為も有効である。

4―正　法律行為の内容を解釈するときは、当事者の目的・慣習・条理等を総合して解釈する。その結果、法律行為の内容が確定できないときは、その法律行為は無効となる。

5―誤　法律行為の成立と効力発生（有効）とは区別しなければならない。法律行為の成立とは、法律行為といえる行為が存在することで、当事者・目的・意思表示の三者のあることが成立要件である。効力発生要件（有効要件）とは、当事者の権利能力、法律行為の内容の可能・確定・適法・社会的妥当、表意者に意思不存在などのないことなどである。

Q09 意思表示の不存在・瑕疵

問 Aは、自己の所有する甲土地をBに売却し、Bは甲土地をCに転売した。この場合の法律関係に関する次の記述のうち、妥当なものはどれか。 （国家一般改題）

1　Aの甲土地を売却する旨の意思表示が、心裡留保によるものであった場合には、Cが善意の第三者であったとしても、Aは無効を主張して、甲土地を取り戻すことができる。

2　Aの甲土地を売却する旨の意思表示が、Bとの通謀による虚偽表示であった場合には、善意の第三者であるCが甲土地につき登記をしたとしても、Aは無効を主張して、甲土地を取り戻すことができる。

3　Aの甲土地を売却する旨の意思表示が、第三者であるDの強迫に基づくものであった場合には、Bが強迫の事実を知っていたか否かにかかわらず、Aは意思表示を取り消すことができ、その取消し前に強迫の事実を知らずに甲土地を取得したCに対しても、取消しを主張して、甲土地を取り戻すことができる。

4　Aの甲土地を売却する旨の意思表示が、Bの詐欺に基づくものであった場合には、Aは意思表示を取り消すことができ、その取消し後に詐欺の事実を知らずに甲土地を取得して登記をしたCに対しても、取消しを主張して、甲土地を取り戻すことができる。

5　Aの甲土地を売却する旨の意思表示が、甲土地を乙土地と誤ってなされたものである場合には、例えその誤りがAの重大な過失に基づくものであったとしても、Aは錯誤により取消しができるが、詐欺の場合の第三者保護規定が類推適用されるから、CがAの錯誤の事実を知らなかったときは、AはCに対して取り消すことができない。

PointCheck

◉錯誤・詐欺・強迫・制限行為能力による取消しと登記の考え方……………………【★★★】

　不動産がA→B→Cと譲渡された場合に、AB間の契約が取消しにより無効となると、Bは無権利者だったことになり、Cも所有権を取得できなかったことになる。しかし、それでは取引の安全が害される。そこで、このようなCの保護を考えることになるのであるが、その場合、Cの譲受けが、Aの取消し前か後かを分ける。

⑴取消し前のC（第三者）の場合

　この場合には、Cの登場した時点において、Aはまだ錯誤・詐欺・強迫の影響下にあったはずであるから、Aを保護すべきである。CはBから権利を取得できなかったという結論でよい。ただし、Aの取消しが錯誤・詐欺を理由にするときは、95条4項、96条3項により、善意無過失のCは保護される。

⑵取消し後のC（第三者）の場合

　この場合には、Aは取り消しているのだから、さっさと登記の名義も自己に戻しておくべきであり、そうしていればCはBから譲り受けたりしなかったはずである。そこで、AとCの関係は登記の早い者勝ちで決するのがよい。その理論構成として、Aが取り消すとBから

Aに向けて所有権移転（復帰的物権変動）が起こるとし、Bを基点とするAとCへの二重譲渡を想定するのである。

●意思表示無効・取消しについての第三者保護……………………………………【★☆☆】

虚偽表示と詐欺については、改正以前から、第三者保護規定が置かれていたが（94条2項、96条3項）、虚偽表示の場合と詐欺の場合にこのような規定が置かれている理由は、どちらの場合にも表意者本人に責められるべき点が認められるからである。すなわち、虚偽表示の場合には、虚偽の外形作出に本人がかかわっている場合であり、本人に帰責性がある。詐欺の場合には、だまされた者にももうけ話に乗ろうとして失敗したという同情に値しない面が認められる。

改正で心裡留保に第三者保護規定が追加されたのは（93条2項）、表意者本人は意思のないことを知りながらふざけている場合であり、十分本人に責められるべき帰責性が認められるからである。ただ、錯誤の場合には、表意者本人は表示と内心の不一致に気付かずに意思表示をしている場合で気の毒な面もあるが、錯誤を取消しとして、その主張要件の見直しもあわせて、善意無過失の第三者保護規定が置かれることになった（95条4項）。なお、強迫の場合においては、表意者は100パーセント被害者といえるから、第三者保護規定の類推を考える余地はない。

Level up Point! 意思の不存在・瑕疵ある意思表示については、規定の趣旨を深く理解し、類推の可否を含めた事例への柔軟な対応が必要となる。

A09 　正解─3

1─誤　心裡留保の無効は善意の第三者に対抗できない（93条2項）。

2─誤　通謀虚偽表示による無効は、善意の第三者に対抗できないから（94条2項）、AはCに対して無効を主張することはできない。このことはCの登記の有無に関係ない。

3─正　強迫の場合は、詐欺の場合とは異なり、第三者が強迫を行った場合にも、表意者は「常に」取り消せる。よって、本肢の前半は正しい。また、強迫の場合は、詐欺の場合と異なり、取消しの効果を善意の第三者にも対抗できる。よって、本肢の後半も正しい。

4─誤　取消後の第三者との関係は、177条により、登記の先後によって決せられるとするのが判例である。本肢の場合Cはすでに登記を取得しているから、Cが勝ち、AはCから土地を取り戻すことはできない。

5─誤　錯誤について表意者に重大な過失があった場合には、取消しはできない。ただし、相手方が①表意者に錯誤があることに悪意重過失、②同一の錯誤に陥っていたとき、取消しが可能となるのである。また、改正により94条4項に錯誤について善意無過失の第三者保護が規定された。

第1章
第2章
第3章
第4章
第5章
第6章
第7章
第8章
第9章
第10章

Q10 錯誤・詐欺等

問 法律行為に関する次の記述のうち、判例に照らし、妥当なものはどれか。

(国税専門官改題)

1 自己所有の土地が他人の名義で登記されているのを知りながら放置していた場合において、登記名義人がその土地を事情を知らない第三者に売却しても、登記には公信力がないから、第三者が保護されることはない。

2 詐欺における欺罔行為は積極的なものであることが必要であり、表意者が誤解しているのを知りながらそのまま黙って契約したというだけでは詐欺による契約となることはない。

3 動機の錯誤は、表意者が意思表示の内容として動機を相手方に明示的に表示していない限り、法律行為の要素の錯誤となることはない。

4 錯誤による意思表示の取消しは、表意者に重大な過失があるときは、表意者から取消しを主張することはできないが、相手方から取消しを主張することはできる。

5 すでに履行されていた売買契約が詐欺を理由に取り消された場合、売主の代金返還義務と買主の目的物返還義務とは同時履行の関係に立つ。

PointCheck

◉取消しと登記、解除と登記（不動産物権変動の場合） ·················【★★★】

契約が取り消された場合における第三者との関係をまとめると以下のとおりである。

	取消し前の第三者	取消し後の第三者
制限行為能力による取消し	取消しによって第三者は権利を失う。第三者は保護されない。	取消しによって復帰的物権変動が起こり、二重譲渡になる（177条の対抗問題）。
錯誤による取消し	取消しによって第三者は権利を失う。しかし、第三者は善意無過失であれば保護される（95条4項）。	
詐欺による取消し	取消しによって第三者は権利を失う。しかし、第三者は善意無過失であれば保護される（96条3項）。	
強迫による取消し	取消しによって第三者は権利を失う。しかも、第三者は善意であっても保護されない。	

解除	解除によって第三者は権利を失う。しかし、解除は第三者を害しえない（善意・悪意不問、545条1項ただし書）。	

第1章

第2章

第3章

第4章

第5章

第6章

第7章

第8章

第9章

第10章

●錯誤と表意者の重過失………………………………………………………【★☆☆】

錯誤が表意者本人の重大な過失によるものであった場合には、錯誤の意思表示を取り消すことはできない。つまり、本人の勘違いが「あまりにもうかつだ」とか「軽率に判断している」などの状況と考えられる場合、意思表示を取り消される相手方が酷だからである。ただ、意思表示の相手方が、「勘違いしていることに気がついていた」ような場合や、相手方も同じように「うかつな勘違い」をしている場合には、表意者本人の取消しを認めても、相手方に酷だとはいえなくなる。

そこで95条3項は、①相手方が表意者に錯誤があることを知り、または重大な過失によって知らなかったとき、②相手方が表意者と同一の錯誤に陥っていたとき（共通錯誤）には、表意者本人に重過失があっても、取消しを認めている。

Level up Point!　本問は、条文からストレートに答えが導けるという問題ではなく、判例の知識を必要とする問題である。肢1は、「知りながら放置し、登記の存続を明示・黙示に承認」していたことが、帰責事由になるとした判例の知識が要求されている。肢2では、信義則上、真実を告げてやるべき義務がある場合には、沈黙も積極的な欺罔行為と同一に評価しうるという判例の理解が求められている。最後の肢5では、同時履行の抗弁権が類推適用される場合の一つである、契約の取消しの場合の不当利得返還義務同士の場合を挙げ判例の知識を求めている。

A10 正解ー5

1—誤　不実の登記を知りながらそれを放置していた場合において、その登記の存続を明示または黙示に承認をしていたと認められる場合には、94条2項が類推適用され善意の第三者は保護される（判例）。

2—誤　表意者の誤解を解いてやるべき作為義務が信義則上肯定される場合には、不作為による欺罔行為として、詐欺による契約となり得る。

3—誤　法律行為の基礎とした事情を表示することは必要であるが、それは黙示的であってもよい（判例）。

4—誤　取消しは取消権者（表意者またはその代理人・承継人）のみができる。

5—正　契約の取消しによって生じた原状回復義務相互の間にも、公平の理念に照らし、同時履行の関係を認めるのが判例・通説。

第**2**章 能力

Level 1 p26 ～ p39   Level 2 p40 ～ p45

1 権利能力

Level 1 ▷ **Q11,Q12**

(1)**意義**：権利義務の主体となりうる地位・資格 ▶ **p26**

(2)**権利能力を有する者**：自然人・法人

(3)**権利能力を取得する時期**：出生（原則） ▶ **p28**

　※例外として胎児中も不法行為・相続・遺贈については権利能力を認められる。ただし、出生を停止条件とするので、母親は胎児の法定代理人になれない。

(4)**権利能力を失う時期**：死亡

　※同時死亡の推定（死亡の先後が不明のときは同時と推定）

2 意思能力

Level 1 ▷ **Q11**

　意義：自己の行為の結果を判断することができる精神的能力→ 7 ～ 10 歳程度の精神的能力
　　　　意思能力のない者のなした法律行為の効果→無効（3条の2） ▶ **p26**

3 行為能力

Level 1 ▷ **Q11～Q17**　Level 2 ▷ **Q19,Q20**

(1)**意義**：単独で確定的に有効な取引ができる能力 ▶ **p38**

(2)**制度趣旨**：判断能力の乏しい者の保護、意思無能力の証明の困難救済、取引の安全を図る

(3)**制限行為能力者**：未成年者・成年被後見人・被保佐人・被補助人

	制限の内容	
未成年者	（原則） 法律行為には法定代理人の同意が必要。→同意なければ取り消し得る行為となる。	（例外：単独でできる場合） 単に利益を得たり、義務を免れるだけの場合。処分を許された財産の場合。営業の許可を得た場合。
成年被後見人	（原則） 法定代理人の同意を得ても法律行為はできない。→常に取り消し得る行為となる。	（例外：単独でできる場合） 日常生活に関する行為
被保佐人	（原則） 重要なものを除いて法律行為は単独でできる。	（例外：単独でできない→取り消しうる） 元本領収・利用、借財・保証、不動産等の得喪、原告となる相続の承認・放棄・遺産分割、負担付贈与・遺贈の承認、短期賃貸借を超えてなす貸借等（13条） ※他の制限行為能力者の法定代理人だとしても単独でできない。

被補助人	(原則) 家裁が定めた特定の行為以外は単独でできる。	(例外：単独でできない場合→取り消しうる) 家裁が定めた特定の行為
	補助人に特定の行為についての代理権を与えただけの場合には行為能力の制限はない。	

		代理権	同意権	取消権	追認権
未成年者の法定代理人 （親権者・未成年後見人）*3		○	○	○	○
成年被後見人の法定代理人 （成年後見人）*3		○	×*1	○	○
保佐人		△*2	○	○	○
補助人*4	同意権付与の場合	×	○	○	○
	代理権付与の場合	○	×	×	×
	どちらも付与の場合	○	○	○	○

＊1　成年後見人の同意を得て行った行為であっても取り消し得るので同意は無意味。

＊2　特定の行為について、代理権付与の審判があった場合（本人の同意必要）。

＊3　未成年・成年後見人どちらも、法人または複数が後見人となることが可能。

＊4　補助開始の審判をする場合・特定の行為について同意権を付与する場合・特定の
　　　行為について代理権を付与する場合→本人の同意を得て行う。

4 制限行為能力者の相手方の保護　　　Level 1 ▷ Q15,Q16　Level 2 ▷ Q18

(1)制限行為能力者の詐術　▶ p36

　制限行為能力者が、詐術を用いて、自分が能力者であると相手方を誤信させた場合、取消権は認められない（21条）。なぜならば、このような者を保護する必要はないからである。制限行為能力の有無については沈黙していた場合でも、他の言動と相まって、相手方を誤信させたり、誤信を強めた場合には、詐術となる（判例）。

(2)相手方の催告権　▶ p34

　制限行為能力者と取引をした相手方は、1か月以上の期間を定めて、追認を催告することができる。期間内に確答が発せられない場合、催告を受けた者が単独で追認できる者の場合には、追認とみなされ、催告を受けた者が追認権のない被保佐人・被補助人のとき（この場合は、催告は「保護者の追認を得たうえで、そのことを通知せよ」というものになる）は取消しとみなされる（20条）。

(3)法定追認

　取り消すことができる契約をしたが、取消しをしないでいる間に、取消権者の側に黙示の追認をしたと思えるような行為があった場合（自己の債務を履行したり、相手方に債務の履行の請求をしたり、更改をしたりする場合）に、追認したものとみなす、という制度である（125条）。これらの事実があると相手方は黙示の追認があったと信頼するであろうから、追認の意思の有無を問わず、追認があったものと擬制したのである。なお、法定追認は、錯誤・詐欺・強迫を理由に取消しができる場合にも適用される。

第1章

第2章

第3章

第4章

第5章

第6章

第7章

第8章

第9章

第10章

Q11 民法上の能力

問 民法上の能力に関する次の記述のうちで、正しいものを選べ。 （地方上級）

1 行為能力は、取り消されることなく有効に法律行為をなし得る能力であり、その有無は個々の具体的な場合ごとに判断して決める。
2 過失相殺能力は、被害者の過失を考慮するときの能力であり、小学生にも認められる。
3 意思能力は、単独で有効に行為をなし得る能力であり、制限行為能力者にはない。
4 責任能力は、自己の行為の責任を弁識する能力であり、制限行為能力者にはない。
5 権利能力は、自然人と法人にのみ認められるものであり、失踪宣告を受けた者には認められない。

PointCheck

◉民法における能力···【★★★】

権利能力がなければ権利者・義務者になれない。つまり、民法の世界に登場する資格がない。権利能力を有するのは、人（自然人）と法人である。人はすべて権利能力を有する（権利能力平等の原則）。権利能力は、出生（全部露出）によって取得されるが、胎児に権利能力を認める例外がある（不法行為と相続と遺贈の場合）。

意思能力	行為能力	責任能力
自己の行為の結果を判断する精神能力	単独で有効な行為をする能力	不法行為責任を判断しうる能力
意思能力なし→無効	制限行為能力者の行為→取消し	責任能力なし→損害賠償責任を負わない

◉意思能力···【★☆☆】

意思能力とは、自己の法律行為の結果を判断し得る精神的能力をいう。これは、店で品物をくださいといえばお金を払わなければならなくなるということを理解できる能力のことである。意思能力の有無は個々の取引をなすごとに変化しうる。同じ品物を購入する場合であっても、日時を異にすれば意思能力の有無も変わることがある。

◉行為能力···【★★★】

行為能力とは、単独で完全に有効な行為をなすことができる能力であるが、意思能力の場合と異なり、行為能力の有無は、あらかじめ画一的に決められている。すなわち、制限行為能力者の行為能力の内容は、それぞれの制限行為能力者の種類に応じて法定されており、具体的な個々の取引において行為能力の有無が変わるということはない。例えば、成年被後見人であれば、日常生活に関する行為だけについては行為能力があるが、それ以外については一切行為能力がない、という具合である。

●無効と取消しの二重効について………………………………………………………………【★★☆】

　成年被後見人は、精神上の障害により事理を弁識する能力を欠く常況にある者であるが、いつも意思能力がないわけではない。意思能力があっても、成年被後見人は制限行為能力者であることを理由に自分で行為を取り消すことができるのである。では、意思能力がなかった場合はどうか。この場合も制限行為能力者であることを理由に取り消すことができ、さらに、意思能力がなかったこと（意思無能力、3条の2）を理由に、無効の主張をすることもできる。このように、取消しの主張と無効の主張のどちらも認めることを、「二重効」を認めるという（判例・通説）。

●過失相殺能力………………………………………………………………………………………【★☆☆】

　不法行為（自動車事故など、709条）などにおいて過失を相殺されるというのは、損害の一部を被害者が自己負担させられることである。その過失相殺の能力というのは、被害者に落ち度があるといえるために備わっていなければならない判断能力である。他人の損害を賠償するのとは異なるので責任能力までは必要がないが、多少の判断力は必要である。判例は、この多少の判断力のことを「事理を弁識する能力」と呼び、過失相殺を行うためには被害者にこの程度の能力が必要としたのである。

●失踪宣告………………………………………………………………………………………………【★★☆】

　失踪宣告（30条）とは、人の生死不明が一定期間継続した場合に、その人の従来の住所に残してある法律関係について相続を開始させ整理するために、その人を死んだものとみなす制度である。このような趣旨から、死亡とみなされる範囲は、その人が残していった従来の住所における法律関係に限られる。他の地域で生存して生活を営んでいる失踪者本人の権利能力まで奪う必要はないのである（**Q34** 参照）。

A11 正解─2

1─誤　行為能力の有無は、制限行為能力者であるかどうかで決まる。つまり画一的に判断される。取引ごとに個々的に判断するのは、意思能力である。

2─正　過失相殺とは、例えば、不法行為などにおいて被害者にも過失があった場合に、損害賠償額を被害者の過失分だけ減額すること。過失を考慮される被害者には、責任能力（12歳程度）までは必要でなく、事理を弁識する能力が備わっていればよい（8歳程度）とするのが判例である。

3─誤　意思能力は、自己の行為の結果を判断する精神能力。単独で有効に行為をする能力とは行為能力のこと。

4─誤　制限行為能力者制度は法律行為（適法な行為）をする場合のものであり、不法行為には無関係。制限行為能力者も12歳程度から責任能力は認められる（判例）。

5─誤　失踪宣告を受けても、他所で生存している本人の権利能力は失われない。

第1章

第2章

第3章

第4章

第5章

第6章

第7章

第8章

第9章

第10章

Q12 権利能力・行為能力

問 次の記述のうち、正しいものはどれか。 （裁判所職員）

1 失踪宣告がなされると、失踪宣告を受けた者は死亡したものとみなされ、権利能力が消滅する。
2 夫が成年後見開始の審判を受けたときは、その妻が当然に後見人となる。
3 未成年者が自己の債務を免除する申込みを承諾することは、法定代理人の同意を得ずに単独で行うことができる。
4 胎児は、生きて生まれることを条件に、すべての法律関係について、すでに生まれたものとみなされて権利能力を有する。
5 未成年者が法定代理人の同意を得ずに法律行為をした場合でも、その法律行為の相手方が、未成年者を成年者であると信じ、かつ、そう信じることについて過失がない場合には、その法律行為を取り消すことはできない。

PointCheck

●胎児の権利能力（停止条件説） ··【★★☆】

権利能力は出生によって取得するのが原則だから、胎児である間に権利能力は認められないとされる（判例）。

例外的に胎児に権利能力が認められる場合（不法行為、相続、遺贈）であっても、胎児中には権利能力はなく、生きて生まれたときに相続などの時点に遡って権利能力を取得すると解している（停止条件説）。したがって、胎児の段階ではまだ権利能力はないので、母が代理人となって権利を行使することもできない。

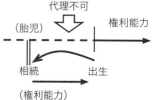

●未成年者について同意なしに有効な行為ができる場合 ·····················【★★★】

(1)単に利益を得る、または義務を免れるだけの行為をする場合（5条1項ただし書）

(例)未成年者が贈与を受ける契約をする場合→単に利益を得るだけ

未成年者が借金をないことにしてもらう契約をする場合→単に義務を免れるだけ

※貸していた金銭の弁済を受ける行為は、単に利益を受けるだけのものとはいえない。

弁済を受ける反面、債権が消滅する不利益があるからである。

(2)処分を許された財産を処分する場合

①使い道（目的）を定めないで処分を許した財産を処分する場合

(例)高校生が毎月親からもらう「小遣い」で、品物を購入する場合

②使い道（目的）を定めて処分を許した財産を処分する場合

(例)英会話スクールの学費として親からもらった金銭で入学手続をする場合

問題でPointを理解する
Level 1 Q12

第1章　第2章　第3章　第4章　第5章　第6章　第7章　第8章　第9章　第10章

⑶営業の許可を受けた場合のその営業に関する契約（6条）

①営業の許可の範囲

　営業の許可の与え方について、何でも営業をしてよい、という許可は無効である。また、1つの営業の中を区切ってその一部についてだけ許可するという与え方も無効である。そのような未成年者と取引をした者が不測の損害を被る危険があるからである。よって、営業の許可は営業の種類ごとに与えるべきである。営業の種類ごとに与えるのであれば、複数の営業を許可することも可能である（民法は「一種または数種の営業を許された……」と規定している）。

②許可の取消し

　営業の許可が与えられた場合において、未成年者がその営業に堪えられないことが分かったときは、法定代理人は営業の許可を取り消すことができる。

　この取消しの効果は過去に遡ることはなく、取消しのあった日から将来に向かって営業の許可が失効する。したがって、営業の許可が取り消される前にすでに締結されていた契約などには影響を及ぼさないことになる。

A12 正解—3

1—誤　失踪宣告による死亡の効果は、宣告を受けた者の従前の住所における法律関係（財産上・身分上を問わない）について生ずるだけである。このように解するだけで制度の目的は達成できるからである。どこかで本人が生きていた場合に、その者の権利能力まで奪うものではない。

2—誤　かつては、本肢のように規定されていたが、現在では改正され、夫が後見開始の審判を受けても妻が当然に成年後見人になることはなくなった。現在は、家庭裁判所によって適任者が選ばれるようになっている。昔と異なり、夫が成年被後見人にされるような年齢になったときには、妻もまた高齢になっている場合が多いからである。

3—正　債務の免除を受ければ、債務が消滅するだけである。つまり、「単に義務を免れる」だけの場合にあたる。

4—誤　胎児がすでに生まれたものとみなされ権利能力を認められる場合は限定されている（不法行為・相続・遺贈の3つの場合のみ）。すべての法律関係について認められているのではない。

5—誤　制限行為能力者が取消権を失うのは「詐術」を用いた場合である。詐術は、自分が制限行為能力者であると明言しない場合でも、「他の言動と相まって」相手方を誤信させた場合であれば認め得る。しかし、本肢ではそのような事情はまったくなく、詐術を理由とする取消権の消滅は認められない。単に相手方が制限行為能力について善意・無過失だったというだけのことであり、このような場合は相手方よりも制限行為能力者の保護を優先する。

29

Q13 制限行為能力者の取消し

問 民法上、制限行為能力者の行為として取り消すことができるものは、次のうちどれか。

(地方上級類題)

1 成年被後見人が、成年後見人の同意を得て、土地を購入する行為。
2 未成年者が、親からもらった小遣いで高級腕時計を買う行為。
3 訴訟を提起された被保佐人が、これに応訴する行為。
4 能力者となった後に追認の催告をしたのに、期間内に返答のなかった場合の被補助人が補助人の同意なしに行った行為。
5 成年被後見人が単独で自分の子を認知する行為。

PointCheck

◉**制限行為能力者が単独でできる行為の範囲**‥‥‥‥‥‥‥‥‥‥‥‥‥‥‥‥‥‥‥‥**【★★★】**

①制限行為能力者にも取消権がある（120条）。
　　→取消しは行為を白紙に戻す（遡及的に無効となる）だけのものであるから、早まって取り消しても以前より不利益な立場に陥ることはないからである。
②未成年者が貸してあった金銭の返還を受ける行為は、法定代理人の同意が必要となる。
　　→金銭を得る（利益を得る）反面、債権が消滅する（権利を失う）から。
③営業の許可を受けた未成年者は、営業に関する行為を完全に単独で行うことができる。
　　→後に、営業の許可が取り消されてもすでになされた行為は完全に有効である。
④成年被後見人であっても、単独で認知をすることができる（780条）。
　　→身分上の行為については、制限行為能力者でも単独でできる旨の規定が個々的に置かれている（780条・738条・799条・962条等）。そもそも、行為能力に関する総則の規定は、財産上の行為を念頭においたものであり、本人の意思を尊重しなければならない身分上の行為には、原則として適用されないと解されている。
⑤成年被後見人でも、日用品の購入契約は、単独でできる（9条ただし書）。
⑥被保佐人の「手形の振出」や「時効完成後の債務承認」は、13条1項2号の「借財または保証をなすこと」にあたるとして、保佐人の同意が必要とされる（判例）。
⑦被保佐人は、単独で時効更新事由である「承認」ができる（152条2項）。
⑧被補助人は、家庭裁判所が審判で保佐人の同意を要すると定めた行為以外は、単独で行うことができる（17条1項）。

◉**行為能力と身分行為**‥‥‥‥‥‥‥‥‥‥‥‥‥‥‥‥‥‥‥‥‥‥‥‥‥‥‥‥‥‥‥**【★★☆】**

　民法総則の行為能力の規定は、主として財産的な法律行為を対象として定められたものであるから、身分上の法律行為には原則として適用がない。その結果、例えば、自分の子を認知する場合には、行為能力は不要である。自分が父親か否かを判断するのに、経済的な能力

は関係がないからである。意思能力さえあれば成年被後見人であっても意思能力が備わっているときは単独で認知できる。同様に、未成年者であっても認知は単独でできる。

また、婚姻をするにも行為能力は不要である。婚姻の意味は経済的な能力がなくても理解できるし、また、だれと婚姻するかはあくまでも本人自らが決定すべき問題であり、法定代理人の意思に左右されるべき問題ではないからである。成年被後見人であっても、意思能力さえあれば、単独で婚姻することができ、法定代理人の同意も不要である。未成年者であっても婚姻適齢に達していれば婚姻できる。

さらに、養子縁組をなす場合にも行為能力は必要でない。親子関係を形成するのに経済的な能力は関係がないからである。よって、成年被後見人であっても意思能力があれば、単独で縁組をすることができるし、未成年者であっても15歳以上になれば単独で縁組をすることができる。15歳未満の場合には、法定代理人による養子縁組が認められている（代諾養子）。なお、未成年者が養子となる縁組には、家庭裁判所の許可が必要である。

A**13** 正解―1

1―正　成年被後見人の行った土地の購入行為は、成年後見人の同意を得ていなかった場合はもちろん、たとえ同意を得ていた場合でも、取り消し得るものとなる。なぜなら、成年被後見人は、意思能力の欠けている常況にある者であるから、たとえ成年後見人の同意を得ていた場合でも、その同意どおりに契約をしてくることが期待できないからである。

2―誤　未成年者が親からもらった小遣いは、目的を定めないで処分を許された財産にあたる（5条3項）。

3―誤　民法は、被保佐人が単独ではできない行為として「訴訟行為をなすこと」を挙げているが（13条1項4号）、この訴訟行為には被告となる場合を含まないと解されている。なぜなら、そうしないと、相手方からの訴訟から逃げるために保佐人が同意を与えないという事態が発生してしまうからである。

4―誤　民法は、制限行為能力者と取引をした相手方に、取り消すことができる行為を追認するかどうかの催告権を与えているが、所定の期間内に確答が発せられなかった場合の取扱いとして、催告を受けた者が、自分で追認できる者であった場合には、追認があったものと擬制している。本肢では、催告を受けたのは、行為能力を回復した本人であり、追認権を有する者であるから、追認が擬制される（20条1項）。

5―誤　民法の行為能力制度は、財産上の関係を念頭において設けられたものであって、身分行為については、適用が排除されるのが原則である。本肢の認知についても、民法780条は、認知をする者が、未成年者や成年被後見人であっても、その法定代理人の同意なしに認知ができると規定している。なお、認知の時に意思能力がなければならないのはもちろんである。

第1章
第2章
第3章
第4章
第5章
第6章
第7章
第8章
第9章
第10章

Q14 未成年者

問 未成年者に関する次の記述のうち、妥当なものはどれか。 (国家一般)

1 未成年者が婚姻したときは、これによって成年に達したものとみなされ、その後20歳に達するまでの間に離婚したとしても、なお成年擬制の効果は存続する。

2 未成年者が債権につき弁済を受けることは、その給付自体についてみれば利益を受けることになるので、法定代理人の同意を得ることを要さず、未成年者が単独で行うことができる。

3 未成年者が法定代理人の同意なしに締結した契約は取り消すことのできる契約であるが、取り消すことができるのは法定代理人のみであり、未成年者はたとえ意思能力があったとしてもその契約を単独で取り消すことはできない。

4 親権者が法定代理人である場合、父母の一方が他方の意思に反し勝手に共同の名義でその子の行為に同意をしたときは、たとえ法律行為の相手方が他方の意思に反することを知らなかったとしても、その法律行為は無効である。

5 許可を得て未成年者が営業を行っていても、その営業に堪えることができない事由があるときは、法定代理人は許可を取り消すことができ、その許可が取り消されたときは、その取消し以前に営業に関しなされた法律行為ははじめから無効となる。

PointCheck

◉婚姻による成年擬制 ···【★★★】

　未成年者も婚姻適齢（男18歳、女16歳）に達すれば婚姻できる。未成年者が婚姻したときは、それによって成年に達したものとみなされる（753条）。この規定の趣旨は、未成年者であっても婚姻をすれば新たな経済単位の担当者となること、および婚姻生活の独立性の要請を考慮したものである。成年に達したものとみなされた未成年者は、行為能力を取得し、親権や後見から脱する。それ以外にも自分の子が生まれればその子の親権者となることができる。

　しかしこの成年擬制の効果は、その趣旨からみて民法以外の法律にまでは及ばないと解されている。例えば、公職選挙法における選挙権は認められないし、飲酒や喫煙も認められることはない。

　問題となるのは、未成年者で婚姻をした者が20歳になる前に離婚した場合である。この場合に、いったん獲得された行為能力が消滅してしまうのか否かが争われている。この点に関して、通説は、婚姻による精神的能力の成熟や、婚姻中に生まれた子に対する親権者としての地位などを考慮して、いったん成年者と擬制された以上は、例え20歳になる前に婚姻の解消（離婚・一方配偶者の死亡）があったとしても、成年擬制はなくならないと解している。

●父母の一方が勝手に共同の名義でした行為の効力‥‥‥‥‥‥‥‥‥‥‥‥‥‥【★★☆】

　親権の行使は、父母が婚姻中は、父母が共同して行うのが原則である（親権共同行使の原則、818条3項）。したがって、父母の一方だけが勝手に行った子の財産に関する行為（代理・同意）は無効であるのが原則である。しかし、父母の一方が勝手に共同の名義で代理行為をしたり、または、同意を与えたりした場合、相手方は他方の親権者と共同して行ったものと考えてしまうことがある。そのような場合の相手方を保護する規定が、825条である。同条は、①父母が共同して親権を行う場合において、②父母の一方が、共同の名義で、代理・同意をした場合には、③それが他方の意思に反していたという場合であっても、代理・同意は効力を妨げられることがないと規定しつつ、ただし、④相手方が悪意のときはこの限りでない、としている。

●未成年者の営業の許可の「取消し」‥‥‥‥‥‥‥‥‥‥‥‥‥‥‥‥‥‥‥‥‥‥【★☆☆】

　法定代理人が未成年者の営業の許可を取り消した場合、許可は将来に向かって消滅するだけであって遡及的に消滅するのではない。なぜなら、親権者は許可を与えたときに意思に瑕疵があったわけではなく、後になってその未成年者が営業をするには無理があることが判明したので、もう許可を与えないことにしようというだけの話だからである。このように、行為をした時点では何ら瑕疵がなかったが、後から取りやめにする場合を「撤回」と呼ぶ。民法では、撤回は、規定がある場合を除いては、自由に行うというわけにはいかない。

A14 正解ー1

1ー正　本肢のような場合、成年擬制の効果は存続すると解するのが通説である。

2ー誤　未成年者が債権につき弁済を受けることは、確かにその給付自体についてみれば利益を受けることになるが、反面において債権を失うことになるのであり、単に利益を得るだけの行為とはいえない。

3ー誤　未成年者であっても意思能力を有しているときは、単独で取り消すことができる。これを認めても取消しは契約締結前の段階に戻るだけのことであり、前より不利になることはないからである。

4ー誤　父母が共同親権者である場合、父母の一方が勝手に共同の名義でその子の行為に同意をしたとしても無効なはずである。しかし、それでは相手方を害するので民法は、相手方が悪意でない限り、有効な同意となる旨を規定している（825条）。

5ー誤　営業の許可の取消しは、撤回の意味であると解されている。当初の許可をしたときに意思に瑕疵があったわけではなく、その後の状況に応じて、許可をやめようという場合だからである。このような、取消し（撤回）には遡及効はない。

Q15 制限行為能力者

問 民法に定める制限行為能力者に関する記述として、次のうち妥当なものはどれか。

(地方上級)

1 成年後見人は、家庭裁判所によって職権で選任されるものであり、成年後見人は一人の成年被後見人に対して一人に限られ、法人は成年後見人になることができない。

2 精神上の障害により事理を弁識する能力が不十分である者について、本人以外の者の請求により、家庭裁判所が補助開始の審判をする場合、本人の同意は必要とされない。

3 被保佐人と取引をした相手方が、保佐人に対して、被保佐人の行為を追認するか否かを確答すべき旨を1か月以上の期間を定めて催告した場合、当該期間内に確答がなければ原則として被保佐人の行為は取り消されたものとみなされる。

4 未成年者が売買契約を取り消す場合、当該売買契約は初めに遡って無効となり、未成年者は現に利益を受けている限度において返済の義務を負うが、受け取った代金を生活費に充てた場合には、現存利益がなく、返還する義務を負わない。

5 被保佐人が、他人の保証人となる契約を、保佐人の同意または保佐人の同意に代わる家庭裁判所の許可を得ずに結んだ場合には、被保佐人および保佐人は当該契約を取り消すことができる。

PointCheck

◉相手方の催告権と確答のない場合の扱い……………………………………………【★★★】

制限行為能力者と取引した相手方は、1か月以上の期間を定めて、その期間内に取り消しうる行為を追認するかしないかを確答するように催告することができる。この期間内に確答がなかった場合の取扱いがポイントである。民法の基本的態度は、催告を受けた者が自分でいつでも追認できる者であった場合には、返事をしない態度をもって追認とみなすこととし、催告を受けた者が自分だけでは追認することができない者であった場合には、確答のないことをもって取消しとみなすこととしている。

	制限行為能力者である間		能力者になった後
催告の相手	＊追認せよと催告する ↓ 法定代理人 保佐人 補助人	＊保護者の追認を得よと催告する ↓ 被保佐人 被補助人	＊追認せよと催告する ↓ 行為者本人
確答なし	追認とみなす (20条2項)	取消しとみなす (20条4項)	追認とみなす (20条1項)

◉後見人の要件‥‥‥‥‥‥‥‥‥‥‥‥‥‥‥‥‥‥‥‥‥‥‥‥‥‥‥‥‥‥‥【★★☆】

　成年後見人は家庭裁判所によって選任される。家庭裁判所は、必要があれば複数の成年後見人を選任することもできる。また、法人を成年後見人にすることもできる。これにより、財産面の保護・生活面の保護・福祉関連の事務などを分担させることが可能となる。例えば、成年被後見人が高齢者の場合、その息子と社会福祉法人を成年後見人に選任し、福祉関連の事務を社会福祉法人に分担させるような場合である。これに対して、親権者のいない未成年者の後見人には、従来、法人または複数の後見人が認められなかったが、児童虐待防止、児童の権利利益保護の観点から改正が行われ、法人または複数の未成年後見人の選任も可能となった。

◉補助開始の審判と被補助人の同意‥‥‥‥‥‥‥‥‥‥‥‥‥‥‥‥‥‥‥‥‥【★★☆】

　行為能力を制限される本人の同意を要求しているのは、これらの者にはまだ判断能力が残っていることを考慮し、これらの者の自己決定権を尊重する趣旨である。

　被補助人の審判で、本人の同意が必要とされる場合は3つある（**Q17**参照）。

| ①家庭裁判所の補助開始（被補助人となること自体） |
| ②補助人の同意が必要な「特定の法律行為」を定める |
| ③補助人に「特定の法律行為」の代理権を与える |

◁ 被補助人本人の同意

　被保佐人本人の同意が必要とされる場合は1つ。

| 保佐人に「特定の法律行為」の代理権を与える |

◁ 被保佐人本人の同意

A15 正解―5

1―誤　成年後見人は、一人に限定されず、また法人も成年後見人になれる（843条）。

2―誤　被補助人となる者は、事理を弁識する能力が不十分な者にすぎないから、自己決定権の尊重の趣旨から、補助開始の審判をするには、本人自身の請求による場合以外は、本人の同意が必要である。

3―誤　保佐人のように追認権を有する者に対して催告がなされた場合に、これに対する確答がないときには、追認とみなすのが民法の態度である。

4―誤　生活費にあてた場合は、現存利益があると解されている。

5―正　他人の保証人となることは13条に規定された行為であり、保佐人の同意なしになされた場合は、取り消すことができる。取消権は、保佐人だけでなく被保佐人も有する（120条）。

第1章
第2章
第3章
第4章
第5章
第6章
第7章
第8章
第9章
第10章

Q16 制限行為能力者の詐術

問 行為能力制度に関する次の記述について、妥当なものはどれか。 （国税専門官）

1 被保佐人が詐術を用いたといえるためには、積極的術策を用いた場合だけでなく、単に制限行為能力者であることを黙秘していた場合であっても、それにより相手方の誤信を強めたといえるときは詐術を用いたといえる。

2 制限行為能力者が消費貸借契約を締結し、受領した金銭を借金の返済や生活費や遊興費にあてた後、制限行為能力者であることを理由に当該契約を取り消した場合、返還すべき現存利益はないとするのが判例である。

3 成年被後見人は、法定代理人の同意を得て行ったか否かを問わず、単独で行ったすべての行為を取り消すことができる。

4 被保佐人の行為について保佐人が同意を与えなかった場合であっても、保佐人は事後に追認をすることができる。

5 制限行為能力者の相手方が、その制限行為能力者の法定代理人に対し、一定期間内に追認をするか否かの催告を行った場合、期限内に確答のないときは、取消しがあったものとみなされる。

PointCheck

●制限行為能力者の詐術 ……………………………………………………【★★★】

詐術を用いて相手方に自分が能力者だと信じさせるような制限行為能力者は、取消権を与えて保護する必要はないので、取消権を認めないことにした（21条）。なお、未成年者が保護者の同意を得たと誤信させた場合も同様に解されている。

●被保佐人の行為能力 ……………………………………………………【★★☆】

被保佐人であっても、単独で有効に取引ができるのが原則である、しかし、13条に列挙されている重要な財産上の行為だけは、保佐人の同意を得て行わなければならない。この場合に同意を得ずにした契約は、取り消すことができる。取消権は、被保佐人（制限行為能力者のままでよい）のほか、保佐人も有する（120条1項）。なお、保佐人が被保佐人の利益を害するおそれがないのに同意を与えない場合は、家庭裁判所が同意に代わる許可を与えることができる（13条3項）。また、保佐人に取消権が認められた結果として追認権も有することとなり（122条）、従来争いのあった部分は立法的に解決された。さらに、被保佐人も能力者になれば単独で追認できる。

保佐人に代理権はないのが原則であるが、家庭裁判所は審判により、特定の法律行為について、保佐人に代理権を与えることもできる（876条の4第1項の新設）。

● **13条に列挙されている財産上重要な行為**‥‥‥‥‥‥‥‥‥‥‥‥‥‥‥‥‥‥‥‥‥‥**【★★★】**

13条に列挙されている行為の中で注意すべきものを挙げると以下のとおり。

・元本領収・利用→貸金の返還を受けることなど
・借財・保証→自分で借金をしたり、他人の借金の保証人になる
・不動産・重要な財産の取得・喪失→不動産の売買
・訴訟行為→被保佐人が原告となる場合だけで、被告には単独でなり得る
・相続の承認・放棄
・負担付贈与を承諾する・負担付遺贈を承認する
・602条の期間を超える賃貸借（例えば、建物賃貸借は3年、動産賃貸借は6か月）
・列挙される行為を他の制限行為能力者の法定代理人としてすること

● **制限行為能力者の相手方のする催告**‥‥‥‥‥‥‥‥‥‥‥‥‥‥‥‥‥‥‥‥‥‥**【★★★】**

		催告の相手方	効果
能力回復後		本人	追認擬制
能力回復前	未成年者成年被後見人	親権者・未成年後見人成年後見人	追認擬制※
	被保佐人・被補助人	保佐人・補助人	
		本人	取消擬制

※後見監督人の同意を要する行為は取消擬制

A16 正解ー4

1 ―誤　判例によれば、単なる黙秘では詐術を用いたとはいえない。その黙秘が、他の言動と相まって、相手方を誤信せしめまたはその誤信を強めたことが必要である（最判昭44.2.13）。

2 ―誤　遊興費については本肢のとおりであるが、借金の返済や生活費に充てた分については、現存利益となるとするのが判例である（大判昭7.10.26など）。なぜなら、このような場合には、他の財産が減少を免れて残っていると考えられるからである。

3 ―誤　日用品の供給など日常生活に関する行為は単独でできるので、「すべての行為を」とある点が誤り。

4 ―正　保佐人には追認権もあることが平成11年の改正で明らかにされた（120条で「同意をすることのできる者」にも追認権があると規定した）。それまでは保佐人の追認権は解釈によって認められていただけであった。

5 ―誤　本肢のように、催告を受けたものが単独で追認のできる者であった場合、その者が期限内に確答を発しなければ追認したものとみなされる（20条2項）。取消しとみなされるのではない。

第1章

第2章

第3章

第4章

第5章

第6章

第7章

第8章

第9章

第10章

Q17 制限行為能力の比較

問 行為能力に関するア〜オの記述のうち、妥当なもののみを全て挙げているのはどれか。

(国家一般)

ア 法定代理人が目的を定めて処分を許した財産は、その目的の範囲内において、未成年者が自由に処分することができる。また、法定代理人が目的を定めないで処分を許した財産も、未成年者が自由に処分することができる。

イ 被保佐人は、保佐人の同意なしに単独で日用品の購入をすることができるが、成年被後見人は、成年後見人の同意を得て日用品の購入をした場合でも、その行為を取り消すことができる。

ウ 後見開始、保佐開始又は補助開始の審判が家庭裁判所によってなされると、その事実が戸籍に記録される。これは、制限行為能力者のプライバシーの保護に配慮しつつ、本人の行為能力の制限を公示することで、取引が円滑に行われるようにするためである。

エ 家庭裁判所は、被保佐人たる本人以外の者の請求によって、特定の法律行為について保佐人に代理権を付与する旨の審判をする場合には、本人の同意を得なければならない。また、被補助人たる本人以外の者の請求によって、特定の法律行為について補助人に同意権を付与する旨の審判をする場合にも、本人の同意を得なければならない。

オ 制限行為能力者の相手方は、被保佐人又は民法第17条第1項の審判を受けた被補助人に対しては、1か月以上の期間を定めて、その取り消すことができる行為について、保佐人又は補助人の追認を得るべき旨の催告をすることができる。この場合において、その被保佐人又は被補助人がその期間内に追認を得た旨の通知を発しないときは、その行為を追認したものとみなされる。

1 ア、ウ　2 ア、エ　3 イ、エ　4 イ、オ　5 ウ、オ

(参考) 民法第17条 (補助人に同意権を付する審判、省略)

PointCheck

●行為能力の制限比較 ·· 【★★★】

各制限行為能力の制限の強さを比較すると以下のようなイメージになる。

成年被後見人	日常生活	←	常に取り消しうる
未成年者	同意のある行為	←	同意ない行為の取消し
被保佐人	重要な行為以外	←	13条の行為
被補助人（補助人に同意権）	家裁が定めた行為以外	←	同意必要

● 補助人の同意権・代理権……………………………………………………【★★☆】

補助制度では、特定の法律行為について、補助人に、①同意権が与えられる場合と、②代理権が与えられる場合と、同意権と代理権の両方が与えられる場合がある。どの場合も、補助制度は本人の自己決定権を尊重し、本人の同意に基づいて適用される。

①の同意権の場合、被補助人が、特定の法律行為（13条の列挙行為の中から申立てにより家庭裁判所が決める）を補助人の同意なしに行えば取り消すことができる（17条4項）。取消権は補助人だけでなく被補助人も有する。追認権を有するのは補助人のみである。なお、補助人が被補助人の利益を害するおそれがないのに同意を与えない場合は、家庭裁判所が同意に代わる許可を与えることができる（17条3項）。

②の代理権だけの場合、被補助人は自分でも単独で特定の法律行為をすることができる（補助人の同意不要）。したがって、取消しや追認は問題とならない。

①②の両方の場合、同意権・代理権の対象となる特定の法律行為は同一のものでなくてもよい。

①同意権が与えられる場合

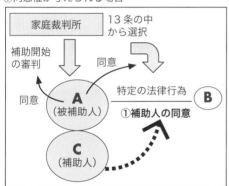

②代理権が与えられる場合

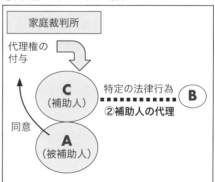

A17 正解−2

ア―正 目的を定めない「おこづかい」のような財産は、自由に処分できる。

イ―誤 被保佐人は重要な法律行為以外は単独でできる。日常生活に関する法律行為ならば被後見人も同意なしに単独ででき、取り消すことはできないものとなる。

ウ―誤 成年後見制度（後見・保佐・補助）の公示は後見登記で行う。ちなみに、旧制度の禁治産・準禁治産は戸籍に記載されていた。

エ―正 ①保佐人に代理権を付与、②補助開始の審判、③補助人に同意権・代理権を付与。これらには、制限行為能力者本人の同意が必要である。

オ―誤 被保佐人・被補助人の相手方は、保護者の追認を受けるように催告することになるが、被保佐人・被補助人の返事がない場合は取消しとみなされる。

Q18 被保佐人と相手方の保護

問 被保佐人Aが保佐人Cの同意を得ずに土地をBに売却し、所有権移転登記がなされ、BはAに代金を支払った。

この事例に関する次の記述のうち、妥当なものはどれか。 （国税専門官）

1 BがCに対して、相当の期間を定めて土地の売買契約を取り消すか否かを確答せよとの通知を行った場合、その期間内にCからの確答がなかったときは、当該売買契約は取り消されたものとみなされる。

2 被保佐人Aには取消権があり、これは保佐人Cのもつ追認権とは独立したものであるから、Cの追認後もAは取り消すことができる。

3 民法21条にいう「詐術を用いたとき」とは、制限行為能力者が積極的詐欺手段を用いることをいうから、Aが自分が被保佐人であることを黙秘していた場合には、Aが詐術を用いたと評価する余地はない。

4 Aが制限行為能力を理由に土地の売買契約を取り消した場合、Aはすでに受け取っていた代金については現に利益の存する限度で返還すれば足りるが、それを債務の弁済にあてていたときは、その弁済に用いた金額分は返還しなければならない。

5 Aから購入したBが、Aが制限行為能力を理由に取り消す前に、善意・無過失の第三者にその土地を売却し、登記も第三者の名義に移転していたときは、Aは第三者に所有権を主張できない。

PointCheck

◉制限行為能力による取消しと原状回復義務 ………………………………………………【★★☆】

制限行為能力者であったことを理由に、被保佐人Aが土地の買契約を取り消した場合、Aがすでに代金を受け取っていたとすれば、それは不当利得となる。この場合、被保佐人Aは土地売買契約が後日取り消されることがあることを知っていたといえる場合もある。つまり、悪意の不当利得者といえる場合がある。しかし、そのような場合にAが悪意の不当利得者として、受け取った代金に利息をつけて返還しなければ

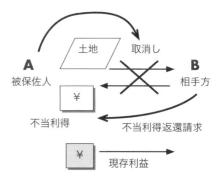

ならないということになってしまっては、制限行為能力者の保護の制度とはいえなくなってしまう。そこで民法は、制限行為能力者が取り消した後の返還義務としては、現に利益を受けている限度（現存利益の限度）で返せばよいとした（121条の2第3項）。よって、Aは受け取った代金が現に残っている場合にだけ返せばよいこととなる。なお、この場合、Aがそ

の受領代金を債務の弁済に充てていたり、生活費に流用していた場合には、利益はなお現存
しているものと扱われる点に、要注意である。

◉**制限行為能力者の取消しと第三者**……………………………………………【★★☆】
　制限行為能力者であったことを理由にしてなす取消しは、善意の第三者にも対抗できる
（96条3項のような善意の第三者保護の規定はない）。取引の安全よりも、制限行為能力者
の保護を優先させるわけである。

　なお、譲渡した物が動産の場合、制限能力者の取引の相手方は即時取得はできないが（図
のB）、相手方から取得した者には即時取得の可能性がある（図のD）。

> **Level up Point!**　肢2のような問題は、このようなことを知らなくても、事前に保佐人の同意があれば本人も取り消すことができなくなるのに、事後に追認した場合には本人は取り消せるというのはおかしな話である、と考えていけばよい。引っ掛けるために作った問題文にはこのような無理な部分がある。それを発見できる常識力を持っていることも大切である。この常識力も問題を繰り返し解く中で自然に身についてくる。

A**18** 正解ー4

1—誤　保佐人Cには追認権があり、追認できる者が催告に対して確答を発しないとき
　　　は、「追認とみなす」というのが民法の態度である。
2—誤　Cの追認があれば、契約は確定的に有効となるのであり、その後はCはもちろ
　　　んAも取り消すことはできない。
3—誤　判例は、たとえ黙秘していた場合でも、他の言動などと相まって相手方を誤信
　　　させた場合には、詐術があったといえるとしている。
4—正　債務の弁済に充てた分は、現存利益として残っていると扱う。
5—誤　この場合の第三者は、「取消し前の第三者」であるから、Aは取消しによる遡
　　　及的無効を第三者に主張し、土地の返還を請求しうる。なお、「取消し後の第
　　　三者」との関係の場合には、177条によって処理される。

第1章
第2章
第3章
第4章
第5章
第6章
第7章
第8章
第9章
第10章

Q19 制限行為能力者

問 制限行為能力者の行為に関するア〜オの記述のうち、妥当なもののみをすべて挙げているのはどれか。 (国家一般)

ア 被保佐人Aは、Cから土地を購入するに当たり、自らが制限行為能力者であることを黙秘したままでいた結果、CにAが能力者であるとの誤信をさせ、保佐人Bの同意を得ないまま、Cとの間で当該土地の売買契約を締結した。この場合、Bは、AC間の売買契約を取り消すことができる。

イ 未成年者Aは、叔父Cから学費の援助をしたい旨の申込みがあったため、法定代理人Bの同意を得ないで、Cとの間で贈与契約を締結した。この場合、Bは、AC間の贈与契約を取り消すことができない。

ウ 成年被後見人Aは、自己の所有する建物をCに売却するために、成年後見人Bの同意を得た上で、Cとの間で当該建物の売買契約を締結したが、その後、Bは同意を与えたことが適切でないと判断した。この場合、Bは、AC間の売買契約を取り消すことができない。

エ 被補助人Aは、不動産を売却するには補助人Bの同意を得なければならない旨の家庭裁判所の審判を受けた。その後、Aは、自己の所有する土地を売却しようとしたが、Aの利益を害するおそれがないにもかかわらずBが同意しなかったため、家庭裁判所に請求して売却の許可を得た上で、Cとの間で売買契約を締結した。この場合、Bは、AC間の売買契約を取り消すことができる。

オ 被保佐人Aは、A所有の建物を借用したい旨のCの依頼を受け、保佐人Bの同意を得ないまま、Cとの間で当該建物を5年間貸与する旨の賃貸借契約を締結した。この場合、Bは、AC間の賃貸借契約を取り消すことができない。

1 ア、エ
2 イ
3 イ、オ
4 ウ、オ
5 エ

PointCheck

●制限行為能力者がした行為であっても取り消せない場合（重要なもの）…………【★★☆】
⑴未成年者の場合
　①法定代理人の同意を得てした行為
　②単に利益を得るだけ、義務を免れるだけの行為（贈与、債務免除）
　③処分を許された財産
　④営業の許可を得た場合

⑤詐術を用いた場合

⑵成年被後見人の場合

①日常生活に関する行為

②詐術を用いた場合

⑶被保佐人の場合

①保佐人の同意を得てした行為

②13条に列挙されていない行為

③日常生活に関する行為

④詐術を用いた場合

⑷被補助人の場合

①家庭裁判所が定めた特定の行為（13条の列挙の中から決める）以外

②補助人の同意を得てした場合

③詐術を用いた場合

Level up Point! 　記述オにあるように、13条に関連して、民法602条の短期賃貸借の期間（建物の場合は3年）について出題されるのはめずらしい。それだけに戸惑う肢ではある。しかし、このようなものは△印をつけておいて、他の肢から正解を見つけることに全力を挙げるべきである。

A19 正解—2

ア—誤　制限行為能力者であることを黙秘していたとしても、他の言動において、行為能力者であると思わせるような積極的言動が認められる場合には、詐術を用いたものといえる。よって、取り消すことはできない。

イ—正　学費の援助を受けることは、単に利益を得るだけの行為といえる。よって、未成年者も単独で有効になし得る。

ウ—誤　成年被後見人の行為は、成年後見人の同意の有無に関係なく取り消すことができる。よって、本肢の場合も、Bは取り消すことができる。

エ—誤　本肢のような場合には、家庭裁判所が同意に代わる許可を与えることができる。その場合には取り消すことができない。

オ—誤　被保佐人は、602条に定める期間を超える賃貸借をするには保佐人の同意が必要である（13条1項9号）。建物を5年間貸与するのは、602条に定める期間（建物の賃貸借は3年）を超える賃貸借をすることになる。よって、保佐人の同意が必要な場合であり、同意のない場合には取り消すことができる。

以上から、イのみが正しく2が正解となる。

第1章 第2章 第3章 第4章 第5章 第6章 第7章 第8章 第9章 第10章

Q20 後見人・後見監督人

問 民法に規定する後見に関する次の記述のうち、妥当なものはどれか。 （地方上級）

1 未成年後見は、未成年者に対して親権を行う者がないとき、または、後見開始の審判があった場合に限って開始する。
2 未成年後見人は、未成年被後見人に子がある場合には、当該未成年後見人に代わって、その子の親権を行う。
3 未成年後見人および成年後見人は、どちらも一人であることが必要であり、また、法人がなることはできない。
4 成年後見人は、後見監督人があるときは、その同意を得て、辞任することができる。
5 成年後見人は、家庭裁判所の許可を得ることなく、成年被後見人に代わってその居住の用に供する建物を売却することができる。

PointCheck

●未成年者の後見人 ……………………………………………………【★★☆】

未成年後見は、未成年者に対して親権を行う者がないとき、または、親権者に管理権がないときに開始する。親権を行う者がないときとしては、親権者の辞任や死亡のほか親権喪失の宣告を受けた場合（834条）がある。親権者の辞任は、「やむをえない事由」のあるときに、家庭裁判所の許可を得てする（837条）。親権喪失の原因には、「親権の濫用」と「著しい不行跡」がある。

未成年者に対して最後に親権を行っていた者は、遺言で未成年後見人を指定することができる（839条）。それ以外の場合には、家庭裁判所が一定の者の請求により未成年後見人を選任する（840条）。実際問題として未成年後見人が選任されるのは、遺産分割協議をしたいという場合や、未成年者に財産があってその管理人が必要となるような場合である。

●後見監督人 ……………………………………………………………【★☆☆】

後見監督人には、未成年後見の場合に置かれる未成年後見監督人と、成年後見の場合に置かれる成年後見監督人の場合がある。成年後見監督人は家庭裁判所によって、その必要があると判断されたときに、選任される。後見監督人の職務は、後見人の事務管理を監督することであるが、注目すべきなのは以下の2つである。
①後見人と被後見人の利益が相反する行為については被後見人を代理する権限が認められる（851条4号）。後見監督人がいなければ、特別代理人が選任されるべき場合である。
②後見人が13条に列挙されている行為を法定代理人として行うときには、後見監督人がいればその同意が必要である（864条）。

●成年後見人の職務……………………………………………………………………【★☆☆】

　成年後見人の職務は、大きく分けると、成年被後見人の「療養監護」に関するものと、「財産管理」に関するものがある。療養監護といっても、介助行為をするというのではなく、デイサービスなどの介護契約や介護施設への入所契約の締結をすることである。

　この、療養監護・財産管理を行うにあたっては、身上配慮義務が課せられている。すなわち、「成年後見人は、成年被後見人の生活、療養監護および財産の管理に関する事務を行うにあたっては、成年被後見人の意思を尊重し、かつ、その心身の状態および生活の状況に配慮しなければならない」と規定されている（858条。保佐人・補助人にも準用）。この中の「成年被後見人の意思の尊重」は、自己決定権の尊重の原則を明言したものである。

Level up Point！　肢1や肢4は知らないと判断に迷うかもしれない。しかし、正解肢である肢2はよく出題される内容である。肢5で問題となった859条の3の規定は、高齢者にとって、それまで住み慣れた場所から離れて新たな場所で暮らしを始めることは生活に重大な影響を与えることになる、ということから置かれた規定である。

A20　正解－2

1—誤　未成年後見が開始するのは、未成年者に対して親権を行う者（父母）がないときや親権者である父母がいても管理権を有していないときである（838条）。後見開始の審判によって開始するのは成年後見の方である。

2—正　例えば、未成年被後見人である（未婚の）女性が出産した場合に、生まれた子の親権は、その未成年被後見人の保護者である未成年後見人が行うということである。867条1項がこの旨を規定している。

3—誤　1人に限定されず、かつ法人（社会福祉法人など）もなることができる。

4—誤　成年後見人の辞任には、正当な事由と家庭裁判所の許可が必要である（844条）。

5—誤　成年後見人が、成年被後見人を代理して、その居住の用に供する建物やその敷地を、売却したり賃貸したりするには、家庭裁判所の許可が必要である（859条の3）。

第**3**章 代理

Level 1 p48～p61　　Level 2 p62～p67

1 代理の意義

Level 1 ▷ **Q21～Q23,Q25**

代理人が行った法律行為の効果が本人に帰属する制度 ▶ p48

(1)代理の類型 ▶ p50

①任意代理　代理権授与が本人の意思に基づく場合（私的自治の拡張）

②法定代理　法律上当然に代理権が授与される場合（私的自治の補充）

(2)代理の要件　　①代理権、②代理行為・顕名

(3)代理権の範囲

①法定代理　法律の規定による（親権者・後見人は原則として財産管理全般に及ぶ）

②任意代理　原則：本人の意思による

　　　　　　例外：定めがない場合は管理行為（保存行為、利用行為、改良行為）のみ

(4)代理行為 ▶ p56

本人のためにすることを示す（顕名、99 条）

①「A代理人B」→○

②「A」（直接本人の名だけを出す）→○

③「B」（代理人の名だけを出す場合）→△

　相手方が本人のためにすることを知りまたは知り得
た場合は顕名あり。知り得なかった場合は顕名なし。

※顕名と認められないとき→代理人自身のためにしたものとみなされる（100 条）

(5)代理権の制限 ▶ p53

①自己契約・双方代理の禁止→無権代理行為

　自己契約：同一の法律行為について当事者の一方が相手方の代理人になること

　双方代理：同一人が同一法律行為の当事者双方の代理人となること

　※本人に利益のみ、本人があらかじめ許諾、債務を履行するのみ、は例外が認められる。

②代理人と本人の利益が相反する行為→無権代理行為

　※本人があらかじめ許諾した行為については例外が認められる。

(6)復代理 ▶ p50

代理人が自己の代理権限内の行為を代理させるため、
自己の名で代理人を選任して、本人を代理させる制度。

①本人の代理人（代理人の代理人ではない）

②代理人の代理権はそのままなくならない

③復代理人の権利義務は代理人の授権の範囲内

④代理人の代理権が消滅すると復代理権も消滅

(7)代理権の消滅

①任意代理　本人（死亡・破産）、代理人（死亡・破産・後見の開始・解約告知）

②法定代理　本人（死亡）、代理人（死亡・破産・後見の開始）

2 無権代理 Level 1 ▷ **Q24,Q26,Q27** Level 2 ▷ **Q29,Q30**

(1)無権代理の意義 ▶ p54 ▶ p60

代理行為をした者に、当該行為についての代理権がなかった場合（無効＝効果不帰属）

①本人の権利→追認権・追認拒絶権（113条）

②相手方の権利→催告権（114条）・取消権（115条）

③無権代理人の責任→履行責任または損害賠償責任（117条）

(2)無権代理人と相続 ▶ p58 ▶ p64

①本人死亡→無権代理人が相続→無権代理行為が有効となる

②無権代理人死亡→本人相続→無権代理行為を有効とさせるのは不当

③無権代理人の共同相続→共同相続人全員の追認で有効

3 表見代理 Level 1 ▷ **Q25,Q27** Level 2 ▷ **Q28**

無権代理行為がなされたが、本人と無権代理人との間に一定の関係があったことから、相手方が有権代理と誤信した場合に、本人への効果帰属を認めるもの

(1)授権表示による表見代理（109条1項） ▶ p57 ▶ p62

①授権表示のあること

②その表示された代理権の範囲内の行為をすること

③相手方の善意・無過失

(2)権限外の行為の表見代理（110条） ▶ p62

①基本代理権のあること

　私法上の行為の代理権→○

　事実行為をなす権限→×

　公法上の代理権→×（原則）、○（例外：私法上の取引の一環）

②相手方の善意・無過失

(3)代理権消滅後の表見代理（112条1項）

①かつて代理権のあったこと

②かつての代理権の範囲内の行為をすること

③相手方の善意・無過失

(4)表見代理の重畳適用

　109条1項と110条の重畳適用→○（109条2項）

　112条1項と110条の重畳適用→○（112条2項）

(5)無権代理人の責任との関係

表見代理が成立したとしても、無権代理行為であることに変わりはなく、無権代理人の責任（117条）は並存する。したがって、相手方は、表見代理の成立（本人への効果帰属）と、無権代理人の責任のいずれも選択的に主張が可能となる。また、無権代理人は表見代理の成立を主張して自らの責任（履行または損害賠償）を免れることはできない。

Q21 代理行為

問 民法に規定する代理に関する記述として、通説に照らして、妥当なものはどれか。

（地方上級）

1 代理人が本人のためにすることを示さずに行った意思表示は無効であるから、その意思表示の効果は、本人にも代理人にも帰属しない。

2 代理人のした代理行為の効果は本人に帰属するため、法律行為の効果に影響を及ぼす代理行為の瑕疵の有無は、必ず本人についてこれを定める。

3 任意代理人は行為能力者であることを要しないので、制限行為能力者である任意代理人の行った代理行為を、行為能力の制限を理由として、本人がこれを取り消すことはできない。

4 法定代理人は、自己の権限内の行為を行わせるため、本人の許諾を得たときまたはやむを得ない事由があるときに限り、復代理人を選任することができる。

5 代理人による自己契約および双方代理は、本人があらかじめ許諾し、かつ本人に不利益をもたらさない場合であっても禁止され、これに違反して行われた法律行為は無効となる。

PointCheck

●代理の法的構成‥‥‥‥‥‥‥‥‥‥‥‥‥‥‥‥‥‥‥‥‥‥‥‥‥‥‥‥‥‥‥【★★★】

代理の法的構成とは、他人効を生じさせる代理関係において、その行為者は誰なのかという問題である。判例は、法律行為を行っているのは代理人であり、代理人の行った法律行為の効果だけが本人に帰属するのだという立場（代理人行為説）を採っている。したがって、法人が代理人を通じて取引を行った場合に、即時取得の要件である善意・無過失は、法人の代表者ではなく、代理人について決すべきということになる（最判昭47.11.21、101条2項追加）。これに対し、代理関係での行為主体を本人と見る立場（本人行為説）や、本人の代理権授与行為と代理人の意思表示が統合されて一つの法律行為となると見る立場（共同行為説）もある。しかし、本人を行為者とした場合には、代理行為の瑕疵の規定(旧101条1項)をストレートに説明できない。改正された101条1項は「能動代理」、2項は「受動代理」として、いずれも善意・無過失等の有無は代理人について決するとした。

❖代理人行為説

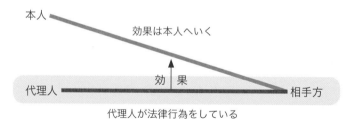

●代理と類似の制度・使者‥‥‥‥‥‥‥‥‥‥‥‥‥‥‥‥‥‥‥‥‥‥‥‥【★☆☆】

　使者とは、意思表示を相手方に伝えるにあたって、表意者が自分で行わずに、他人に依頼して行ってもらう場合である。例えば、Ｃの土地を購入することを決意したＡが、Ｂに対してその旨をＣに伝えてくれるように依頼した場合である。この場合、ＢはＣに対してＡの意思を伝え、Ｃがそれに対して承諾することによって、ＡＣ間に売買契約が成立することになる。使者には代理と似た面があるが、以下の点で代理とは異なる。

	使者	代理
行為主体	本人が意思表示の内容を決定	代理人が意思表示の内容を決定
意思能力・行為能力	使者に意思能力・行為能力は不要 本人にはどちらも必要	代理人に行為能力は不要(102条、意思能力は必要）※ 本人はどちらも不要
意思の不存在・瑕疵	本人の内心で判断（言い間違えなどは本人の錯誤の問題）	代理人を基準に判断

※ただし、制限行為能力者が他の制限行為者の法定代理人としてした行為は取消し可能（102条ただし書）。

A21 正解－3

1―誤　代理人が本人のためにすることを示さずに行った意思表示であっても、相手方が知り、または知り得た場合には本人に効果が帰属するし、相手方が知り得なかった場合でも代理人に効果が帰属する（100条）。よって、本人にも代理人にも帰属しないという点が誤り。

2―誤　代理行為をしているのは代理人であるから、法律行為の効果に影響を及ぼす代理行為の瑕疵の有無は、代理人についてこれを定めるのが原則である（101条1項・2項）。ただし、本人が特定の行為を委託した場合は本人の主観も考慮する（101条3項）。

3―正　まず、制限行為能力者であっても、代理人になることができる（102条本文）。なぜなら、代理行為の効果はすべて本人に帰属するのであり、代理行為をした制限行為能力者が不利益を受けるものではないからである。確かに、本人は不利益を受ける可能性もあるが、それは制限行為能力者を代理人に選ばなければ回避できることである。ただ、本人が制限行為能力者で、「法定代理人」として他の制限行為能力者がなした代理行為は取り消せる（102条ただし書）。

4―誤　法定代理人は、いつでも自由に復代理人を選任することができる。本人の許諾を得たときや、やむを得ない事由があるときに限られるのは、任意代理人が復任しようとする場合である。

5―誤　自己契約および双方代理は、「債務の履行」の場合と「本人があらかじめ許諾」した場合には許される（108条1項ただし書）。

Q22 復代理

1　未成年者の親権者は、やむをえない事由がある場合に限り、復代理人を選任することができ、また、自分の選任した復代理人の過失ある行為については、その選任または監督について過失があった場合にのみ本人に対して責任を負う。

2　復代理人は相手方から受領した物を本人に対して引き渡す義務を負うほか、代理人に対してもこれを引き渡す義務を負うが、代理人に引き渡した場合には、特別な事情がない限り、本人に対する引渡義務は消滅するとするのが判例である。

3　任意代理人が、本人の指名により復代理人を選任した場合には、復代理人の行為について本人に対して責任を負うことはない。

4　復代理人が本人のためにすることを示さないで行った行為については、その相手方が復代理人が本人のために行っていることを知っていたとしても、当該行為の効果は本人に帰属しない。

5　復代理人は、代理人の代理人ではなく本人の代理人であることから、代理人の有する代理権が消滅しても、復代理人は本人のために代理行為を行うことができる。

PointCheck

●復任の可否と代理人の責任……………………………………………………【★★★】

　復代理の第一のポイントは、任意代理人と法定代理人のそれぞれにつき、①復代理人を選任できる場合、②復代理人の行為につき代理人が責任を負う場合を整理することである。

⑴任意代理人の復任

　①復代理人を選任できる場合：本人の許諾かやむを得ない事由のある場合（104条）

　　代理人の交渉能力などを見込んだのであるから、簡単に復代理されては困るため。

　②復代理人の行為についての責任：従来、任意代理人は、復代理人の行為の責任について、一般の債務不履行責任より軽減されていたが（旧105条、削除）、本人と任意代理人との間には委任契約に基づく善管注意義務などがあり、復代理人の行為についての任意代理人の責任については、債務不履行の一般原則に基づくことになった。

⑵法定代理人の復任

　①復代理人を選任できる場合：自己の責任で復代理人を選任できる（105条）

　　法定代理権は本人の意思で与えられるものではなく、そもそも未成年者などの本人となる者に十分な判断力が備わっていない。任意代理のような「本人の許諾」を待たず、法定代理の広範な職務を行うために、いつでも自由に復代理人が選任できる。

　②復代理人の行為につき代理人が責任を負う場合：復代理人の行為の全責任を負う

　　自由に復任できる代わりに全責任を負うというように、法定代理人の場合は①と②が関連している。なお、法定代理人の場合、「やむを得ない事由」で復代理人を選任した場

合には責任が軽減され、「選任および監督」に過失があった場合にだけ責任を負う。

●復代理人と本人の関係···【★★★】

復代理の第二のポイントは、復代理人と本人との関係である。

復代理人は本人の代理人となり、その権限の範囲内において、復代理人の行為の効果は本人に帰属する。復代理は、自己を選任した代理人の代理ではない（106条2項）。

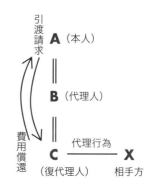

引渡請求

A（本人）
‖
B（代理人）
‖
C（復代理人）——代理行為——X 相手方

費用償還

本人と復代理人との間には何ら契約は交わされていないのであるが、復代理人が本人の代理権を持つ以上、本人との間にも権利義務関係があった方がよい。そこで、復代理人は、本人との間で代理人と同一の権利・義務を有することとした（106条2項）。その結果、権限の範囲内において、復代理人は本人に対してもかかった費用を請求することができるし、本人は、復代理人に対して、相手方から受け取った物を引き渡すように請求できる。復代理人としては、本人に引き渡してもよいし、代理人に引き渡して代理人から本人に渡してもらってもよいことになる。

A22 正解－2

1—誤　親権者などの法定代理人はいつでも自由に復代理人を選任できる。その反面、復代理人の行為についてはあたかも自分自身の行為と同様に全責任を負う（105条）。

2—正　復代理人と本人との間には代理人・本人間と同様の法律関係が擬制されるから（106条2項）、復代理人は受領した物を引き渡す義務を本人に対しても負う。しかし、代理人に引き渡せば本人は代理人から受け取ればよいから、本人へ引き渡す義務は消滅する（判例）。

3—誤　本人が復代理人となるべき者を指名したときは、選任についての責任はない。しかし、その復代理人が不適任または不誠実なことを知りながら本人に通知せずまたは解任しなかったときは、委任などの債務不履行責任を免れない。

4—誤　復代理人は本人の代理人であるから、相手方に対する関係では、まったく代理人と同じである。したがって、本人のためにすることが明示されていなくても、相手方が知っていたかまたは知ることができた場合には本人に効果が帰属する（100条ただし書）。

5—誤　復代理人の復代理権は代理人の代理権を基礎とするから、代理人の代理権が消滅すれば復代理人の復代理権も消滅する。

Q23 代理行為の瑕疵等

問 代理に関する次の記述のうち、妥当なのはどれか。 （地方上級）

1 無権代理人が行った代理行為は、当初から代理権が認められていないものであるから、その効果は本人に帰属することはなく、また本人がそれを追認する余地もない。

2 代理人が錯誤によって代理行為をしたときでも、代理行為の効力には影響は生じない。

3 代理人が未成年者である場合は、本人は、代理人の制限行為能力を理由として代理行為を取り消すことができる。

4 任意代理人は本人の許諾がなくても任意に復代理人を選任することができるが、法定代理人は本人の許諾がないかぎり復代理人を選任することはできない。

5 代理人が復代理人を選任した場合、復代理人の代理行為の効果は本人に帰属し、また代理人の代理権が消滅すれば、復代理人の代理権もまた消滅する。

PointCheck

●代理行為の意思表示の瑕疵等‥‥‥‥‥‥‥‥‥‥‥‥‥‥‥‥‥‥‥‥‥‥【★★★】

　代理においては、法律行為の効果は本人に帰属するが、その意思表示をなすのは代理人である。したがって、代理行為の意思表示に瑕疵があるかどうかなどは、本人について見ていくのではなく、代理人について見ていくことになる。

⑴意思の不存在（心裡留保・虚偽表示・錯誤）、瑕疵ある意思表示（詐欺・強迫）

　これらについては代理人の内心をみて判断される（101条1項）。例えば、代理人が錯誤に陥っていたときは、本人が錯誤に陥っていなくても、意思の不存在となる。また、代理人が詐欺をされれば、その代理行為は取り消し得るものとなる。この場合、取消権は本人が取得するのであって代理人が取得するのではない。法律効果を受けているのは本人だからである。もっとも、本人は、代理人に取消権を行使させる代理権を与えることができる。

⑵善意・悪意、過失の有無

　これについても代理人の内心を判断する（101条2項）。例えば、代理人が購入してきた土地が、虚偽表示によって仮装譲渡された土地であった場合、代理人が虚偽表示の存在について善意であれば、たとえ本人が悪意であったとしても94条2項が適用されて、本人は所有権を取得する。ただし、これには例外がある。本人が虚偽表示の存在を知っているというだけにとどまらず、代理人に対して、その土地を購入するように委託していたという場合（特定の法律行為をすることを委託した場合）である。このような場合には、本人の悪意や過失をも考慮すべきである（101条3項）。その結果、悪意の本人は権利を取得し得ないこととなる。このような場合は、本人が事情を知らない代理人を利用したにすぎないからである。

●自己契約・双方代理‥‥‥‥‥‥‥‥‥‥‥‥‥‥‥‥‥‥‥‥‥‥‥‥‥‥‥【★★☆】

　代理人が、自分を相手方として、代理行為をする場合が自己契約である。代理人が相手方

の代理人も兼ねて代理行為をする場合が双方代理である。自己契約・双方代理とも、本人に不利益を与えるおそれがあるため、禁止されている（108条1項）。これに違反してなされた場合は、無権代理行為となる。例外的に許されるのは、「債務の履行」の場合と、「本人があらかじめ許諾」した場合である。債務の履行の場合が例外とされたのは、すでになすべき行為の内容が確定しており、本人の利益が害される危険がないからである。

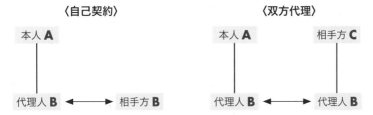

〈自己契約〉　　　　　　　　　　〈双方代理〉

◉**代理人の利益相反行為**……………………………………………………………【★☆☆】

108条は、1項の自己契約・双方代理とともに、2項で「代理人と本人との利益が相反する行為」については、代理権を有しない者がした行為とみなすとして、やはり無権代理行為になるとする。1項に当てはまらないような契約でも、本人が損をして代理人が得をするような行為を別に行うことには代理権は認められない。ただ、本人があらかじめ許諾した行為については、本人は損を覚悟しているので、その代理行為は有効と認められる（108条2項ただし書）。

A23 正解ー5

1―誤　無権代理行為とは、代理権のない者が勝手に本人の代理人として行った行為をいう。この場合、本人のためにすることは表示されているのであるから、本人さえ「それでよい」といえば、始めから有効な代理行為としてよい。これが追認である。本肢は追認の余地がないとしている点が正しくない。

2―誤　代理においては、法律行為をしているのは代理人である（代理人行為説）。したがって、意思の不存在、意思の瑕疵などの問題は、代理人の内心をみて判断される。よって、代理人が錯誤に陥っていれば、それは錯誤による意思表示として取り消しうるものとなる。

3―誤　代理人に行為能力は不要で、制限行為能力を理由とする取消しはできない（102条本文）。なぜなら、制限行為能力者制度は、判断能力の乏しい者が不利益を被らないようにするものであるが、代理の利益・不利益はすべて本人に帰属し、代理人に不利益はないからである。もっとも、本人は不利益を受けることがあり得るが、それが嫌ならば未成年者を代理人にしなければよい。

4―誤　任意代理人と法定代理人の記述内容が逆になっている。

5―正　復代理人は本人の代理人であって、復代理人のなした代理行為の効果は本人に帰属する。しかし、復代理人の復代理権は代理人の代理権に由来するので、代理人の代理権が消滅すれば復代理人の復代理権も消滅することになる。

第1章
第2章
第3章
第4章
第5章
第6章
第7章
第8章
第9章
第10章

Q24 無権代理

問 Aは、代理権がないにもかかわらず、B所有の不動産をBの代理人と称してCに売却した。この場合に関する次の記述のうち、明らかに誤っているものはどれか（争いのあるときは、判例の見解による）。 （裁判所職員改題）

1 BはAの無権代理行為を追認したが、Cがそれを知らずに無権代理行為を取り消した場合、Bの追認行為を知らなかったことに過失があっても、取消しは有効である。

2 Aに代理権がないことを知らなかったCが、売買契約を取り消したときは、BはAの代理行為を追認することはできない。

3 Bは、Aの無権代理行為の追認を拒絶したが、その後死亡し、AがBを単独相続した。この場合、無権代理行為は有効とはならない。

4 CはAに対し、相当の期間を定めてBの同意を得て追認するかどうか確答するよう催告した。Aがその期間内に確答しなかった場合には、Aは、追認を拒絶したものとみなされる。

5 CにAの代理権がないことを知らなかったことについての過失がある場合、代理権を有すると思っていたAに対し、Cは無権代理人の責任を追及することはできない。

PointCheck

◉無権代理（狭義）について民法上の取扱い‥‥‥‥‥‥‥‥‥‥‥‥‥‥‥‥‥‥‥【★★★】

代理行為の効果が本人に帰属するのは、代理行為を行った者に代理権があったからである。代理権のない者のなした代理行為（本人の名で行った行為）の効果は、本人に帰属し得ない。もちろん、無権代理人に帰属していくこともない。なぜなら、その法律行為は本人の名でなされているからである。しかし、民法は、無権代理行為が行われた場合について、以下のような規定を置いた。

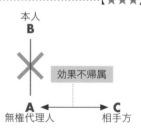

⑴本人の追認権・追認拒絶権

無権代理行為の場合、始めから代理権を与えられていたならば有効な代理行為になっていたわけである。そこで、無権代理行為がなされた後に、本人がその行為を代理行為として了承すれば有効な代理行為だったとしてもよいはずである。これが追認である。本人が、追認をすれば無権代理行為は「始めに遡って」有効な代理行為となる。

追認の意思表示は、無権代理行為の相手方に対してなす。無権代理人に対してなした場合には、それを相手方が知るまでは追認の効果は発生しないが、相手方が追認のあったことを知れば有効な追認となる。

これに対して、本人は追認を拒むこともできる（追認拒絶権）。追認を拒絶すると、追認権の放棄となり、もう追認はできなくなる。

(2)相手方の催告権・取消権

　催告権は、相手方が本人に対して、相当の期間を定めて追認をするか否かを催告する権利である。この催告に対して本人の確答がなかったときは、本人は追認を拒絶したものとみなされる。

　無権代理行為の取消権は、これを行使すると無権代理行為は白紙に戻る。すなわち無権代理行為そのものが存在しなかったことになる。その結果、本人が追認することもできなくなる。取消しは、このように本人から追認権を奪うことになるものであるから、無権代理行為であることを知っていた相手方（悪意の相手方）には認められない。また取消しは本人が追認をしない間にしなければならない。つまり、本人の追認と相手方の取消しは早い者勝ちの関係にある。

(3)無権代理人の責任（117条）

　無権代理行為は、本人の名で行われているから、その効果が無権代理人に帰属してくることはない。しかし、無権代理行為をした者が不法行為責任（これは過失責任）しか負わないというのは不当である。そこで民法は、無権代理人に特別な無過失責任を課した（法定責任）。この責任の内容は、①無権代理人が相手方に対して自ら債務を負って履行する責任、②損害賠償をする責任である。①か②かは相手方の選択によって定まる。ただし、相手方がこの責任を追及するには、相手方が無権代理であることにつき善意・無過失であったことが必要である。悪意・有過失の相手方は、損害を回避できたはずだからである（ただし、無権代理人が無権代理だと知っている場合は、相手方は過失があっても責任追及ができる）。また、無権代理行為をした者に行為能力があったことが必要である。制限行為能力者にこの責任を負わせるのはその保護に反するからである。よって、例えば、無権代理行為をした者が未成年者だった場合には無権代理人は117条の責任を負わなくてよいことになる。

A24 正解─4

1─正　無権代理行為の追認は、相手方に対して行うのが原則であるが、無権代理人に対して行った場合であっても、相手方がその事実を知れば有効な追認となる（113条2項）。本肢では、Cは追認の事実を知らなかったのであるから、追認の効力は発生しておらず、Cの取消しは有効である。

2─正　無権代理行為が取り消されれば、無権代理行為そのものが白紙に戻るから、本人は追認できなくなる。

3─正　判例によれば、本人が追認を拒絶すれば、無権代理行為が本人に及ばないことに確定するのであって、その後に本人が死亡し無権代理人が本人を相続しても、無権代理行為は有効になることはないとされている。

4─誤　追認するか否かの催告は、本人（本問ではB）に対して行う必要がある。したがって、本肢は明らかに誤りである。

5─正　117条の無権代理人の責任を追及するためには、相手方は、善意・無過失であったことが必要である（117条2項1号2号）（ただし、無権代理人が無権代理だと知っている場合は、相手方は過失があっても責任追及ができる）。

Q25 顕名主義・表見代理

問 代理に関する次の記述のうち、正しいものはどれか。 (国家一般)

1 代理人が本人のためにすることを示さないで行った意思表示でも、相手方がそのことを知ることができた場合であれば、現実には知らなくても、その効果は本人に帰属する。

2 代理人が行った行為の効果はすべて本人に帰属するから、代理人が代理行為をなすにつき行った不法行為の責任も本人に帰属する。

3 代理人が代理権の範囲外の行為をした場合、第三者が代理人に代理権があると信じたことについて本人に過失がなければ、本人が責任を負うことはない。

4 実際には代理権を授与していなくても本人が第三者に対して他人に代理権を与えた旨を表示していたときは、その他人が代理人として行った行為の効果は常に本人に帰属する。

5 無権代理行為の相手方に対し本人が追認の意思表示をしたときは、その追認の意思表示が相手方に到達した時から将来に向かって有効な代理行為となる。

PointCheck

●顕名主義‥‥‥‥‥‥‥‥‥‥‥‥‥‥‥‥‥‥‥‥‥‥‥‥‥‥‥‥‥‥‥‥**【★★★】**

例えば、BがAの代理人として法律行為をしようとする場合、「A代理人B」と表示しなければならない。これによって相手方Cは、法律効果が、Bではなく、Aとの間に生じるのだということを認識できるようになる。このように、「A代理人B」と表示することを顕名するという。民法は、これを「本人のためにすることを示して」と規定している (99条)。「本人の名で」ともいう。

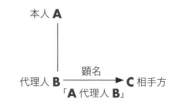

顕名主義についての留意点は次のとおりである。

①代理人が自分の名だけ表示して、本人の名前を出さなかった場合

「B」とだけ表示した場合であり、顕名がなされていないことになりそうであるが、そのような場合でも、相手方がそれが代理行為としてなされたことを知っていたり、あるいはその行為のなされた周囲の状況から判断して、本人のために行っていると普通の人なら判断できるものだったという場合ならば顕名があったと認めてよい (黙示の顕名)。言い換えると、代理人の名だけを表示してなされた行為であっても、相手方が悪意・有過失のときは、顕名があったとされることになる (100条ただし書)。

②代理人自身の名で法律行為が行われ、相手方が善意・無過失であったという場合

これはもはや代理行為 (本人の名で行った行為) とは認められない。では、その場合、その行為の効果は代理人に帰属するのかといえば、当然にはそうならない。というのは、確かに、表示行為としては代理人自身の名で行われているが、代理人の効果意思は、本人のためにするというものであって、自己のためにする意思 (自分が法律効果を受けるとい

う意思）ではないからである。そこで、民法は、「代理人が本人のためにすることを示さないでなした意思表示は、自己のためにしたものとみなす」と特別に規定しているのである（100条本文）。この「みなす」というのは、そう擬制するということである。したがって、代理人は自分には、自己のためにする意思がなかったとして錯誤の主張をすることもできなくなるのである。

●授権表示による表見代理……………………………………………………【★☆☆】

AがCに対して「私は、○○○○の件について、Bを代理人にしました」という表示をしていながら、現実にはBに代理権を与えていなかったという場合が、権限授与表示(授権表示)による表見代理である。実際的には、Aが代理人欄を空白にした委任状（白紙委任状）を発行し、それがAの予期しないBに入手され、Bの名前が委任状に記入された場合にこのようなことが起こる（白紙委任状を出した以上、AはBの記入について責任を負う）。

この場合、民法109条1項は、相手方CがBに代理権があると過失なく信じたとき（善意・無過失の場合）には、Aは本人として責任を負うものとした。これが授権表示による表見代理である。本条の留意点は以下のとおり。

①Bのなす無権代理行為が、Aの表示した代理権の範囲内に入っていること。
②授権表示は新聞広告などによる不特定多数に向けて行ったものであってもよい。
③本条は、Bが法定代理人として行為した場合には適用されない（法定代理人は本人が選任するものではないから、授権表示があり得ない）。

A25 正解—1

1—正 本人のためにすることを示す（顕名する）ことが必要なのは、法律効果が本人に帰属することになるのを知らせるためであるから、相手方がそのことを知り得る状況であれば明示して顕名しなくてもよい（黙示の顕名があったといえる）。

2—誤 本人に帰属するのは法律行為すなわち適法な行為の効果のみ。代理は法律行為についての制度であるから、代理人のなす不法行為は、使用者責任（715条）の問題となる。

3—誤 越権代理（110条）の場合である。この場合、本人に効果が帰属するためには、第三者が善意・無過失であれば足り、本人の過失までは不要である。

4—誤 代理権授与表示による表見代理（109条1項）の場合である。この場合も第三者が善意・無過失であることが必要であり、常に効果が本人に帰属するわけではない。

5—誤 本人が無権代理行為を追認すれば、無権代理行為のなされた時に遡ってその時から有効な代理行為になる。追認の時からではない（116条）。遡及しても本人も相手方も何ら困ることはないからである。

Q26 無権代理と相続

問 民法上の代理に関する次の記述のうち、判例に照らし、妥当なものはどれか。（地方上級）

1 建物の売却の代理権を与えられていた代理人は、自ら買主となることはできないが、買主の代理人となって売買契約を締結することはできる。
2 無権代理人が本人を他の相続人とともに共同相続すれば、無権代理人の相続分に相当する部分は、追認があったのと同様になり無権代理行為は治癒される。
3 代理人が自己の利益を図るためにした代理行為は、相手方が代理人の背信的意図を知っていた場合に限り、無効となる。
4 無権代理人が本人を他の相続人とともに共同相続しても、他の相続人が追認をしない限り、無権代理行為が有効となることはない。
5 本人が無権代理人に対して無権代理行為を追認すれば、無権代理行為は遡及的に有効となるから、相手方は追認のあったことを知らなくても無権代理行為を取り消すことができない。

PointCheck

●代理人の権限濫用‥‥‥‥‥‥‥‥‥‥‥‥‥‥‥‥‥‥‥‥‥‥‥‥‥‥‥‥‥【★★★】

代理人が権限を濫用する意図で相手方と取引をしたとしても、権限内の行為である限りは無権代理とはならず、本人に取引の効果が帰属することになる。しかし、相手方が代理人の濫用の意図を知っていた場合には、相手方に本人への効果帰属を主張させるのは妥当でない。

これについて、旧来の判例は、93条ただし書を類推適用して、相手方が悪意・有過失の場合に無効としていた。民法は107条を新たに規定して「代理人が自己又は第三者の利益を図る目的で代理権の範囲内の行為をした場合において、相手方がその目的を知り、又は知ることができたときは、その行為は、代理権を有しない者がした行為とみなす」とした。

●本人の地位を無権代理人が単独相続した場合‥‥‥‥‥‥‥‥‥‥‥‥‥‥‥【★★★】

本人が死亡し、無権代理人が1人で本人を相続した場合には、本人が持っていた追認権も追認拒絶権もともに無権代理人に相続される。しかし、無権代理人はこのどちらの権利でも自由に選択行使できるわけではない。なぜなら、自分で無権代理行為をしておきながら、本人を相続したことによって追認権を取得したにもかかわらず、追認を拒絶して無権代理行為のままにしておこうという態度は信義則に反するものだからである。したがって、無権代理人が単独で本人を相続した場合は、追認するほかはなく、その結果、無権代理行為は当然に有効となると扱うべきである（通説・判例も結論は同じ）。

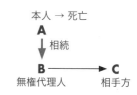

本人 → 死亡
A
↓ 相続
B ─────→ C
無権代理人　　　相手方

第1章

第2章

第3章

第4章

第5章

第6章

第7章

第8章

第9章

第10章

●**本人の地位を無権代理人が共同相続した場合**……………………………………【★★★】

　これは、例えば、本人Aが死亡し、無権代理人Bが相続人となったが、相続人は無権代理人Bのほかに弟Dもいたという場合である（肢2と肢4）。このような場合には、相続人が無権代理人1人だけだった場合と同じように、無権代理行為は当然に有効となるとすることはできない。なぜなら、それでは無権代理行為には関与していなかった他の相続人Dが相続した財産を失ってしまうことになるからである。かくして、共同相続があった場合は、無権代理行為は当然には有効とはならず、他の相続人であるDが追認の意思を表示しない限り、無効のままであるということになる。

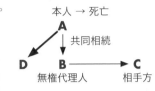

本人 → 死亡
A
　共同相続
D　　**B**━━━━━▶**C**
無権代理人　　　　相手方

　なおこの場合において、Bが相続した分の追認権だけについては当然にその行使があったこととし、Bの相続分に相当する部分についてだけ無権代理行為が有効となるという扱いができないかが問題となるが、それはできないというのが判例の立場である。なぜなら、追認権は不可分的な権利であって、BとDの2人に一つの権利として帰属していると考えられるからである。したがって、追認権はBとDが共同して行使すべきものであり、Bの分だけ行使があったものとするという扱いはできない。

A26 正解ー4

1—誤　買主の代理人になること（双方代理）も禁止されている（108条1項）。これを行えば無権代理行為となる。

2—誤　共同相続のときは追認権は共同相続人全員に不可分的に帰属している。この場合に、無権代理人の相続した分だけ追認の効果を認めるという扱いはできないとするのが判例である。

3—誤　代理人の権限濫用行為は、「相手方がその目的を知り、または知ることができたとき」に無権代理となる。「知ることができた」（有過失)の場合も無効となる。

4—正　肢2の解説で述べたように、追認の効果を認めるためには、他の相続人が追認することが必要であるから、本肢は妥当である。

5—誤　追認は無権代理人に対してなすこともできるが、それが相手方との関係でも有効な追認となるのは、相手方が追認を知った後である。

Q27 無権代理人の責任

問 無権代理に関するア～オの記述のうち、妥当なもののみを全て挙げているのはどれか。
ただし、争いのある場合は判例の見解による。 (国家一般)

ア　Bは代理権がないのにAの代理人であると称して、Cとの間でA所有の不動産について売買契約を締結した。その後に、AがCに対してこの売買契約を追認したときは、代理権のある代理人が代理行為をしたことになるが、本人も相手方も、当該売買契約を遡って有効にすることを期待していないから、Aの追認の効果は、別段の意思表示がない限り、追認の時点から生ずる。

イ　民法第117条により無権代理人が相手方に対して負う責任について、無権代理人が代理権を有しないことを相手方が知っていたとき又は重過失によって知らなかったときは、無権代理人は責任を負わない。しかし、無権代理人が代理権を有しないことを相手方が過失により知らなかったときは、無権代理人は責任を負う。

ウ　無権代理行為の相手方は、本人が追認又は追認拒絶するまで不安定な状態に置かれるため、主導的に効果を確定させる手段として、本人に対する催告権を有している。この催告権とは、本人に対して相当の期間を定めて期間内に追認をするかどうかの確答をすべき旨の催告をなし得るとし、その期間内に本人が確答しなければ追認を拒絶したものとみなすものである。

エ　Aの子であるBが、代理権がないのにAの代理人であると称して、Cとの間でA所有の不動産について売買契約を締結したが、AはBの無権代理行為を追認することを拒絶した。このAの追認拒絶により無権代理行為の効力が本人Aに及ばないことが確定し、その後、Aが死亡した結果、無権代理人BがAを単独相続しても、無権代理行為が有効になるものではない。

オ　Aの子であるBが、代理権がないのにAの代理人であると称して、Cとの間でA所有の不動産について売買契約を締結したが、Aは、Bの無権代理行為に対する追認も追認拒絶もしないままに、死亡した。Aの相続人がBとAの配偶者Dの2名であって、Dが無権代理行為の追認を拒絶している場合でも、無権代理行為をしたBが責任を免れることは許されるべきではないから、当該無権代理行為は無権代理人Bの相続分に限って当然に有効になる。

1　ア、イ　　2　ア、オ　　3　イ、エ　　4　ウ、エ　　5　ウ、オ

PointCheck
◉無権代理行為の追認のポイント‥‥‥‥‥‥‥‥‥‥‥‥‥‥‥‥‥【★★★】
　①相手方が無権代理を知っていた場合、取消権はなく（115条ただし書）無権代理人の責任は問えないが（117条2項1号）、その他については規定がないことから、本人の追

第1章
第2章
第3章
第4章
第5章
第6章
第7章
第8章
第9章
第10章

認があれば代理行為は遡及的に有効となる。

②無権代理行為の追認は、相手方・無権代理人どちらにしてもよいが相手方が知らなければ追認としての効力は生じない（113条2項）。ただ、直接相手方にしなくとも、相手方が知ればその効力を対抗しうるので、無権代理人に追認しても有効な場合がある。

③相手方が追認の催告をしたが、本人が期間内に返答しない場合には追認拒絶とみなされる（114条）。

④無権代理の本人が、無権代理に基づく履行の請求をなすときには、黙示の追認があったとみて、本人の取消権は消滅するとするのが一般的である。

⑤無権代理行為の追認に関する第三者保護規定（116条ただし書：遡及効制限）は、相手方・第三者の権利がともに排他的効力を備えるといった異例の場合にのみ適用される。

●無権代理人の責任のポイント……………………………………………………【★★★】

①未成年者・制限行為能力者は無権代理人の責任を負わない。

②117条1項の無権代理人の責任は無過失責任である。無権代理人が自己に代理権があると無過失で信じていても無権代理人の責任は生ずる。

③表見代理が成立する場合であっても、相手方は表見代理の主張をしないで、無権代理人の責任を追及することができる。

④無権代理人が死亡し、本人がその地位を相続した場合には、無権代理人の負っていた117条の責任を本人は負う。本人は、無権代理行為について追認を拒絶できる地位にあったことを理由として、この責任を免れることはできない。

⑤117条の責任は、不法行為の賠償責任ではなく、3年の消滅時効にはかからない。

⑥相手方は、取消権を行使した後は、117条の責任を問うことはできない。

⑦相手方が無権代理であることについて過失があった場合には、117条の責任は問えなくなるが、この過失は重過失に限定されず、軽過失であってもよい。

⑧117条の損害賠償の内容は、代理権があると信じたことによる損害（信頼利益）だけにとどまらず、契約の履行がなされれば得た利益の分（履行利益）まで含まれる。

⑨履行の責任とは、有効な契約が締結されていたのと同様の責任のことをいう。

A27 正解—4

アー誤 無権代理行為の追認により、遡って始めから有効な代理行為となる。

イー誤 相手方は、無権代理人に代理権がないことに善意無過失でなければならない。

ウー正 もともと効果不帰属であるので返答がなければ追認の拒絶に確定する。

エー正 追認するかどうか未確定の状態なら「無権代理と相続」の問題となるが、効果不帰属が確定した後では「本人の地位を相続」という関係にはならない。

オー誤 売買契約の追認は相続分に従い分割できるものではない。相続人BとDで1個の追認権を行使するのであり、Dが拒絶する限り当然有効とはなりえない。

Q28 表見代理

問 AはBの代理人としてB所有の家屋をCに譲渡する旨の売買契約を締結した。この場合の法律関係に関する次の記述のうち、妥当なのはどれか。 (国家一般)

1　Aは実際には家屋の賃貸借に関する代理権限を与えられていたにすぎない場合であっても、CはAに売買契約を締結する権限があると信ずべき正当な理由があるときは、当該家屋の所有権取得をBに主張することができる。

2　Aが未成年者であって、Cがそのことを知っていた場合には、BはAが制限行為能力者であることを理由として当該売買契約を取り消すことができる。

3　AがCの詐欺により契約を締結した場合には、代理行為に起因する取消権は特別の授権がなくても代理人に帰属するから、Aは当該売買契約を取り消すことができる。

4　AがCと契約を締結した後に本人Bが第三者Dに当該家屋を譲渡した場合には、Cが先に登記をしても、Dは当該家屋の所有権取得をCに主張することができる。

5　Aは実際には家屋の賃貸借に関する代理権限を与えられていたにすぎず、かつ、Cがそのことを知っていた場合であっても、Cはすでに登記を得ていたときは、当該家屋の所有権取得をBに主張することができる。

PointCheck

●代理権授与表示による表見代理（109条1項）································【★☆☆】

　代理権がなければ本人に効果は帰属しないはずだが、①代理権があるかのような外観がある場合に、②それを正当に信じた（＝善意無過失）相手方を、③本人にも落度（帰責性）があることを条件として保護する必要がある。この本人の落度の類型に応じて、代理権があったのと同じように扱うのが表見代理の制度であり、「Aは代理人」と示す場合を代理権授与の表示による表見代理という（109条1項）。この代理権授与の表示は観念の通知であり、不作為でもよい(東京地方裁判所厚生部事件)。委任状の交付は代理権授与の表示に当たるが、他人が勝手に委任状を偽造した場合には本人に落度がないから、表見代理は成立しない。

●権限外の行為の表見代理（110条）································【★★★】

　権限外の行為の表見代理が問題となるのは、Bがある行為をする代理権をAに与えていたが、Aが代理権を与えられていない別の法律行為を行ったという場合である。この場合に、相手方Cが、Aにそのような行為をする代理権があると信ずべき正当の理由を有していたとき（＝善意・無過失）は、Bは本人として責任を負うとするのがこの表見代理である。

(1)基本代理権の存在

　Bが責任を負うのは、Aに何かの代理権（基本代理権）があった場合に限る。何かの代理権を持っているAが、Bの代理人として代理権のない行為をするのがこの表見代理の特徴である。

　基本代理権は、私法上の取引行為についての代理権であるのが原則である。単なる事実行為（書類を届けるのを頼まれたとか、買い手を見つけてくることを頼まれたというように法律効果のない行為）をなすことを依頼されたというだけでは、基本代理権とは認められない（判例）。基本代理権の存在は、本人の立場を保護する防波堤だからである。

(2)公法上の代理権

　公法上の行為の代理権も原則として基本代理権とはならない。例えば、BがAに市役所に行って印鑑証明書をもらってくるように頼んだ場合（公法上の行為の代理権）において、頼まれたAが、勝手にBの代理人と称してBの土地をCに売却したとしても、この表見代理は認められない。印鑑証明書の交付を受けることを頼んだだけでは、表見代理の基礎として基本代理権になるほどの外観・本人の落ち度とはならないからである。

(3)登記申請の代理権

　公法上の代理権であっても、BがAと土地の取引をしたために登記申請についての代理権（これは公法上の代理権である）をAに与えたという場合は別の考慮が必要である。この場合には、公法上の代理権だけが独立して与えられたというわけではなく、土地の取引の流れの中で、すなわち、「私法上の取引の一環として」与えられているのであるから、これを基本代理権として扱われてもしかたがないと考えられるからである。判例も、このような場合には、例外的に、110条の表見代理の基本代理権となるとしている。

Level up Point!　本問を解くのに必要な知識は、すべて基本的なものである。ただ、それが具体的事例を通して問われているだけである。具体例を図表化する習慣をつけておくことが有効である。

A28 正解—1

1—正　権限外の行為の表見代理（110条）が問題となるが、Cが善意・無過失であれば、表見代理が成立する。

2—誤　本人Bは、代理人の制限行為能力を理由として代理行為を取り消すことはできない（102条）。

3—誤　取消権は、本人に帰属する。代理人が取消権を有するかは代理権の範囲による。

4—誤　CとDは対抗関係に立ち、登記を具備したCが優先する。

5—誤　基本的に無権代理行為であり、権限外の行為の表見代理（110条）が問題となるが、Cが悪意なので表見代理は成立しない。対抗要件である登記の有無にはかかわらない。

Q29 無権代理と相続の学説

問 無権代理人の地位と本人の地位が同一人に帰属した場合について、甲・乙の2説があるとすると、次の記述のうち、正しいものはどれか。

　甲説：無権代理行為は治癒され当然に有効になる。

　乙説：本人たる地位と無権代理人たる地位とが併存する。 (地方上級)

1　Aは、未成年者Bの後見人と称してBの不動産をCに売却したが、その後AはBの後見人に選任された。甲説によれば、AはCに対し損害賠償の責任を免れない。

2　Aは、勝手にBの代理人と称してBの物をCに売却したが、その後BはAを相続した。甲説によれば、Bが追認を拒絶することは信義則に反するから許されない。

3　Aは、勝手にBの代理人と称してBの物をCに売却したが、その後BはAを相続した。乙説によれば、Bは追認をすることも追認を拒絶することもできる。

4　Aは、勝手にBの代理人と称してBの物をCに売却したが、その後AがBを単独で相続した。乙説によれば、Aは追認をすることも追認を拒絶することもできる。

5　Aは、勝手にBの代理人と称して保証契約を締結したが、その後BはAを相続した。乙説によれば、被害者的な立場にあるBはAの負っていた損害賠償責任を免れる。

PointCheck

◎無権代理と相続に関する判例の立場………………………………………………【★★★】

⑴無権代理人が本人を単独で相続したケース

　無権代理人が相続したことにより、本人の人格（権利能力者たる地位）が融合したと扱い、無権代理行為は当然に有効となるとしたり（最判昭40.6.18）、無権代理人の地位と本人の地位とが併存するとしつつ、信義則により無権代理人の追認拒絶を認めず無権代理行為を有効とすることもあった（大判昭17.2.25）。

⑵無権代理人が本人を他の相続人と共同で相続したケース

　地位併存説に立ちつつ、他の共同相続人の利益を考慮し、他の相続人も追認しない限り、無権代理行為が有効となることはないとする。また、追認権は不可分的に相続されていることを理由に、無権代理行為をした者の相続分に相当する部分だけを有効とすることもできないとする（最判平5.1.21）。

⑶本人が無権代理人を相続したケース

　本人が追認拒絶するのは別に身勝手ではないから、併存説を前提に本人の資格で追認拒絶はできる。しかし、無権代理人の責任（117条）も同時に相続されるので、善意・無過失の相手方は本人に117条の責任を追及できる（最判昭48.7.3）。

⑷無権代理人と本人の双方を相続したケース

　(a)無権代理人を相続してから、(b)本人を相続した事案では、無権代理人が本人を相続したケース（⑴の場合）と同じに扱われ、追認拒絶できないとされた（最判昭63.3.1）。

●地位融合説と地位併存説…………………………………………………………………【★★★】

　無権代理行為は治癒され当然有効となる説（本問の甲説）は、地位融合説と呼ばれる。つまり、相続というのは、被相続人の有していた法的地位を包括的に承継するものであるから、権利能力者としての地位（＝人格）が融合して1つになる現象だと考えていくのである。しかし、この立場は、無権代理人が死亡し、本人が相続人となった場合、いわば被害者の地位にあった本人に酷な扱いとなる。そこで、相続があっても、被相続人や相続人がそれまで有していた地位（追認権・追認拒絶権・無権代理人の責任）は存続すると解する地位併存説が通説の立場となった。この地位併存説によれば、無権代理人が死亡して本人が相続人となった場合でも本人の追認拒絶権は存続しているから、本人はそれを行使して無権代理行為を無効のままにしておくことができる。しかし、その場合でも、無権代理人の責任は本人に相続されているから、本人はこの責任を免れることはできない。逆に、本人が死亡し、無権代理人が相続人となった場合に地位併存説は、本人を相続した無権代理人が追認を拒絶することは信義則に反するから認められない、として妥当な結論を導こうとするのである。

Level up Point！　無権代理と相続は典型論点であるが、いろいろな方向から出題される可能性があるので、事例・学説問題について演習を重ねておきたい。複数の登場人物が登場する代理制度と、対策が手薄になりやすい相続を組み合わせることで、真の合格力を試す問題になる。

A29 　正解－3

　まず、乙説（地位併存説）に立てば、本人の追認権や追認拒絶権、無権代理人が負っていた履行または損害賠償責任が同一人にそのまま存続することになる。これに対し、甲説（地位融合説・当然有効説）に立てば、これらの権利の存続はなく、初めから有権代理行為がなされたものと考えることになる。

1―誤　甲説によるときは、Aの無権代理人の責任は存続せず、売買契約自体が有効となる。

2―誤　甲説によるときは、本人であったBの追認権も追認拒絶権も存続しないから、その行使の可否を論ずる余地はない。

3―正　乙説によるときは、Bの追認権・追認拒絶権は存続しているから、Bはそのどちらも行使し得る。よって、本肢は正しい。

4―誤　乙説によるときは、本肢の場合にもBの有していた追認権と追認拒絶権はともにAの下で存続することになる。しかし、無権代理行為をした張本人であるAが追認拒絶権を行使することは不当なので、「信義則により追認を拒絶することはできない」と解されている（判例）。

5―誤　乙説によるときは、本肢の場合、無権代理人の負っていた責任（履行または損害賠償責任）がBに引き継がれ本人の地位と併存するから、Bはこの責任を免れない。

Q30 無権代理と相続の判例

問 無権代理に関するア〜オの記述のうち、判例に照らし、妥当なもののみをすべて挙げているものはどれか。 (国家一般)

ア 本人が無権代理行為の追認を拒絶した場合には、その後に本人が死亡し無権代理人が本人を相続したとしても、無権代理行為は有効とはならない。

イ 本人が無権代理行為について追認も追認拒絶もせずに死亡し、無権代理人が本人を相続した場合には、無権代理人は本人の資格で無権代理行為の追認を拒絶することができる。

ウ 無権代理人が本人を他の相続人と共に相続した場合には、無権代理行為を追認する権利は相続人全員に不可分的に帰属するので、共同相続人全員が共同してこの権利を行使しない限り、無権代理行為は有効とはならない。

エ 本人が無権代理人を相続した場合には、本人は無権代理行為の追認を拒絶しても、何ら信義に反するところはないので、被相続人の無権代理行為は、一般に本人の相続により当然に有効とはならない。

オ 無権代理人を本人と共に相続した者が、その後さらに本人を相続した場合には、当該相続人は本人の資格で無権代理行為の追認を拒絶することができる。

1 ア、イ、オ
2 ア、ウ、エ
3 ア、ウ、オ
4 イ、ウ、エ
5 イ、エ、オ

PointCheck

●無権代理人・本人双方の地位を相続した者……………………………………………【★★☆】

例えば、子が父の土地を父の代理人と称して勝手に売却した後、まず、その子が死亡し、父母がその子の相続人となった。これにより、父と母は、子の無権代理人としての責任を負うべき地位を相続したことになる。その後、父が死亡した。母が父の相続人となった。これにより母はそれまであった無権代理人の地位に加えて、本人の地位をも取得することとなる。これは、あたかも無権代理人が本人を相続した場合と同様の関係と見ることができる。よって、追認を拒絶することはできない（記述**オ**の場合）。

●追認拒絶後の無権代理人の地位相続……………………………………………………【★★☆】

本人が死亡する前に追認拒絶権を行使して、その後死亡して無権代理人が単独で相続人となったという事案について判例は、この場合には、無権代理行為は有効にはならないとした（記述**ア**の場合）。なぜなら、いったん追認拒絶がなされれば、本人自身ももはや追認はでき

問題でPoint を理解する
Level 2 **Q30**

第1章
第2章
第3章
第4章
第5章
第6章
第7章
第8章
第9章
第10章

なくなっていたのであるから、その後に無権代理人が本人の地位を承継したとしても、本人ができなくなっていた追認をなしうることにはならないというのである。そして、このように解すると、本人が死亡する前に追認を拒絶していたか否かで法律効果に差異が生ずることになるが、それもやむを得ないとしたのである。

Level up Point! 本問は、正解選択肢を 1 つだけ選べという問題ではないので、ア～オどれかの記述に知識のあやふやな部分があるとなかなか答えが出せず、時間を浪費するおそれがある。このような問題に対しては、自分が確実に理解している記述から絞り込んでいくという方法が有効。

A30 正解－2

ア―正 本人が無権代理行為の追認を拒絶した場合には、無権代理行為は本人に効果が帰属しないことに確定するから、その後に無権代理人が本人を相続したとしても、無権代理行為が有効になることはない（最判平 10.7.17）。

イ―誤 無権代理人が本人を相続した場合には、本人が自ら法律行為をしたのと同様の法律上の地位が生じたこととなり、無権代理行為は有効となるとするのが判例である（最判昭 40.6.18）。この判例は、相続により人格が融合し無権代理行為は当然に有効となる、という立場のものであるが、地位併存説に立つ判例もある（大判昭 17.2.25）。地位併存説に立つときは、無権代理人が本人の地位を相続し追認権を取得した以上、自ら行った無権代理行為はこれを追認するのが当然であって、追認を拒絶するのは信義則に反し認められないと解することになる。その結果、追認がなされたのと同様になり、無権代理行為は有効となるとされる。

ウ―正 最判平 5.1.21 は本肢のように述べて、当該無権代理行為は無権代理人の相続分に相当する部分においても、当然に有効となるものではないとした。

エ―正 本人は、被害者的な立場に置かれているのであるから、たまたま無権代理人を相続したからといって、追認拒絶することができなくなるいわれはない。判例も、本肢のように述べている（最判昭 37.4.20）。

オ―誤 最初の相続によって無権代理人の地位を取得した者が、さらに本人を相続したという場合である。このような場合には、結局、本問のイの場合と同様な関係になり、無権代理行為は有効となる（最判昭 63.3.1）。

以上から、正解は肢 2 となる。

1 法人

Level 1 ▷ **Q31**

(1)権利能力の主体としての法人 ▶p70

→不動産の登記は法人の名ですることができる。

→法人の構成員（社団法人の場合）は法人の債務について責任を負わない。

(2)権利能力の範囲

①法令による制限→現行法上制限した法令はない。

②性質による制限→親権・相続権などは認められない。社会的評価である名誉権はある。

③目的による制限→定款で定められた目的の範囲に制限される。

　法人の取得し得る権利義務の範囲は、法人の存在目的によって限定される。目的の範囲に入るか否かの判断は、事業遂行に直接に必要な場合だけでなく間接に必要な場合も含めて判断される（取引の安全を図るため、行為の性質から客観的に判断される）。

(3)法人の不法行為責任

「一般社団法人は代表理事その他の代表者がその職務を行うについて第三者に加えた損害を賠償する責を負う」（一般社団法人・一般財団法人法78条）

①法人の代表機関の行為であること

②「その職務を行うについて」損害を加えたこと

　外形上職務に属する行為であれば足り、職務執行と適当な牽連関係に立つ行為を含む。

③その行為が不法行為（709条以下）の要件を備えること

2 権利能力なき社団

Level 1 ▷ **Q31〜Q33**　Level 2 ▷ **Q39**

(1)意義 ▶p71

実体が社団であるにもかかわらず法人格を有しない団体。

(2)成立要件

①団体としての組織を備え、②多数決の原則が行われ、③構成員の変更にもかかわらず団体が存続し、④代表の方法・総会の運営・財産の管理その他の主要な点が確定していること。

(3)権利能力なき社団の財産権の帰属 ▶p72 ▶p74

権利能力なき社団は権利能力がないから社員の総員が主体となり、社団を構成する総社員に1個の権利が総有的に帰属する（総有説：判例・通説）。その財産は利用・処分につき共同目的達成のため団体法的に制約され、個々の構成員の財産からは独立性を有する。

①財産関係の公示方法

　権利能力なき社団の代表者が、構成員のための受託者として個人名義で登記する。

②権利能力なき社団の債務

　原則的に債務に対する責任の範囲は構成員全員に総有的に帰属する社団財産に限局され、構成員は出資義務以上の責任を負わない（判例）。

3 失踪宣告

Level 1 ▷ **Q34,Q35**　Level 2 ▷ **Q40**

　不在者の生死不明の状態が永続した場合に、その者を死亡したものとみなして、残された法律関係を確定する制度。

(1)普通失踪と特別失踪（30 条）▶ p76

　①普通失踪：生死不明が 7 年間継続した場合に行われるもの。

　　起算点→最後の生存確認の時

　　死亡とみなされる時期→ 7 年満了の時期

　②特別失踪：死亡するような危険に遭遇して生死不明になったときに、生死不明が 1 年間継続した場合に行われるもの。

　　起算点→危難の去った時

　　死亡とみなされる時期→危難の去った時

(2)失踪宣告の効果（31 条）

　「死亡とみなされる」→従来の住所を中心とする財産関係・身分関係についてのみ

　　※宣告を受けた者が生存していた場合の権利能力・行為能力に影響しない

(3)失踪宣告の取消し（32 条）▶ p78

　①取消しのなされる場合→生存または異なる時期の死亡が判明した場合

　②失踪宣告の取消しの効果

　・失踪宣告によって生じた法律関係を前提にしてなされた取引（相続した財産の譲渡）

　　→相続人と相手方が共に善意の場合には有効のまま

　・失踪宣告によって直接に財産を得た者の返還義務

　　→現存利益でよい（善意に限るとするのが通説）

4 無効・取消し

Level 1 ▷ **Q36**

(1)**無効**　当事者が意図した法律行為の効果が初めから生じないこと。▶ p80

(2)**取消し**　一応有効な法律行為を、取消しの意思表示により、行為の時に遡り無効とする。

	無効	取消し
主張できる者	制限なし	法定の取消権者
主張できる期間	制限なし	制限あり（取消権の消滅）
行為の追認	無効のままで新たな法律行為	初めから有効な法律行為となる

▶ p81

5 条件・期限

Level 1 ▷ **Q37**　Level 2 ▷ **Q38**

(1)**条件**　法律行為の効力の発生・消滅を将来の成否未定の事実にかからせる意思表示。

(2)**期限**　法律行為の効力の発生・消滅または債務の履行を将来到来することの確実な事実の発生にかからせる意思表示。▶ p82　▶ p84

第1章

第2章

第3章

第4章

第5章

第6章

第7章

第8章

第9章

第10章

Q31 法人の権利能力

問 民法上の法人に関する次の記述のうち、妥当なのはどれか。 (国税専門官)

1 権利能力のない社団は法人格を有していないから、財産の帰属等の法律関係については、組合に関する規定が準用される。

2 法人は一定の要件を備えることによって成立し、国による許可が必要となる。

3 法人は権利能力を有するが、その享有しうる権利は財産権に限られ人格的権利は有しないから、法人の名誉が侵害されたとしても損害賠償は請求できない。

4 理事が数人ある場合、法人の外部に対する関係においては各自が法人を代表するから、各理事が行った法律行為の効果は、法人の目的の範囲内において法人に帰属する。

5 法人には不法行為能力は認められないから、理事がその職務を行うにつき、違法に他人に損害を加えた場合であっても、法人は賠償責任を負わない。

PointCheck

●法人の本質 ・・【★☆☆】

「法人」とは、法が作った人（権利主体）という意味である。法律上、権利主体とされるのは自然人と法人であるから、定義としては「自然人以外の権利帰属主体」という言い方になる。そこで、法人の本質は何かということが、かつては大きな議論とされたが（法人学説）、現在では、法人は社会的作用を担当する社会的な実在であるとする立場（法人実在説）が通説となっている。法人実在説の立場からは、理事は法人代表機関であり、理事の行為が同時に法人自身の行為となると説明される（法人の行為能力を肯定する）。比喩的に言えば、理事はロボットの中のパイロットのようなもので、パイロットの手足の動きがロボットの動作だと評価されるわけである。これに対して、法人は、法が作り上げたフィクションだと見る立場（法人擬制説）からは、理事は法人の代理人であると説明する。

●法人の種類 ・・【★★★】

社団法人	多人数の集まり（社団）に法が権利能力を付与したもの
財団法人	財産の集合（財団）に法が権利能力を付与したもの

●法人の権利能力・行為能力（34条）・・【★☆☆】

法人は、自然人とは異なるので性質上権利能力を持たない領域がある（婚姻や養子縁組はできない）。また法人は、法が権利主体として認めたものなので、権利能力の範囲につき法令の制限を受けるのは当然とされる。さらに法人は、定款に定められた「目的の範囲内」において権利能力を有すると規定されているが（34条）、通説は、同時に法人の行為能力を制限した規定でもあると解している（権利能力・行為能力制限説）。法人は、ある目的のために設立されたものなので、その目的の範囲内に権利能力が制限されると考えるのである。

◉**法人の不法行為と使用者責任（715条）との関係** …………………………………【★★☆】

一般社団法人・一般財団法人法78条は715条に似ているが、法人の代表機関が「職務を行うについて」不法行為をすると一般社団法人・一般財団法人法78条が適用される。これに対して、法人の従業員が「事業の執行について」不法行為をすると715条が適用されて、法人自身が賠償責任を負うことになる。

◉**「職務を行うについて」の解釈（外形理論）** …………………………………【★★☆】

職務自体が不法行為というのはあり得ないから、職務とどれくらい関連していたかが決め手となる。判例は、行為者に職務を行うつもりがあったかどうかは問題とせずに、行為の外形からみて職務と関連する行為かどうかを判断する。このような立場は外形理論と呼ばれ、715条の「事業の執行について」の場合も同じく行為の外形から判断される。

なお、理事等の行為が外形上職務行為に属する場合でも、その行為が職務に属さないことにつき悪意・重過失の相手方に対しては、法人は責任を負わない（判例）。

◉**権利能力なき社団の内部関係**…………………………………………………【★★☆】

権利能力なき社団は、①団体としての組織を備え、②多数決の原則が行われ、③構成員の変更に関係なく団体が存続し、④代表の方法・総会の運営・財産管理などが確定しているものであり（最判昭39.10.15）、その構成員がだれであるかは重要性を持たない団体である。したがって、このような団体の内部関係に民法の組合（契約）の規定を類推適用するのは不当である。そこで、権利能力なき社団の内部関係に対しては、社団法人の規定を類推適用すべきである。社団法人の内部関係に関する規定は、社団法人が人の集合体（社団）であることに基づくものであって、権利能力のあることに基づくものではないからである。

A31 正解ー4

1―誤　組合の規定を準用せず、構成員全員に総有的に帰属すると扱う。

2―誤　旧法では主務官庁（国）の許可が必要であった。この点、改正法では、一般社団・財団法人法で許可不要とされた。

3―誤　法人にも人格的権利は認められ、これを侵害すれば不法行為が成立し得る。

4―正　理事は、法人の目的の範囲内において実際に行動する手足となり、理事の行為が法人自身の行為と評価される（実在説に立った場合の説明）。また、理事は法人の代理人であるから、代理行為の効果は本人である法人に帰属すると説明することもできる（擬制説に立った場合の説明）。

5―誤　理事その他の代理人がその職務を行うにつき不法行為を行ったときは法人が責任を負う。法人の不法行為能力の肯否や理論構成に関しては争いがあるが、いずれの立場にせよ法人が責任を負うという結論自体は変わらない。

Q32 権利能力なき社団と総有

問 権利能力なき社団に関する記述として、正しいのはどれか。 (地方上級)

1 権利能力なき社団には、組合に関する規定を適用する旨を民法で明定しているが本質の類似性から社団法人の規定が一部適用されている。
2 権利能力なき社団の財産を登記するにあたっては、社団の名または代表機関である理事・代表者のいずれでも行うことができる。
3 権利能力なき社団は、構成員の個人目的のため構成員相互間の契約によって結合するものであるから、構成員の個性が顕著な結合である。
4 権利能力なき社団の個々の財産その他の権利は、構成員の共有に属するので、構成員各自はこれらの権利についても処分権を有する。
5 権利能力なき社団も訴訟法上は当事者能力を有するので、社団に対する債務名義で社団財産に対し強制執行をすることができる。

PointCheck

●総有について・・【★☆☆】
財産の共同所有の形態には、①共有、②合有、③総有、の3つがある。
①共有：単に目的物が1つであるというだけの理由から共同で所有しているだけのことで、各共有者には割合的な権利（持分権）が帰属し、各自はそれを自由に処分できる。
②合有：組合契約における組合の財産について観念されるもので、そこでも各組合員は持分を有するが、組合契約における共同の事業達成という目的から、持分は各自の固有財産とは区別され、自由な処分は禁じられる。
③総有：権利能力なき社団の構成員の共同所有形態であり、団体の構成員は個性を持たず、人の集合体自体が1つの権利を持つと考えるものである。したがって、総有では持分権は観念されず、人の集合体自体が財産を保有するととらえていくことになる。これを総有的帰属と呼んでいる。

●権利能力なき社団の財産関係の扱い・・・・・・・・・・・・・・・・・・・・・・・・・・・・・・・・・・・・・【★★★】
通説は、権利能力なき社団の財産関係を上述のような総有ととらえるから、権利能力なき社団の各構成員には持分権は認められない。各構成員は、権利能力なき社団の規則に従ってその財産を利用し得るだけである。
(1)権利能力なき社団の債務
このように、各構成員に持分権がないという特色は、債務の帰属についても表れる。権利能力なき社団が負担した債務は権利能力なき社団に総有的に帰属する結果、各構成員が個人として債務について責任を負うことはない。また、たとえ権利能力なき社団を代表して取引を行った者であっても個人的な責任は負わなくてよい（判例）。債権者は、権利能力なき社

問題でPointを理解する
Level 1 **Q32**

第1章
第2章
第3章
第4章
第5章
第6章
第7章
第8章
第9章
第10章

団の総有財産から弁済を受けることができるだけである。

⑵権利能力なき社団の登記

　そこで問題となるのが、権利能力なき社団に属する不動産の登記の仕方である。現行法上、総有の登記という制度はない。あるのは、共有の登記だけである。そこで、総有といっても共同所有の一形態であるのであるから、構成員全員の共有として登記をすることは理論的には許されるといえる。しかし、現実には社団の構成員全員の名前を登記簿に記載するのは困難である。そこで判例は、権利能力なき社団の代表者の個人の名前で登記することを認めている。その場合、権利能力なき社団の名を挙げてその代表者という肩書きをつけてはならない。そのような団体は、法的には存在していないからである。

⑶権利能力のなき社団の裁判

　さらに問題となるのは裁判である。すなわち、権利能力なき社団も社会に実在するものとして活動する以上紛争になることがある。その場合、裁判の場で争いに決着をつけなければならないが、裁判所で原告・被告となって争うには当事者能力というものが必要となる。当事者能力は、訴訟の舞台に登場する資格のようなものである。当事者能力のある者の範囲は、民法上の権利能力のある者の範囲と一致する。なぜなら、裁判は権利者と義務者の争いを裁くものだからである。しかし、権利能力のない「権利能力なき社団」は裁判というサービスを受けられないのでは困るというので、民事訴訟法は、法人でない団体でも代表者や管理人の定めがあれば、訴訟の当事者となれると規定した（民事訴訟法29条）。つまり、権利能力なき社団にも当事者能力はあるのである。

A32 　正解―5

1―誤　権利能力なき社団に、組合に関する規定を適用する条文はない。

2―誤　権利能力なき社団の場合、社団名義の登記はできない。

3―誤　権利能力なき社団は、法人格を有しないものの社団としての実体を有し、構成員の個性は希薄である。したがって、構成員の変動があっても団体が存続することが要件とされている（判例）。

4―誤　権利能力なき社団の財産は構成員の総有に属し、構成員は社団の財産に対して処分権を持たない（持分権・分割請求権なしと覚える）。

5―正　権利能力なき社団にも訴訟での当事者能力が認められている（民事訴訟法29条）。民訴法の知識がなくても、「権利能力なき社団の財産が社団自体のものとされるのであれば、債権者は社団財産に執行していくしかない」と考えて、正しいと判断すべきである。

Q33 権利能力なき社団の登記

問 権利能力なき社団に関する次の記述のうち、判例に照らし、妥当なものはどれか。

(地方上級)

1 権利能力なき社団を認定する基準としては、団体としての組織・代表の方法・多数決の原則・総会の運営など社団としての実体を備えていることが必要であるが、社団がその構成員の変動から独立して存在し得る一体性を持っていることは必要ではない。

2 権利能力なき社団の代表者が当該社団の名で行った取引上の債務について責任財産となるのは、当該社団の財産だけでなく、各構成員も債権者に対して直接に債務ないし責任を負う。

3 権利能力なき社団は、その不動産について、社団名義の登記をすることも、また当該社団の代表者である旨の肩書きをつけてなす代表者個人名義の登記もすることはできない。

4 権利能力なき社団の財産は、その構成員全員に総有的に帰属するが、各構成員は持分を有し、また当該団体から脱退するときは財産の分割請求権を持つ。

5 権利能力なき社団が法人格を取得した場合、権利能力なき社団に帰属していた権利義務は当然には法人に承継されず、各権利義務について移転行為が必要である。

PointCheck

●**権利能力なき社団のポイント**‥‥‥‥‥‥‥‥‥‥‥‥‥‥‥‥‥‥‥‥‥‥‥‥‥**【★★★】**

⑴**権利能力なき社団の意義**

社団としての実態を整えながら法人格を持たない団体

→同窓会、町内会、学生自治会等

⑵**要件**

①団体としての組織が備わる

②多数決の原則が行われている

③構成員の変更にもかかわらず、団体そのものが存続する

④代表の方法・総会の運営・財産の管理等団体としての主要な点が確定

⑶**効果**（社団法人の規定を準用する）

①財産

構成員全員に総有的に帰属（構成員の持分権・分割請求権なし）

②債務

社団財産だけが責任財産（構成員は個人的責任を負わない）

③登記

代表者個人の名義、または構成員全員の共有名義

→社団名義、肩書きを表示した代表者名義は不可

●**権利能力なき社団の所有する不動産の登記と第三者保護**……………………………【★☆☆】

　権利能力なき社団の場合には社団自体は権利能力を有していないのであるから、所有者を社団とする登記は虚偽の登記になる。しかし、構成員全員を登記名義人とする共有の登記というのも現実には無理である。そこで、やむを得ず、代表者個人のものとして登記をすることになる（判例・通説）。このとき、その者に権利能力なき社団の代表者たる肩書きを付して登記をすることは許されないから、登記簿上はまったく個人の不動産に見える登記がなされることになる。そこで、このような登記を見て、その不動産が代表者のものであると信じて第三者が譲り受ける場合が生じ得る。このような場合、第三者は保護されるであろうか。

　まず、登記には公信力が認められていないから、登記を信頼したというだけでは保護を受けられない。そこで、虚偽表示に関する94条2項を類推適用することが考えられる。同条項は、権利外観法理の表れであるから、類推適用をするためには、本人の側に帰責性が必要となる。この場合の本人とは、権利能力なき社団である。しかし権利能力なき社団は、社団名義の登記をすることを禁止されているのであるから、権利能力なき社団に帰責性を認めることは難しい。結局、94条2項の類推適用は否定されることになる（通説）。

A33 正解－3

1－誤　権利能力なき社団と認定するためには、社団がその構成員の変動から独立して存在し得る一体性を持っていることも必要である。

2－誤　権利能力なき社団の債務は、各構成員に総有的に帰属し、個々の構成員には潜在的持分すらないと解されている（判例・通説）。その結果、社団の債務については社団の財産だけが引当てとなり、各構成員は債権者に対して直接に債務ないし責任を負わないと解されている（判例）。

3－正　社団自体には権利能力がなく、権利者となることはできないのであるから、その名を出して登記をすることはできない。したがって、社団名義の登記をすることはもちろん、当該社団の代表者である旨の肩書きをつけてなす代表者個人名義の登記をすることもできない。

4－誤　総有関係においては、各構成員は持分を持たない。よって脱退に際しても財産の分割請求権はない。

5－誤　権利能力なき社団と法人との間には同一性が認められ、権利能力なき社団に帰属していた権利義務は何らの移転行為を要さずに当然に法人に帰属する。

Q34 失踪宣告

（国家一般）

問 失踪宣告に関する次の記述のうち、妥当なものはどれか。

1 失踪宣告は家庭裁判所が行うが、その請求をなし得るのは、不在者の財産管理の場合と同様に、利害関係人および検察官である。
2 船舶の沈没によって生死不明となった者に失踪宣告がなされた場合、死亡とみなされるのは、その危難の去った時からである。
3 失踪宣告の効果は身分関係には及ばないので、失踪宣告を受けた者の配偶者が再婚することはできない。
4 失踪宣告は失踪者本人の権利能力や行為能力を奪うこととなる制度であるから、失踪宣告を受けた者は別の場所で生存していても、失踪宣告の取消しを受けない限り、有効な取引はできない。
5 失踪宣告が取り消された場合には、失踪宣告によって財産を得た者は、宣告によって取得した財産をすべて返還しなければならない。

PointCheck

●失踪宣告の種類‥‥‥‥‥‥‥‥‥‥‥‥‥‥‥‥‥‥‥‥‥‥‥‥‥‥‥‥‥‥‥‥‥‥‥‥【★★★】

　失踪宣告には、普通失踪と特別失踪とがある。特別失踪は、船舶の沈没など死にそうな場面に遭遇（危難に遭遇）した者の生死が不明の場合になされる失踪宣告である。普通失踪は別に危難に遭遇したわけではないが、生死不明状態がずっと続いている者に対してなされる失踪宣告である。

〈普通失踪〉

最後の生存確認　　　　　　　　　　　　　　　　　　　　　　　請求　　　　失踪宣告

７年間生死不明

死亡とみなす

〈特別失踪〉

危難の去った時　　　　　　　　　　　　請求　　　　　　　　失踪宣告

１年間生死不明

死亡とみなす

●普通失踪と特別失踪の相違点……………………………………………………………【★★☆】

①普通失踪

・失踪期間は、最後の音信の時から7年間である。

・失踪宣告により死亡したものとみなされるのは、この7年が経過した時点からである。宣告の時から死亡とみなすとしなかったのは、死亡の時点を画一的に決定するためである（宣告時に死亡とみなすというのでは、失踪宣告の請求がいつ行われるかによって死亡時期が一定ではなくなるからである）。

②特別失踪

・失踪期間は、危難が去った時から1年間である。

・失踪宣告により、危難が去った時から死亡したものとみなされる。失踪期間の1年が経過した時点からではない。実際的に考えても本当に死んでいたとすれば、遭遇した危難の中で死んでいたはずだからである。

第1章

第2章

第3章

第4章

第5章

第6章

第7章

第8章

第9章

第10章

A34 正解—2

1—誤　不在者の財産管理の場合には、家庭裁判所に請求し得る者として利害関係人のほかに検察官が挙げられているが（25条ほか）、失踪宣告の場合には利害関係人のみであって、検察官は挙げられていない（30条）。失踪宣告の効果は死亡擬制であり、家族や利害関係人がこれを望まないのに、検察官が介入していくのは好ましくないからである。

2—正　31条。特別失踪の場合には、危難に遭遇中に死亡している可能性が高いからである。

3—誤　失踪宣告の効果である死亡擬制は、財産関係・身分関係を問わず及ぶ。

4—誤　失踪宣告は、宣告を受けた者の従来の住所における法律関係に関して死亡したものとみなすものであって、別の場所で生存している者の権利能力や行為能力まで奪うものではない。よって、宣告の取消しがなくても有効に取引はできる。

5—誤　本肢のように扱うと相続人に酷になる場合もあるので、民法は、「現に利益を受ける限度」で返還すれば足りるものとしている（32条2項）。

Q35 失踪宣告の取消し

問 民法の規定する失踪宣告に関する次の記述のうち、通説に照らして、妥当なものはどれか。 (地方上級)

1 失踪者が生存していること、または失踪宣告により死亡とみなされた時と異なる時に死亡したことの証明があったときは、家庭裁判所は、本人または利害関係人の請求によって失踪の宣告を取り消さなければならない。

2 失踪宣告を受けた者は、普通失踪の場合には当該宣告の確定した時に、また特別失踪の場合には危難の発生した時に、それぞれ死亡したものとみなされる。

3 失踪宣告を受けた者は権利能力を失う結果、その者が帰来してきても失踪宣告の取消があるまでは有効に取引をすることはできない。

4 失踪宣告は、利害関係人の請求に基づいて家庭裁判所が行うが、この利害関係人には、法律上の利害関係人だけでなく事実上の利害関係人も含まれる。

5 失踪宣告によって直接に財産を取得した善意の者がその財産を売却していたときは、その売却代金全額を返還することが必要である。

PointCheck

◉同時死亡の推定について ………………………………………………………【★★☆】

失踪宣告は、生死不明の場合の問題であるが、死亡が明らかな場合でも、死亡した時期が不明で困るという場合がある。例えば、父と一人息子が一緒に乗っていた飛行機が墜落し2人とも死亡が確認されたが、どちらが先に死んだか判明しないという場合である。この場合に、もし父→息子の順であれば、子は父を相続した後に死亡したということになるが、息子→父の順、あるいは両者が同時に死亡したとすると、息子は相続人とならないことになり、第二順位の相続人が登場することになる。このような問題を解決するため、民法は同時死亡の推定の規定を置いた（32条の2）。これによれば、数人の者が死亡した場合に、そのうちの一人が他の者の死亡後になお生存していたことが明らかでないときは、これらの者は、同時に死亡したものと推定する。したがって、相続は起こらないことになる。

◉失踪宣告の取消し ………………………………………………………………【★☆☆】

失踪宣告を受けた者が生存していた場合に取消しが行われるのはもちろんであるが、失踪宣告によって死亡したとされた時点とは別の時点で死んだことが証明された場合にも取消しがなされる。なお失踪期間中に一度電話があったというように最後の音信の時期が変化した場合にも、失踪宣告は取り消される。なぜなら、死亡とみなされる時点が変わることになるからである。取消しは、本人または利害関係人の請求により、家庭裁判所が行う。

第1章

第2章

第3章

第4章

第5章

第6章

第7章

第8章

第9章

第10章

●**失踪宣告と権利能力の関係**……………………………………………………【★★☆】

失踪宣告があっても、失踪者の権利能力はなくならない。失踪宣告は、失踪者の従来の住所における法律関係を整理するために死亡したものとみなすだけのものだからである。なお、失踪宣告による死亡の効果は、身分関係にも及ぶ。したがって、配偶者の死亡により婚姻は解消される。

●**失踪宣告の取消しと相続した財産の返還**………………………………………………【★★★】

①現存利益の返還（32条2項）

失踪宣告が取り消された場合には、相続を原因として取得されていた財産は返還されなければならないが、その返還義務の範囲については、現存利益でよいと規定されている。この場合、相続した財産を生活費に充てていたり、借金の弁済に充てていた場合には、その金額分は現存利益として返還しなければならないとされている。なぜなら、このような必ず出費しなければならない費用に相続した財産を用いた場合には、どこかにその浮いた分が残っていると考えることができるからである。

②取消しと第三者保護（32条1項後段）

相続人が相続した財産を第三者に譲渡していた場合は、第三者の保護も必要となる。この点について民法は、譲渡した相続人と第三者がともに善意だった場合には、その譲渡は有効のまま効力を失わないとしている。例えば、不動産を相続した者がそれを第三者に売却していた場合、売主たる相続人も買主もともに善意のときは、失踪宣告が取り消されても売買は有効のままである。

A**35** 正解―1

1―正　32条1項。なお、「失踪宣告により死亡とみなされた時と異なる時に死亡したことの証明があったとき」というのは、失踪期間中にすでに死亡していたことが証明されたような場合を指すが、そのほかに、失踪期間中に本人が生存していたことの証明があった場合も含むと解されている。

2―誤　死亡したものとみなされる時点は、普通失踪の場合は、失踪期間が満了した時（生死が不明になった時から7年経過した時点）であり、特別失踪の場合は、危難が去った時である。特別失踪の死亡時が、危難の去った時となっているのは、それが常識に合うからである。

3―誤　失踪宣告を受けても権利能力や行為能力に影響はない。従前の法律関係の処理のために死亡が擬制されるだけである。

4―誤　ここで利害関係人というのは、法律上の利害関係を有する者（配偶者や相続人や債権者など）だけをいうのであって、事実上の利害関係では足りない。

5―誤　このような場合、現存利益を返還すれば足りる（32条2項）。

Q36 無効・取消し

問 次の文章には、「無効」、「取消し」のいずれかが入る。それぞれ何個入るか。

（国家一般改題）

（　　）、（　　）はいずれも法律効果の発生を阻止する制度である。（　　）の法律行為は最初から効力が発生しないが、（　　）は特定人の単独行為である（　　）の意思表示によって初めて効果が消滅するという差異がある。また、（　　）の行為は、追認によって効力を生じないが、取り消し得べき行為は、取消権者の意思表示によって確定的に有効とすることができる。

しかし、いずれも法の目的を達成するための技術にすぎないのであるから、その区別は絶対的ではなく、多くの点で相対化している。例えば、通謀虚偽表示の効果は（　　）であるが、当事者間では（　　）の効果を主張できるとしても、善意の第三者に（　　）を主張できない。また、詐欺による（　　）の効果は善意無過失の第三者に主張できない。

	無効	取消し
1	3個	7個
2	4個	6個
3	5個	5個
4	6個	4個
5	7個	3個

PointCheck

◉無効‥‥‥‥‥‥‥‥‥‥‥‥‥‥‥‥‥‥‥‥‥‥‥‥‥‥‥‥‥‥‥‥‥‥‥‥‥‥【★★★】

⑴無効の意義

当事者の意図した法律行為の効果が初めから生じないことであり、原則として、法律行為の当事者間のみならず第三者間においても効果は発生しない。しかし、例外的に以下の場合に無効主張は制限される。

①虚偽表示による無効は、善意の第三者に対しては無効主張不可
②意思無能力無効は、表意者以外からの無効主張不可

⑵無効行為の追認

無効行為は法律効果が初めから生じていないのだから、行為者がこれを追認しても初めから有効だったことにはならない（119条本文）。しかし、当事者が無効であることを知って追認したときは、新たに同じ内容の法律行為をしたものとみなされ、追認のときから効力を生ずることになる（119条ただし書）。

◉取消し‥‥‥‥‥‥‥‥‥‥‥‥‥‥‥‥‥‥‥‥‥‥‥‥‥‥‥‥‥‥‥‥‥‥‥‥‥‥【★★★】

⑴取消しの意義

一応有効に成立した法律行為を、行為のときに遡って無効とする意思表示
(2)取消権者
①制限行為能力者、またはその代理人・承継人・同意権者
②取り消しうる意思表示（錯誤・詐欺・強迫）をした者、またはその代理人・承継人
(3)取消しの効果
①遡及的無効
　取消しにより、法律行為は遡及的に無効となり、法律行為により受け取ったものがある場合は当事者は原状回復義務を負う。
②原状回復の義務（121条の2）
　取り消された無効な行為に基づく債務の履行として給付を受けた者は、相手方を原状に復させる義務を負う。ただし、贈与など無償行為での給付や、給付を受けた当時に取消権が発生しているを知らなかったときは、現に利益を受けている限度（現存利益）での返還義務を負う。さらに、意思無能力者・制限行為能力者の行為についても現存利益の返還義務となる。
(4)取消権の消滅
①追認できる時から5年間取消権の不行使、②行為の時から20年を経過
(5)無効と取消しの競合
　例えば、意思無能力の状態で未成年者が契約をした場合のように、無効と取消しのいずれの要件もみたした場合には、無効・取消しを選択的に主張してよいとされている。

◉取り消すことができる行為の追認……………………………………………………【★★★】
(1)追認の意義
　一応有効に成立した法律行為を、行為のときに遡って有効に確定する意思表示であり、追認ができるのは取消権者と同じである。
(2)追認をなしうる時期
　追認は、取消原因となった状況が消滅した後、かつ取消権を有することを知った後でなければすることができない。
①法定代理人・保佐人・補助人：常に追認することができる
②制限行為能力者（成年被後見人を除く）：法定代理人・保佐人・補助人の同意が必要
③詐欺・強迫を受けた者：詐欺・強迫の状態が消滅した後
(3)法定追認
　追認をすることができる時以後に、取消権者が取消権の放棄と考えられるような以下の行為をした場合には、追認をしたものとみなされる。
①全部又は一部の履行、②履行の請求、③更改、④担保の供与、⑤取り消すことができる行為によって取得した権利の全部又は一部の譲渡、⑥強制執行。

A36 正解─4

　第1段落は順に、無効・取消し・無効・取消し・取消し・無効。第2段落は順に、無効・無効・無効・取消し。以上により、無効は6個、取消しは4個入る。

Q37 停止条件・解除条件

問 民法に規定する条件に関する記述として、妥当なのはどれか。 (地方上級)

1 解除条件付法律行為は、条件が成就した時からその効力を生ずるが、当事者が条件が成就した場合の効果をその成就した時以前にさかのぼらせる意思を表示したときは、その意思に従う。

2 条件付法律行為の各当事者は、条件の成否が未定である間は、条件が成就した場合にその法律行為から生ずべき相手方の利益を害することができない。

3 条件の成否が未定である間における当事者の権利義務は、一般の規定に従い、相続し、保存し、又はそのために担保を供することができるが、処分することはできない。

4 条件が法律行為の時に既に成就していた場合において、その条件が停止条件であるときはその法律行為は無効とし、その条件が解除条件であるときはその法律行為は取り消すことができる。

5 停止条件付法律行為は、その条件が単に債務者の意思のみに係るときであっても、有効である。

PointCheck

●法律行為の付款・・・【★☆☆】

法律行為の効力の発生・消滅または債務の履行を、一定の事実にかからせる定めを付款という。たとえば、「Aが入学試験に合格したら、Bの乗用車をBがAに贈与する」「CとDが売買契約を締結したが、売買代金の支払いについては2か月後とする」というような場合である。前者のように、将来の成否が未定の事実にかからせる場合を「条件」とよぶ。また、後者のように、将来到来することが確実である場合を「期限」という。

●条件・・・【★★★】

⑴意義

法律行為の効力の発生・消滅を、実現が不確実である事実にかからせること

⑵条件の種類

①停止条件　法律行為の効力発生を成否未定の事実にかからせる→条件成就で効力発生

②解除条件　法律行為の効力消滅を成否未定の事実にかからせる→条件成就で効力消滅

⑶条件に親しまない行為

取消し、相殺などの単独行為や、婚姻、養子縁組などの身分行為は、条件を付することで相手方の法的地位を不安定にする。したがって、これらの法律行為には条件を付することができないとされている。

⑷条件付法律行為の期待権の保護

①条件の成否が未定の間は、条件成就により生ずる相手方の利益を害することができない

（128条）。

②条件が成就することによって不利益を受ける当事者が、故意に条件成就を妨げたときは、相手方は、その条件が成就したものとみなすことができる。また、逆に成就によって利益を受ける当事者が不正に条件を成就させたときは、相手方はその条件が成就しなかったものとみなせる（130条）。

●条件についての特別な規定……………………………………………………………【★★☆】

付された条件が適当でない場合に、その処理について以下のような規定がある。

		停止条件	解除条件
既成条件（条件が確定しているもの）	成就に確定	無条件	無効
	不成就に確定	無効	無条件
不能条件（成就不可能な条件を付したもの）		無効	無条件
不法条件（不法な条件を付したもの）		無効	無効
純粋随意条件（債務者の意思のみにかかる停止条件）		無効	有効

A**37** 正解―2

1―誤 127条2項は「解除条件付法律行為は、解除条件が成就した時からその効力を失う」とする。条件が成就した時からその効力を生ずるのは、停止条件付法律行為である（同条1項）。ちなみに、同条3項は、「当事者が条件が成就した場合の効果をその成就した時以前にさかのぼらせる意思を表示したときは、その意思に従う」としているので、停止条件成就による効力発生、または解除条件による効力消滅を、以前の時点に遡らせることはできる。

2―正 条件の成否未定の間は、相手方の利益の侵害は禁止される（128条）。

3―誤 129条は「条件の成否が未定である間における当事者の権利義務は、一般の規定に従い、処分し、相続し、若しくは保存し、又はそのために担保を供することができる」としている。処分も可能である。

4―誤 条件が法律行為の時に既に成就していた場合、停止条件では「法律行為は無条件」であり、解除条件では「法律行為は無効」となる（131条1項）。逆に、条件が不成就に確定していた場合は、停止条件では「法律行為は無効」であり、解除条件では「法律行為は無条件」である（同条2項）。

5―誤 134条は、本肢のような、条件が単に債務者の意思のみに係る「純粋随意条件」を付した法律行為を、無効とする。たとえば、「売る気になったらBの乗用車をBがAに売り渡す」というような条件では、売買契約として効力を生じさせる意思とは認められないということである。

Q38 条件・期限

問 条件及び期限に関するア〜オの記述のうち、妥当なもののみをすべて挙げているのはどれか。 (国家一般改題)

ア 条件の成就によって利益を受ける当事者が故意に条件を成就させた場合、相手方は条件が成就していないものとみなすことができるとするのが、民法130条についての以前からの判例である。

イ 停止条件付法律行為は、条件が成就したときからその効力を失うが、条件の成就が未定の間は有効であり、その法律行為から生ずる相手方の利益を害することはできない。

ウ 期限の利益は、相手方の利益の喪失を担保するならば一方的に放棄することができるが、定期預金契約の利益は銀行と預金者の双方にあるので、銀行は利息をつけても期限前に弁済することができないとするのが判例である。

エ 条件成就の効果の発生時期はその成就した時以前に遡及させることができるが、期限到来の効果は遡及させることができない。

オ 解除条件が法律行為の時に既に成就していた場合は、その法律行為は無条件とされ、解除条件が成就しないことが法律行為の時に既に確定していた場合は、その法律行為は無効とされる。

1 ア、イ、オ 　 2 ア、ウ、エ 　 3 ア、エ
4 イ、オ 　　　 5 ウ、エ

PointCheck

◉期限‥‥‥‥‥‥‥‥‥‥‥‥‥‥‥‥‥‥‥‥‥‥‥‥‥‥‥‥‥‥‥‥‥‥‥‥‥【★★★】
⑴期限の意義
　法律行為の効力の発生・消滅を、実現が確実な事実にかからせること
⑵期限の種類
　①始期と終期
　　始期：法律行為の効力発生に関する期限（債務履行期限）
　　終期：法律行為の効力消滅に関する期限（賃貸借契約の終了期限）
　②確定期限と不確定期限
　　確定期限：期限到来が確定しているもの（○月○日期限）
　　不確定期限：到来は確実であるが時期が不確定なもの（人の死亡）
⑶期限の利益
　期限が到来していない状況で、義務の履行が猶予されているように、期限によって当事者が受ける利益を「期限の利益」とよぶ。期限は、当事者の意思が不明な場合、債務者の利益のために定めたものと推定される（136条1項）。したがって、債務者の利益を債権者が一

方的に奪うことはできないが、債務者が自ら期限の利益を放棄し、期限前に義務を履行することはできる（同条2項）。ただし、債務者に破産や担保不提供などの、信用を失わせるような事情がある場合は、期限の利益を喪失する（137条）。

◉期間の計算··【★☆☆】

単位┬時間（時分秒）┬起算点：即時
　　│　　　　　　　└満了点：その時が満了した時点
　　└日・週・月・年┬起算点：端数がある期間の初日は算入しない（初日不算入）
　　　　　　　　　　└満了点：末日の終了

Level up Point!　時間をかけて問題文を読めば、基本的な知識だけでも正解できるはず。しかし、試験会場で本問のような初見の判例が出されたときに、どう処理するかがポイントだ。教養試験の判断推理・文章理解と共通する、丁寧な読み方が求められている。

A38 正解ー3

ア―正　130条2項に新たに規定が追加されたが、以前から判例は、違約金を請求するため相手方が違反行為をするように誘引した場合に、「条件の成就によって利益を受ける当事者が故意に条件を成就させたものというべきであるから、民法130条の類推適用により、条件が成就していないものとみなすことができると解するのが相当である」とした。

イ―誤　「停止」というのは、条件が成就するまで効力を停止している状態を意味する。条件成就が未定の間は、効力は生じず、条件成就したときから効力を発生する。本肢は解除条件についての記述である。

ウ―誤　期限の利益が双方にある場合も、自らの利益を放棄して、相手方の利益の喪失を填補すれば、期限前の弁済であっても認められる場合がある。判例にも、銀行の定期預金の期限前弁済を認めたものがある（大判昭9.9.15）。

エ―正　条件は、「当事者が条件が成就した場合の効果をその成就した時以前にさかのぼらせる意思を表示したときは、その意思に従う」とされる（127条3項）。しかし、期限の場合は、そもそも事実の発生が確実なものにかからせるのであるから、効力発生を遡らせたいのであれば、その時点を期限にすればよい。期限が複雑になるので期限到来の効果の遡及を認める必要はない。

オ―誤　「解除」というのは、条件が成就すると効力が消滅するのだから、初めから条件が成就しているなら法律行為をなす意味がなく、無効となる。また、成就しないことに確定しているなら、効力が消滅することがないのだから、当事者の意思としては無条件で法律行為をなしたものと考えてよく、無条件となる。

Q39 権利能力なき社団

問 権利能力なき社団等に関する次の記述のうち、判例に照らし、妥当なものはどれか。

(国税専門官)

1　権利能力を有しないY労働組合の組合員Xが、Y労働組合を脱退し、別にZ労働組合を結成した。Xの脱退が組合分裂に基づく場合であっても、XはY労働組合に対して当然に財産分割請求権を有する。

2　権利能力なき社団とされるためには、団体としての組織を備え、多数決の原則が行われ、構成員の変更にもかかわらず団体そのものが存続していることを要するが、代表の方法、総会の運営、財産の管理等団体としての主要な点が確定していることまでは必要ない。

3　権利能力なき社団自身が私法上の権利義務の主体となることはないから、その社団の資産は、その社団の構成員全員に総有的に帰属している。よって、社団の資産たる不動産についても、社団はその権利主体とはなり得ない。

4　権利能力なき社団の代表者が社団の名においてした取引上の債務は、その社団の構成員全員に、一個の義務として総有的に帰属するとともに、社団の総有財産がその責任財産となるのみならず、構成員各自もまた、取引の相手方に対し、直接に個人的債務ないし責任を負う。

5　村長が村議会の議決を得る手続きをとらずに、保証の趣旨で村のために主債務者と共同で約束手形を振り出す行為は、当該手形振出行為が外見上村長の職務行為とみられる場合であっても、民法第44条の「職務を行うについて」に当たることはない。

PointCheck

◉権利能力なき社団に関する判例‥‥‥‥‥‥‥‥‥‥‥‥‥‥‥‥‥‥‥‥‥【★★☆】

⑴権利能力なき社団の要件

　権利能力なき社団といえるためには、①団体としての組織の存在、②多数決が行われること、③構成員の変更があっても団体自体として存続すること、④団体としての主要な点（代表の方法、総会運営、財産管理等）が確定していることが必要である（最判昭39.10.15）。

⑵権利能力なき社団の財産の帰属

　構成員全員に総有的に帰属する。各構成員には、共有持分や共有物分割請求権はない。したがって、権利能力のない労働組合から脱退した者に、財産の分割請求権はない（最判昭32.11.14）。

⑶権利能力なき社団の不動産の登記

　権利能力なき社団の資産たる不動産の登記は、その代表者が構成員全員の受託者としての立場で、自己の名ですることができるのみであって、社団名義の登記や社団の代表者である肩書きをつけて個人名義の登記をすることは許されない。社団の代表者が変更したときは、旧代表者に対して移転登記の請求権を持つのは、社団ではなく、新代表者である（最判昭47.6.2）。

⑷**権利能力なき社団の債務の責任を負う者**

　権利能力なき社団の債務は、構成員全員に１個の債務として、総有的に帰属する。その責任財産となるのは、社団の総有財産だけであって、各構成員は取引の相手方に対し直接に個人的責任を負うことはない（最判昭48.10.9）。

Level up Point!

　肢5は、「村長が村議会の議決を得ずに……」とあることから、手形の振り出しには、村議会の議決が必要となっていることを知ることができる。とすると、村議会の議決のない手形振出行為は効力に問題があることになりそうである。そこで、この村長の行為を村長の「職務を行うについて」なされたものとして、村の不法行為の成立が問題となっていることがわかる。「職務を行うについて」といえるか否かについては、外形的に判断するというのが判例・通説の立場であり、村が問題となる場合でもその点は同じである。こう考えると、肢5が、「当該手形提出行為が外見上村長の職務行為とみられる場合であっても……」としている点が誤りだと気付くであろう。

A39　正解―3

1―誤　労働組合云々となっているが、内容としては、権利能力なき社団の財産は構成員全員の総有になっているから、各構成員に持分権はなく、したがって、脱退にあたって持分の返還を請求することもできないという点を問うものである。判例は、登記をしていない労働組合を権利能力を有しない社団であるとした上で、その財産は社団を構成する総社員の総有に属し、総社員の同意をもって総有の廃止などの処分をしない限り、現社員も脱退社員も分割請求権を有しないとした（最判昭32.11.14）。

2―誤　後半部分の、代表の方法，総会の運営，財産の管理等団体としての主要な点が確定していることも必要である（最判昭39.10.15）。判例があるが、たとえ判例を知らなくとも、「代表の方法など団体としての主要な点が確定していなくてもよい」、という記述は明らかに誤りと気付くべきである。

3―正　その通りである。構成員全員が総有として一つの所有権を持つことになる。そのため、社団資産たる不動産についての登記の方法に苦慮している。

4―誤　構成員各自は、会費を出してしまえばそれ以上の責任を負わない。社団債権者は社団の財産に対してしか責任を追及できない。総有的法律関係においては、個々の構成員には潜在的な持分が認められないからである。

5―誤　「職務を行うについて」（現一般社団法人財団法人法78条）といえるか否かの判断は、外形上職務行為と見えたかどうかを基準として行う（判例）。

Q40 失踪宣告

問 民法に規定する失踪宣告に関する記述として、通説に照らして、妥当なものはどれか。

(地方上級)

1 失踪宣告は、利害関係人または検察官の請求により家庭裁判所が行うが、この利害関係人には、失踪宣告に法律上の利害関係を有する者のみならず、単に事実上の利害関係を有する者も含まれる。

2 失踪宣告を受けた者は、不在者の生死が明らかでないときは、7年間の失踪期間の満了時に、沈没した船舶の中に在った者で生死が明らかでないときは、船舶の沈没した後1年を経過した時に、それぞれ死亡したものとみなされる。

3 失踪宣告は、失踪者の従来の住所を中心とする法律関係において、失踪者が死亡したのと同じ法律効果を求めるもので、権利能力を消滅させるものではないから、失踪者が生存していた場合に他の場所でした法律行為は有効である。

4 失踪宣告は、失踪者が失踪宣告によって死亡したとみなされた時と異なった時に死亡したことの証明があった場合には、家庭裁判所の取消しがなくても当然にその効力を失う。

5 失踪宣告により財産を得た者は、失踪者の生存による失踪宣告の取消しで権利を失い、善意・悪意にかかわらず、現存利益ではなく、失踪宣告により得たすべての財産を返還する義務を負う。

PointCheck

●失踪宣告の取消し（32条）⋯⋯⋯⋯⋯⋯⋯⋯⋯⋯⋯⋯⋯⋯⋯⋯⋯⋯⋯⋯⋯【★★☆】

失踪宣告の取消しは、本人または利害関係人の請求により、家庭裁判所が行う。失踪宣告の取消しが行われるのは、①失踪者が現に生存していることの証明があった場合、②宣告によって死亡したとみなされる時と異なる時に死亡したことの証明があった場合、である。②については、失踪期間進行中に生きていたことの証明があった場合も含むと解されている。なぜなら、そのような場合には失踪期間の起算点を変更しなければならないからである。

●失踪宣告の取消しがあった後の処理⋯⋯⋯⋯⋯⋯⋯⋯⋯⋯⋯⋯⋯⋯⋯⋯⋯⋯【★★☆】

①失踪宣告により直接に財産を得た者は現存利益を返還すればよい（32条2項）。

例えば、夫Aの失踪宣告により相続が開始し、妻BがAの財産500万円を相続したとする。Bが海外旅行などにより500万円全部を使い果たしたときは、現存利益はないことから返還義務はまったくない。しかし、半分の250万円を自分の借金の返済や生活費に充てていたという場合には、この250万円は現存利益として返還しなければならない。なぜなら、借金の返済や生活費はどうしても必要な金銭であるから、相続財産をそれに充てればどこかでその分は浮いていることになるはずだからである。

②失踪宣告があった後、取消しまでの間に善意で行っていた行為は有効のまま（32条1項後段）。

問題でPoint を理解する
Level 2 **Q40**

第1章
第2章
第3章
第4章
第5章
第6章
第7章
第8章
第9章
第10章

例えば、上の事例で妻Bが夫Aの土地も相続していて、宣告の取消し前にその土地を第三者Cに譲渡していたとする。この場合、取消しにより相続がなかったことになると、B＝無権利者、C＝無権利者ということになり、CはAに土地を返さなければならないことになる。しかし、それでは取引の安全を害するので、BとCがともに善意の場合（Aの生存していることや他の時点で死亡したことを知らなかった場合）には、ＢＣ間の取引は有効なままにしておくこととしたのである。

Level up Point!　肢1は、素直に読めば、「単に事実上の利害関係を有する者も含まれる」という点がおかしいとも感じてほしい。民法で利害関係が問題となる場合はほかにもあるが、事実上の利害関係でよいという場合はないのが原則だと思ってよい。

Ａ40 正解—3

1—誤　失踪宣告の請求権者に検察官は入っていない。なぜなら、失踪宣告は、人の死亡を擬制するものであり、家族の心情を考えると、公益的見地から検察官が失踪宣告を求めるのは不当だと考えられたからである。

2—誤　本肢後半の「沈没した船舶の中にいた者」の場合、すなわち、特別失踪の場合に、死亡とみなされる時点は、「危難の去った」時であって、それから1年が経過した時ではない。船舶が沈没した後、船内で1年間も生きていたと扱うのは適当ではないからである。

3—正　失踪宣告は、本人が残していった法律関係を整理することを目的とするものであり、その趣旨からいって、本肢のように扱えば十分なのである。失踪宣告は、本人のかつて暮らしていた住所を中心とする法律関係において、死亡を擬制し相続を発生させるのである。

4—誤　本肢のような場合には、失踪宣告の取消しがなされるべきである。当然に失踪宣告が失効するのではない。

5—誤　32条2項は、失踪宣告により財産を得た者は、現存利益を返還すれば足りると規定している。この規定は、善意・悪意を区別することなく、現存利益でよいとしているが、通説は、善意の者に限るべきだと解している。もっとも、この点の争いは本肢を解くにあたって考える必要はない。

第5章 時効

Level 1 p92〜p105　　Level 2 p106〜p111

1 時効制度

Level 1 ▷ Q41,Q43　Level 2 ▷ Q48

(1)時効の意義 ▶p92
一定の事実状態が一定期間継続したときに、その事実状態を権利関係と認める制度
(2)時効の制度趣旨
①一定期間継続している事実状態の上に築かれる法律関係の安定を図る。
②過去の事実の立証の困難を救済する。
③権利の上に眠る者は保護しない。

2 時効の種類

Level 1 ▷ Q41

(1)取得時効
一定の事実状態が一定期間継続することに基づいて、権利の取得を認める場合
(2)消滅時効
権利の不行使という事実状態が一定期間継続したことに基づいて、権利を消滅させる場合

3 取得時効の要件

Level 1 ▷ Q41,Q43　Level 2 ▷ Q49

(1)占有の継続 ▶p93
①自主占有（所有の意思がある占有）であること（買主・泥棒○、賃借人・受寄者×）
②平穏・公然
(2)客体
自己の物でも時効取得の主張可能（→自己の物であることの立証の困難を救うため）
(3)時効期間 ▶p92
原則　20年　　例外　占有開始時に善意・無過失のときは10年

4 消滅時効の要件

Level 1 ▷ Q42,Q43　Level 2 ▷ Q48

(1)権利を行使できる（＝行使に障害がない）のに一定期間行使しないこと
(2)時効期間 ▶p94
①主観的起算点：債権者が権利を行使することができることを知ってから「5年」
　客観的起算点：権利を行使することができる時から「10年」
　　※いずれか早い方の経過によって時効消滅
②債権・所有権以外の財産権は権利行使できる時から「20年」
③不法行為による損害賠償請求権の特則（724条）
　損害および加害者を知った時から「3年」

不法行為の時（＝権利を行使できる）から「20年」

④人の生命又は身体の侵害による損害賠償請求権

　損害および加害者を知った時から「5年」

　権利を行使することができる時から「20年」

※消滅時効にかからない権利：所有権、所有権に基づく物権的請求権・共有物分割請求権・
　登記請求権、抵当権（債務者・設定者との関係でのみ）

5 時効の援用と放棄

Level 1 ▷ **Q44～Q47**　Level 2 ▷ **Q50**

(1)援用権者 ▶p102 ▶p110

時効は、当事者（時効によって直接に利益を受ける者）が援用しなければ、裁判をすることができない。消滅時効にあっては、保証人、物上保証人、第三取得者その他権利の消滅について正当な利益を有する者を含む。

(2)時効の利益の放棄

①時効完成前にあらかじめ放棄することはできない。

②時効の完成を困難にする特約も無効。

③時効の完成を知った上で放棄することが必要。

　※時効の完成を知らずに、時効の利益を放棄するような言動（例「借金の存在を認めて、
　　支払いの猶予を求める」等）をした場合→信義則による援用権の喪失

(3)援用・放棄の効果 ▶p98

相対効（時効の利益を受けるか否かは、当事者各人の意思に委ねる）

6 時効の完成猶予と更新

Level 1 ▷ **Q44,Q46,Q47**

(1)時効の完成猶予：法定された事由が終了するまで、時効が完成しない

時効の更新：進行してきた期間が効力を失い、新たな時効期間が進行

①裁判上の請求、支払督促、和解・調停、破産等手続参加→「完成猶予」

　→確定判決で権利が確定し「時効の更新」

②強制執行、担保権の実行、競売等→「完成猶予」→手続等終了で「時効の更新」

③仮差押、仮処分→手続等終了から6ヶ月「完成猶予」

④催告→（内容証明郵便で請求など）催告の時から6ヶ月「完成猶予」

⑤承認→債務者が権利を承認した時「時効の更新」

⑥天災や相続未確定などで時効更新が困難な場合の「完成猶予」

(2)取得時効の自然中断事由

継続してきた占有を失う（任意放棄・侵奪）

第1章
第2章
第3章
第4章
第5章
第6章
第7章
第8章
第9章
第10章

Q41 取得時効

問 民法上の所有権の取得時効に関する記述として正しいのはどれか。 （地方上級）

1 　取得時効の完成後には、時効の利益を放棄することはできないが、完成前であればあらかじめこれを放棄することができる。

2 　取得時効が成立するための要件である占有期間には、自己の占有の期間だけではなく、前主の占有期間をも合算することができる。

3 　物が他人の所有に属することを知りながらその占有を始めた者は、占有が10年継続したところで、その物の所有権を取得する。

4 　取得時効が完成している場合には、当事者の援用を必要とせず、裁判所は時効を援用して裁判をすることができる。

5 　取得時効期間の満了前に物の占有を他人によって奪われたとしても、取得時効は中断することはない。

PointCheck

●時効制度の概要‥‥‥‥‥‥‥‥‥‥‥‥‥‥‥‥‥‥‥‥‥‥‥‥‥‥‥‥‥‥【★★★】

(1)時効の意義

　時効とは、時の経過が法律要件となって、権利の得喪という法律効果を生じる制度である。

(2)時効の目的・趣旨

　時効制度の目的は、時効期間中の事実関係を保護することにある。真の権利者の立場からは、不公平な制度のようにも思えるが、①事実状態の尊重が法的安定に資し、②権利の上に眠れる者は保護に値しない、③立証の困難性を救うなどの制度趣旨の下に作られた制度なのである。

(3)時効の効力

　時効の効力はその起算日に遡る（144条）。取得時効の場合には、時効取得者が占有を開始した日から所有者であったとして扱われ（占有中の収益は不当利得とならない）、しかも、原権利者から承継したのではなく原始的に取得したと構成される。

(4)時効の援用

　時効が完成しても、当事者が援用しなければ、裁判所は時効を前提に裁判をすることができない（145条）。債務の時効消滅などで得をすることを潔しとしない者もいるだろうということで、時効の利益を受けるかどうかを当事者の意思に委ねる趣旨である。

●取得時効と占有期間の合算‥‥‥‥‥‥‥‥‥‥‥‥‥‥‥‥‥‥‥‥‥‥‥‥【★★★】

　時効進行中に占有者AがBに占有物を譲渡し引き渡したとしても、Bは所有権を取得することはできない。しかし、Aがそれまでその物を占有していた期間の法的効果は、Bが承継できると考えられ、Bは自己の占有期間にAの占有期間を合算して時効を主張することも可

能となる。この場合、Ｂの占有はＡの占有の継続したものととらえることができるので、占有の開始時点はＡの占有開始時になり、Ａが占有開始時に善意・無過失であれば、たとえＢが悪意占有者であっても、Ｂは10年の時効期間を主張することができる（もちろん、Ｂは合算しないで自分の占有期間のみでの時効取得を主張することも可能である）。

❖取得時効と占有期間の合算

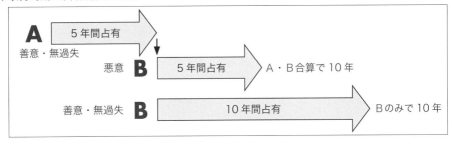

A 善意・無過失　５年間占有

悪意 B ５年間占有　Ａ・Ｂ合算で10年

善意・無過失 B 10年間占有　Ｂのみで10年

A41 正解—2

1—誤 記述の内容が逆である。時効の利益の放棄は、時効が完成して、援用するのも放棄するのも自由になった時点でなすべきものである。もしも、時効完成前にも放棄ができるとすれば、債権者は融資をする段階で放棄させることが可能となり、時効の制度趣旨が実現できなくなってしまう。

2—正 取得時効の期間が進行中に、占有者が占有物を譲渡しその物を引き渡した場合には、譲受人は、譲渡人がそれまで占有していた効果を承継できる。その結果、譲受人は、前主たる譲渡人の占有期間を合算して時効期間を主張することも、譲受人の下で始まった占有のみを主張することも、どちらも自由となる。

3—誤 所有権がないことを知っていた場合は、悪意の占有者となる。悪意占有者は20年間所有の意思をもって占有を継続しなければならない。

4—誤 時効が完成しても（ここで完成というのは、時効期間が満了した状態をいう）、援用がない間は時効の効果はまだ発生しておらず、当事者の援用によって効果の発生が確定されない限り、裁判所は時効に基づいて裁判をすることはできない。

5—誤 取得時効は、物の占有状態の継続によって生ずる社会の信頼を保護するものであるから、物の占有を失えば当然に進行しなくなる。これが、自然中断である。占有の喪失は、自分で占有するのをやめた場合であると、第三者によって侵奪された場合であるとを問わない。もっとも、占有回収の訴えによって目的物を取り戻した場合には、占有を失っていた間も占有が継続したものとなるから、自然中断もなかったことになる。

Q42 消滅時効

問 消滅時効に関する次の記述のうち、妥当なものはどれか。 (地方上級)

1 期間の定めのない債権の消滅時効は、請求の時から進行するが、不確定期限付債権の消滅時効は、期限の到来を債務者が知った時から進行する。

2 非債弁済による不当利得返還請求権の消滅時効は、権利発生の時から進行するが、不法行為による損害賠償請求権の短期消滅時効は、不法行為の時から進行する。

3 同時履行の抗弁権が付着した期限付債権の消滅時効は、同時履行の抗弁権がなくなり、権利行使についての法律上の障害が取り除かれた時から進行する。

4 10年より短い期間で時効にかかる債権であっても、いったん確定判決や裁判上の和解などによって時効が更新された場合は、その時効期間は10年となる。

5 割賦払契約において、1回でも支払いを怠ればただちに残余額の支払いを請求できる旨の特約がある場合に、債務者が1回支払いを怠ったときは、不払いの時からただちに残額全部の消滅時効が進行するとするのが判例である。

PointCheck

◉消滅時効の起算点について‥‥‥‥‥‥‥‥‥‥‥‥‥‥‥‥‥‥‥‥‥‥‥‥‥‥【★★★】

消滅時効の客観的起算点は、権利の行使について障害がなくなった時から進行する。

(1)具体的な起算点

	①確定期限付債権の場合	②不確定期限付債権の場合	③期限の定めのない債権の場合
起算点	期限到来時	期限到来時	債権成立の時
例	来年の6月29日に返還するという約束の場合は、6月29日の到来した時から消滅時効が進行する。	出世払い債務の場合は、出世するかしないかが確定した時から消滅時効が進行する。	代金はいつでも払うという約束の場合は、契約した日から消滅時効が進行する。

(2)特に注意すべき起算点

①債務不履行による損害賠償請求権→本来の債務の履行を請求できる時から

損害賠償請求権は本来の債務と同一性があるから。

②不法行為債権→加害者と損害の両方が判明した時（から3年）

③返還時期の定めのない消費貸借→契約成立時から相当の期間経過後

消費貸借の目的物（金銭など）は、借りたら使っているので、すぐに返せといわれても困るので、債権者は相当の期間を置かなければ返還を請求できないと規定されている（591条1項）。

④同時履行の抗弁権のあることは法律上の障害ではない→時効は進行

例えば、AがBに自動車を売却した場合、AがBに代金の支払いを請求してもBは自動

車の引渡しと交換に代金を払うと主張して代金の支払いを拒むことができる（同時履行の抗弁権）。このようにBに同時履行の抗弁権があると、Aは自己の請求が拒まれることになるが、これを法律上の障害と見る必要はない。なぜなら、この場合には、Aが自分の義務である自動車の引渡しを提供すれば済むことだからである。

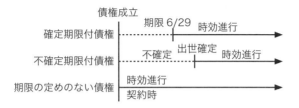

●判決等で確定した権利の消滅時効期間の延長の理由⋯⋯⋯⋯⋯⋯⋯⋯⋯⋯⋯⋯⋯⋯【★★☆】

5年の消滅時効は、権利を行使できることを知っているのに放置している状況なので、法律関係を早期に安定化させ、かつ立証の困難を救済するために5年とされていると考えられる。しかし、いったん確定判決で権利が確定すれば、法的関係に疑義はなくなる。そこで、権利が争いになって判決でその内容が公的に明らかになったり、あるいは裁判上の和解があって内容が確定したときには、時効期間は通常の10年にしてよいことになる。そこで、民法は、10年より短い時効期間の定めがあるものであっても、確定判決や裁判上の和解など確定判決と同一の効力を有するものによって確定された権利の時効期間は10年とすると規定した（169条）。

A42 正解—4

1—誤 期間の定めのない債権の消滅時効は、債権成立の時から進行し、不確定期限付債権の消滅時効は、期限到来の時から進行する。本肢は、履行遅滞となる時点を述べている。

2—誤 前半は正しい。後半の不法行為債権の場合は、被害者側が損害および加害者を知った時から進行する（724条1号）。

3—誤 同時履行の抗弁権は、こちらが弁済の提供をすれば失わせることができるものであるから、権利行使の法律上の障害とはいえないと解されている。

4—正 債権の存在が公的に確定された以上、短期で消滅させる必要がなくなるからである（169条）。

5—誤 本肢のような特約を「期限の利益喪失約款」というが、これには、1回でも支払いを怠れば自動的に残額の期限が到来するタイプと、債権者の請求により残額の期限が到来するタイプとがある。本肢は後者のタイプと解されるが、この場合の消滅時効につき判例は、債権者の残額の請求の意思表示の時から進行するとしている。

Q43 時効の効果

問 時効の効果に関する次の記述のうち、正しいものはどれか。 (国家一般)

1 取得時効において、時効期間進行中に生じた果実については原権利者がこれを取得し、時効完成後に生じた果実については時効取得者がこれを取得する。

2 時効によって権利を取得する者から時効期間進行中にその目的物を買い受けた者は、時効が完成した時から将来に向かって所有権を取得する。

3 取得時効において、時効期間進行中に目的物が損傷されたことによる損害賠償請求権は、原権利者が取得するのであって、時効完成後も時効取得者に移転することはない。

4 利息付債権の消滅時効において、支払いを怠っていた利息については別個に時効が進行するから、元本について消滅時効が完成してもすでに発生した利息債務は存続する。

5 時効によって消滅した債権が、その消滅以前に相殺適状にあったときは、消滅した債権を自働債権として相殺することができる。

PointCheck

◉「時効の効果が起算日に遡る」ということの帰結の整理 ……………………【★★★】

時効は、長い間続いていた事実状態に対する社会の信頼を保護するために、その事実状態をそのまま真実の権利関係にしてしまおうとする制度である。したがって、時効の効力は起算日に遡るものとされている（144条）。具体的には以下のようなことになる。

(1)取得時効の場合

①時効期間進行中に生じた果実（天然果実・法定果実）は、時効取得者のものとなる。なお、時効完成前でも、善意の占有者には果実収取権があるから、時効完成により果実を取得できることに意味があるのは悪意の占有者ということになる。

※天然果実とは土地の収穫物など、法定果実とは建物の賃貸料など

②時効期間進行中に目的物を破壊されたことによる損害賠償請求権は、時効取得者が取得する。

③時効期間進行中に、占有者から目的物を買い受けた者は、所有権を取得できる。

(2)消滅時効の場合

時効期間進行中に発生していた利息支払義務や遅延賠償責任などは、発生しなかったことになる（債務は起算日の時点で消滅したと思えばよい）。

◉時効と相殺について……………………………………………………………【★★★】

これは、例えばBに100万円を貸してあったAが、Bから車を100万円で買ったとする。Aとしては、代金はBに貸してあった100万円と相殺しようと考えていたが、相殺の意思表示をしないまま時が経過し、Aの貸金債権が消滅時効にかかってしまった。この場合、理論的には、Aの貸金債権はもう消滅時効にかかってしまっているのであるから、Aがこれを

問題でPointを理解する
Level 1 **Q43**

第1章
第2章
第3章
第4章
第5章
第6章
第7章
第8章
第9章
第10章

自働債権として代金債務との間で相殺することはできないはずである。しかし、それでは、Bに対して100万円の代金債務を負った時点でいつでも相殺できるものと考えていたAに不利益を与えることになる。そこで民法は、時効によって債権が消滅した場合でも、消滅する前から相殺できる状態（相殺適状）にあった場合には、その債権が時効によって消滅した後であっても自働債権として相殺に供することができると規定した（508条）。

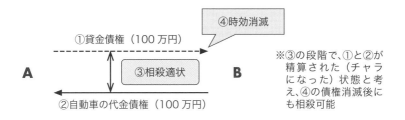

①貸金債権（100万円）
④時効消滅
③相殺適状
②自動車の代金債権（100万円）
A　　　B

※③の段階で、①と②が精算された（チャラになった）状態と考え、④の債権消滅後にも相殺可能

A43 正解—5

1—誤　時効の効力は、その起算日に遡るとされている（144条）。したがって、取得時効では、取得者は占有開始の時から権利者だったものと扱われ、時効完成後に生じた果実はもちろん、時効期間進行中に生じた果実も時効取得者が取得できることになる。

2—誤　時効の効力はその起算日に遡るから、時効完成により、譲渡人は、目的物を譲渡した時には所有者だったということになり、譲受人は、譲り受けた時点で所有権を取得していたことになる。

3—誤　時効の効力はその起算日に遡るから、時効完成後は、時効期間進行中の所有者は原権利者ではなく時効取得者だったことになる。したがって、目的物を損傷した不法行為者は、時効取得者の所有物を損傷したことになり、時効取得者が損害賠償請求権を取得することになる。

4—誤　時効の効力はその起算日に遡るから、元本債権が時効により消滅したときは、始めから元本債権はなかったことになり、すでに発生していた利息も発生しなかったことになり、支払う必要はなくなる。

5—正　時効によって消滅した債権であっても、消滅前に債務者との間で相殺適状が生じていたときは、債権者は時効によって消滅した債権を自働債権として相殺できる（508条）。「時効消滅以前」にその債務者との間に「相殺適状」があったことが必要となる。

Q44 時効の援用

問 時効に関する記述として明らかに誤っているものは、次のうちどれか（争いのあるとき
は、判例の見解による）。　　　　　　　　　　　　　　　　　　　　（裁判所職員改題）

1　保証債務の消滅時効が承認により更新した場合は、主たる債務についても時効更新の効
力が生ずる。

2　時効により不動産の所有権を取得しても、その登記がないときは、時効完成後に旧所有
者から不動産の所有権を譲り受け登記を経た者に対し、所有権の取得を対抗することはで
きない。

3　抵当不動産の所有権を譲り受けた第三者は、抵当権の被担保債権の消滅時効を援用する
ことができる。

4　不動産の所有権を時効取得した者は、時効期間中にその不動産から生じた果実の所有権
を取得することができ、例え悪意の占有者であっても果実の返還義務を負わない。

5　不確定期限が付されている債権は、期限が到来したことを債権者が知らなくても、到来
の時から時効が進行する。

PointCheck

●時効援用に関する学説 ……………………………………………………………【★★☆】

(1)確定効果説（攻撃防禦方法説）	(2)不確定効果説（条件説）	(3)訴訟法説（証拠方法提出説）
時効の完成により権利の得喪は確定的に生じ、援用は訴訟上の攻撃防禦の方法であるとする。	時効完成の効果・援用・放棄のすべてを実体法の面で統一し、時効の完成により不確定的に（あるいは放棄を解除条件、援用を停止条件として）権利の得喪を生ずるものとする。	時効の存在理由を継続的事実の推定力（証拠価値）に置き、すべて訴訟法の面で統一して、時効をもって訴訟法上の証拠方法としての性格を持つものとし、援用は証拠の提出であるとする。

※判例は、不確定効果説の中の「援用を停止条件とする」という立場に立つものと考えら
れる。

●抵当権の消滅時効について ……………………………………………………………【★★☆】

民法は、債権または所有権以外の財産権は20年間行使しないときは消滅する、と規定し
ているが（166条2項）、この規定を担保物権にも適用すると、抵当権も実行可能になった
ときから20年で時効によって消滅することになる。しかし、これは不当である。担保物権
は被担保債権を担保するために設定されたものであるから、被担保債権が存続するのに担保
物権だけが独立して消滅することを認めるべきではない。そこで、抵当権についての判例は、

以下のようになっている。

①抵当権は、債務者本人や物上保証人との関係では、被担保債権から独立して抵当権だけが消滅時効にかかることはない。

②しかし、債務者や物上保証人以外の者、例えば、第三取得者や後順位抵当権者との関係では、抵当権だけが消滅時効にかかる。

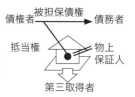

●**保証債務と時効完成猶予・更新の効力**……………………………………【★★★】

　時効の完成猶予・更新の効力は完成猶予・更新事由の当事者（および承継人）間でしか発生しないというのが原則である（153条）。これは、真実の権利関係が明瞭になったといえるのは完成猶予・更新事由の当事者間でだけだからである。しかし、保証人に関しては例外がある。すなわち、主たる債務について時効の完成猶予・更新がなされれば、その効力は、保証人にも及ぶと規定されている（457条1項）。これも担保は被担保債権（主たる債務）から独立して消滅することが不当だと考えられた結果である。

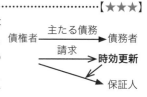

A44 　正解―1

1―誤　時効完成猶予・更新の効果は相対的であるのが原則であるから、保証債務の消滅時効の完成猶予・更新があっても、主たる債務についてまでその効力を及ぼさない。しかし、逆の場合、すなわち主たる債務の時効の完成猶予・更新があった場合には、その効果は保証債務に及ぶ。これは保証債務の付従性に基づく。主たる債務がまだ残っているのに保証債務が時効により消滅するのは不当だからである。本肢は保証債務について更新した場合であるから、主たる債務は時効更新しないので誤りとなる。

2―正　時効完成後に旧所有者から譲り受けた者と時効取得者の関係は、これを二重譲渡と同様に扱うのが判例である。

3―正　時効の援用権を有する者とは、時効によって「直接に」利益を受けるといえる者でなければならない。抵当不動産の第三取得者は、被担保債権の消滅時効によって抵当権の負担から解放されるのであり、時効によって直接に利益を受ける者といえる。よって、抵当不動産の第三取得者には被担保債権の消滅時効の援用権が認められる（145条、判例）。

4―正　時効の効果は起算日に遡って生ずるから、時効が完成した暁には、時効期間進行中に生じていた果実は自己の所有する元物から生じたものとなり、悪意の占有者であってもその果実を返還する必要はなくなる。

5―正　不確定期限が付されている債権は、期限が到来すれば、それを債務者が知ると否とに関係なく、請求可能になる。よってその消滅時効は、不確定期限到来の時から進行する。

Q45 時効制度

民法上の時効に関する次の記述のうち、妥当なのはどれか。　　　（国税専門官改題）

1　保証人は抗弁権を有しているので主たる債務の消滅時効を援用できるが、連帯保証人にはそのような抗弁権はなく、主たる債務の消滅時効を援用できない。

2　時効期間は一般に法定されているが、当事者が任意に合意すれば、これを変更することもできる。

3　所有権は取得時効の対象となるが、消滅時効の対象とはならない。また自己の所有物についても、時効取得することができる。

4　10 年の時効期間の 6 年目に時効が更新した場合、更新事由が消滅した後、4 年を経過すれば時効は完成する。

5　時効の完成と援用により前所有者は所有権を失うが、目的物に抵当権を有していた者は、登記をしていれば時効取得者に対抗できる。

PointCheck

●普通の保証人と連帯保証人（詳細は「民法Ⅱ」第 3 章を参照）………………………【★★☆】

　普通保証と連帯保証に共通しているのは、どちらも主たる債務を担保するために存在しているという点である。このことから、主たる債務なしには保証債務は存在し得ないという性質（成立における付従性や消滅における付従性）が認められてくる。この付従性により、主たる債務が消滅時効にかかって消滅するときは、保証債務や連帯保証債務もそれにつられて消滅することになる（付従性による消滅）。このようなことから、保証人も連帯保証人も、時効によって、直接に利益を受ける者（時効の当事者）として、時効の援用権が認められている（145 条、判例）。

　なお、普通保証と連帯保証の主な相違点は、普通保証には、主たる債務の補充としての性格があり、保証人が責任を負うのは主たる債務者が弁済できないときでよいとされているが（催告の抗弁権・検索の抗弁権）、連帯保証ではそのような抗弁権がない点である。

●時効期間の変更の合意の可否……………………………………………………………【★★☆】

　時効の利益は事前に放棄することができないとされている。これにより、債権者が融資をするにあたって融資を受ける者に対し「今、時効の利益を放棄せよ」と迫ることを封じることができる。とすれば、債権者が「時効期間は 100 年間とすることに同意せよ」というのも封じる必要がある。そこで、時効期間を延長して時効の完成を困難にする合意は無効になると解されている。これに対し、時効期間を短くして時効の完成を容易にする合意は許されると解されている。

問題でPoint を理解する
Level 1 Q45

第1章
第2章
第3章
第4章
第5章
第6章
第7章
第8章
第9章
第10章

●**自己の物と取得時効**………………………………………………………………【★★★】

　民法は、取得時効について「他人の」物を占有した場合、と規定している（162条）が、占有していた物がもしも自分の所有物だったとしたら、時効による取得を主張してはいけないのだろうか。この点について時効の制度趣旨から考えると、時効は真実の権利関係は不問に付して、永続してきた事実状態を権利関係として認めようとするものである。とすれば、たとえ自分の物であったとしても取得時効に必要な期間、占有がなされていたのであれば、時効による権利取得を主張させてもかまわないと考えられる。判例も、自分の物であっても時効取得は可能であるとしている。

●**不動産賃借権と取得時効について**……………………………………………………【★★☆】

　一般的にいって、債権は取得時効によって取得されるものではない。債権は、債務者に対して一定の行為を要求する権利であるから、権利の内容となる事実状態の継続というものが考えにくいからである。しかし、賃借権については、債権ではあるが別に考えることが可能である。賃借権は物を使用・収益することのできる権利であり、権利の内容を事実として継続させることが可能だからである。そこで、物権化したといわれている不動産賃借権について、判例は取得時効の成立を肯定した。

　不動産賃借権を時効によって取得する要件は、①土地の継続的用益という外形的事実の存在、②それが賃借の意思に基づくことが客観的に表現されていることである。

A45　正解－3

1—誤　連帯保証人にないのは、補充性に基づく「催告の抗弁権」と「検索の抗弁権」である。主債務の時効の援用権についてはこの補充性とは関係がない。保証人と同様、連帯保証人にも援用権は認められる。

2—誤　時効期間を変更する合意は、それが時効完成を容易にするものであれば有効であるが、時効完成を困難にするものであるときは無効と解されている。したがって、時効期間を短縮するのはよいが、長くするのは無効である。本肢は、どちらも有効と扱う点で妥当でない。

3—正　所有権が消滅時効にかかり消滅してしまうことは認められない（所有権絶対の思想の表れ）。また、自己の所有物であっても取得時効の対象となり得る（判例）。

4—誤　時効の更新というのは、真実の権利関係が明らかになったことにより、それまでに進行してきた時効期間が吹っ飛んでしまうものである。したがって、更新後に進行を再開する時効は、またゼロから始まることになる。

5—誤　時効完成前の第三者（抵当権者）との関係では、時効取得者は登記なしに時効による取得を対抗できる。時効による取得は、原始取得であるから、抵当権などの負担も消滅した「きれいな」権利を取得する。

Q46 援用・放棄、更新

1 主たる債務者が消滅時効を援用せず、保証人がその主たる債務の時効を援用した場合、援用の効果は相対的であるため、債権者は、主たる債務者に対しその債務の履行を請求できる。

2 時効の利益は、時効完成前に放棄することができるが、長期にわたる事実状態を尊重し、過去の権利関係の証明の困難を救済して法律関係の安定を図る時効制度の趣旨から、時効完成後には放棄することはできない。

3 時効の更新事由のうち承認は、単に相手の権利の存在を認める行為に過ぎず、承認を行うには管理の能力を要しないため、未成年者が法定代理人の同意を得ずに行った承認については取り消すことはできない。

4 占有による所有権の取得時効の要件は、平穏かつ公然に占有したことであるが、占有者が土地所有者から土地の返還請求を受けた事実がある場合、平穏の占有でなくなる。

5 債権者と債務者が書面により、債権の消滅時効の期間を延長して20年とする特約をした場合、時効制度には私的自治の原則が適用されるため、その特約は有効である。

PointCheck

◉時効更新事由としての「承認」 ……………………………………………………【★★☆】

更新行為としての「承認」とは、時効期間進行中に、時効によって利益を受ける当事者が、時効によって利益を失う者に対して、その権利の存在することを知っている旨を表示すること（観念の通知）である。

承認について、152条2項は、「承認をするには、相手方の権利についての処分につき、行為能力の制限を受けていないこと、または権限があることを要しない」と規定する。この規定は、反対解釈され、処分の能力（や権限）までは要らないが、少なくとも管理の能力（や権限）は必要だと解されている。その結果、管理の能力までならあるといえる、被保佐人や被補助人は単独で「承認」をなし得るが、管理の能力すらない未成年者や成年被後見人はできないということになる。

◉時効の援用・時効の利益の放棄の効果………………………………………………【★★☆】

時効は、不徳義な面のある制度であるから、時効の利益を受けるか否かを各人の意思に委ねようというのが、援用と放棄が認められる理由である。つまり、援用と放棄は各人の道義心を尊重するためにあるものなのである。それゆえ、時効の援用の効果も時効の利益の放棄の効果も、それをなした者についてのみ発生し、他の者には影響を及ぼさない（相対効）。

したがって、保証人がいる場合には、主債務者は援用せず（あるいは放棄をなし）、保証人は援用するということも可能である。保証人の目には主債務が消えてなくなっているよう

に見えるが、主債務者にはまだ残っているように見えるのだとイメージするとよい。

●**取得時効の要件の推定**‥‥‥‥‥‥‥‥‥‥‥‥‥‥‥‥‥‥‥‥‥‥‥‥‥‥‥【★★★】

　所有権の取得時効の要件は、①所有の意思、②平穏・公然、③善意、④無過失、⑤占有の継続、などであるが、訴訟になった場合にはこれらの要件の立証が必要となる。しかし、これらの要件を立証することは困難を伴う。そこで民法は、時効による権利取得の立証を助けるために推定規定を置いている。すなわち、186条は、「占有者は、所有の意思をもって、善意で、平穏に、かつ、公然と占有をなすものと推定する」と規定している。この規定により、①②③の要件は推定されることになる。さらに、⑤の占有の継続していたことの立証については、186条2項が「前後の両時点において占有をしたという証拠があるときは、占有はその間継続したものと推定する」と規定している。したがって、起算点において占有していたことと、時効完成時点で占有していたことを立証すれば、その間の占有は推定されることになる。残った要件である④だけは推定されないので、これは時効取得者の方で自己の無過失を立証していかなければならない。

●**除斥期間**‥‥‥‥‥‥‥‥‥‥‥‥‥‥‥‥‥‥‥‥‥‥‥‥‥‥‥‥‥‥‥‥‥‥‥‥【★☆☆】

　民法が、権利行使を一定期間内に限定しようという見地から、権利の行使期間を定めている場合の期間を除斥期間と解釈することがある。盗品・遺失物の2年間の回復請求（193条）や、占有回収の訴えの1年間などである。除斥期間は、法律関係の安定を図るために、一定期間経過後は権利の存続を認めないというものである。したがって、①除斥期間には更新・完成猶予がない、②除斥期間は権利の発生時点から進行する、③裁判所が除斥期間を理由に権利の消滅を認定するにあたって当事者の援用は要らない、ことなどがその特徴となる。

A46 正解─1

1─正　時効の援用・放棄の効果は相対的である。本肢のような場合には、債権は保証人のいない無担保債権となって存続している。

2─誤　時効完成後は放棄できるが、完成前には放棄できない。

3─誤　承認には、管理の能力が必要である。未成年者は管理の能力のない者に入るから、未成年者が法定代理人の同意を得ずに行った承認については取り消すことができる。

4─誤　土地所有者から土地の返還請求を受けたというだけでは「平穏の占有」でなくなるとはいえない。裁判上の請求によって完成猶予となることとも調和しない。

5─誤　時効の利益をあらかじめ放棄することができないのと同様に、時効の完成を困難にする特約も無効と解されている。

Q47 時効の更新

問 時効とその更新に関する次の記述のうち、正しいものはどれか。 （地方上級改題）

1 Bは、Aから金銭を借りるに際し、消滅時効の利益を放棄する旨を約しこれを契約書の中に明記した。この場合、時効期間が経過してもBは時効による債権の消滅を主張することができない。

2 債務者が時効の完成していることを知らずに債権者に支払いの猶予を懇請し、債権者が猶予を与えた。この場合、債務者は時効の利益を放棄したことになり、その後時効の援用をすることはできない。

3 Cは、A・Bの共有地を無権限で所有の意思をもって占有していた。Aが単独でCに対し土地の返還を請求した場合、時効完成猶予の効力はAとBについて生ずる。

4 債務者が債務を履行しないので債権者が訴えを提起したが、形式裁判により訴えが却下された。この場合、自ら訴えを取り下げた場合と異なり、時効の更新が生ずる。

5 時効更新の効力が認められる承認をするには、相手方の権利について処分の能力または権限のあることは不要である。

PointCheck

●時効完成後の債務の承認······································【★★★】

　債権の消滅時効が完成した（＝時効期間が満了した）後に、債務者が債権者に対して、「必ず弁済しますので、しばらく待ってください」などと申し出ることを時効完成後の債務の承認と呼んでいる。

　この場合に、債務者が時効が完成していることを承知の上でこのようなことを言ったのであれば、時効の利益を放棄したものと解釈され、援用権を失う。しかし、債務者が時効が完成していることに気付かずにこのようなことを言ったという場合には、時効の利益の放棄にはならない。しかし、このようなことを言った債務者が、後から前言を翻して、「もう時効になっていたので払いません」などと言うのを認めるのは不当である。そこで、昔の判例は、債務者は時効が完成していることを知っているのが通常であるから、債務者の方で時効の完成を知らずに言ったということを証明しない限り、放棄と扱うとしていた。しかし、これに対しては、学説から現実に反するきびしい批判があった。その結果、現在の判例は、時効完成後に債務の承認をした者がその後時効の援用をするのは、信義則に反するとするので援用は認められないとするに至った。

　かくして、現在では、援用権がなくなる場合を2つに分け、

　①時効の利益の放棄があった場合

　②信義則による援用権の喪失の場合

となっている。①と②の違いは、時効完成を知って行ったか否かである。

●形式裁判と時効の更新・完成猶予……………………………………………………【★☆☆】

　訴えが提起された場合に、裁判所はまずその事件がその裁判所で裁判してよい事件かどうかを調べる。そして、裁判をするための要件が備わっていないと判断したときは、事件の中身の審理をすることなく門前払いにする（訴え却下）。このように事件の中身を審理しないで訴えを却下するのが形式裁判である（これに対し、事件の中身について判断する裁判を本案裁判という）。形式裁判の場合には、権利の存在が公的に確定されたわけではないから、時効の更新は生じない。また、原告が自ら訴えを取り下げた場合も同様に、時効更新は起こらない。

　ただし、訴え却下や訴えの取り下げにより裁判が途中で終了した場合には、その終了時点から6か月を経過するまでは、時効の完成が猶予される（147条1項かっこ書）。

A47 正解―5

1―誤　時効の利益はあらかじめ（時効が完成する前に）放棄することはできない（146条）。したがって、放棄の約定部分は無効である。あらかじめ放棄することを認めると、債権者が債務者の窮状に乗じて、放棄を約定させ債務者を害するおそれがあるからである。

2―誤　債務者が支払いの猶予を懇請することは、債務の存在を認めていることになり、債務の承認行為を含んでいる。このようなことを時効進行中に行えば時効の更新となるが、本肢のように時効完成後に行った場合は、これを時効の利益の放棄と見るのは困難である（放棄は、時効の完成したことを知ったうえでなければできないものである）。そこで判例は、時効完成後に債務の承認をすれば、相手方はもはや時効の援用をしないものと考えるに至るから、信義則に照らし、その後債務者は援用を認められなくなるとしている（信義則による援用権の喪失）。本肢は、時効の利益の放棄としている点が正しくない。

3―誤　Cに対する土地の返還請求（催告）によって時効は完成猶予されるが、完成猶予の効力は、当事者（および当事者の承継人）の間においてのみ生ずるから（153条）、本肢ではA・C間にしか生じない。

4―誤　訴えを却下された場合も、訴えを取り下げた場合もどちらも時効の更新は生じない。これらの場合は、裁判所が権利の有無についてまったく判断しないことになるからである。ただし、いったん裁判上の請求による完成猶予は認められる（147条1項かっこ書）。

5―正　152条2項は、本肢のように規定している。承認は自己の負担している義務を確認するだけであって、将来自己のものになる権利を処分するわけではないからである。

Q48 権利の消滅事由

問 消滅時効、除斥期間、権利失効の原則のいずれかに関する次の記述のうち、除斥期間に関する記述として、妥当なものはどれとどれか。 （地方上級改題）

A 時の経過による権利消滅という点では同様の制度もあるが、更新が認められる点に特色がある。

B 占有訴権の期間制限や即時取得の盗品回復の期間の制限などがこれに該当する。

C 当事者が援用しなくても、裁判所は一定の期間の経過という事実により権利消滅の効果を認定しなければならない。

D 民法典は明文でこれを規定しているわけではないが、信義誠実の原則の1つの表れとして、これを認めることができると解されている。

E 時の経過による権利行使期間制限という点では他の制度と共通性を有するが、一定の期間が定められていない点に特色がある。

1 A、B **2** A、D **3** B、C **4** C、E **5** D、E

PointCheck

◉消滅時効、除斥期間、権利失効の原則の共通点と相違点……………………………【★★☆】

⑴共通点

どの制度も、権利が行使されずに一定の期間が経過したことにより、権利が消滅させられてしまうという点で共通している。

⑵相違点

①趣旨における違い

消滅時効の制度趣旨は、永続した事実状態の尊重・立証の困難の救済・権利の上に眠る者は保護に値せず、の3つであるとされている。

除斥期間の趣旨は、法律関係の速やかな安定である。つまり権利の行使期間を定めて、その期間内に権利を行使しないと権利を消滅させることにして、法律関係を確定させるのが除斥期間である。

権利失効の原則は、権利者が永い間権利を行使しなかったことに対する相手方の信頼を保護しようとするものである。

②明文規定の有無における違い

消滅時効は、民法総則に規定のある制度である。

除斥期間は、民法総則に規定はないが、民法が規定を置く個別の権利行使期間のうち、その制度の趣旨が時効と見るよりは除斥期間と見る方が適切だという場合に解釈で認めるものである。

権利失効の原則は、具体的事案に対する信義則の適用の一場面である。

問題でPointを理解する
Level 2 **Q48**

第1章
第2章
第3章
第4章
第5章
第6章
第7章
第8章
第9章
第10章

③具体的内容における違い

　消滅時効は、「権利の上に眠る者は保護に値せず」という時効制度の趣旨からその期間進行の起算点は、権利者が権利を行使できるようになった時から、すなわち、権利の行使について、法律上の障害がなくなった時から進行する。また、時効期間進行中に、権利の存在が明らかになった時は、時効は更新する。そして、更新事由が終了した時から、再びゼロから進行を始める。さらに、時効期間が満了し（＝時効が完成し）ても、時効によって利益を受ける者には、時効の利益を受けるかどうかを選択する余地がある（援用・放棄）。

　除斥期間は、権利自身の存続期間であるから、権利者が眠っていたかどうかは関係がない。したがって、権利の発生した時からその期間は進行を開始する。また、除斥期間の進行中に、権利の存在が明らかになったからといって、それまでの期間がゼロにリセットされるということはない。つまり、除斥期間には、更新・完成猶予はない。さらに、期間が満了した後に、権利が消滅することによって利益を受ける者に利益を享受するかしないかを選択する余地はない。つまり、援用・放棄は問題とならない。

　権利失効の原則は、要するに信義則の適用の一場面であるから、画一的な基準はない。一般的にいえば、権利の不行使状態が長く続いて、その結果、相手方の方で、もう権利は行使されないとの期待を抱くに至った場合に、その期待を裏切って権利を行使させることが信義則に反しないか、という視点から個別に判断することになる。

Level up Point!　本問は、各制度（原則）の趣旨と内容が理解されていればよいのだが、時効の制度趣旨以外は通常深く取り扱うことはない。ここでしっかり理解しておくこと。

A48　正解－3

　除斥期間とは、権利関係を速やかに確定する目的で、一定の期間が経過すれば権利が消滅するとされている場合をいう。民法が定める権利消滅の期間のうちどれを除斥期間とするかについては争いがあるが、占有訴権の期間の制限や即時取得の盗品・遺失物回復の期間の制限は一般に除斥期間と解されてきた。

　除斥期間の特徴としては、①更新・完成猶予が認められない、②援用は不要、③期間の起算点は権利が発生した時、④権利消滅の効果は遡及しないの4つが挙げられる。よって、BとCの記述が除斥期間に関するものである。

　権利失効の原則とは、信義則に反して長い間権利を行使しないでいたため、信義則によりその権利行使が許されなくなる場合をいう。DとEの記述がこれに関する。Aの記述は消滅時効に関するものである。

　以上から、正解は3となる。

Q49 取得時効

問 Aの所有する甲土地をBが時効取得する場合に関する次の記述のうち、判例に照らし、妥当なものはどれか。 (国家一般)

1 取得時効は占有を尊重する制度であるから、Bが現時点から遡って10年間または20年間甲土地の占有を継続していれば取得時効が成立し、Bは甲土地の所有権を取得することができる。

2 不動産売買の当事者間においては、買主は売主に対して登記なくして所有権を主張することができるが、売買のような承継取得と異なり、取得時効は原始取得であるから、Bは、Aに対して、登記なくして時効による甲土地の所有権の取得を主張することはできない。

3 Bの取得時効が完成する2年前に、Aから甲土地をCが譲り受けた場合は、Aから甲土地がBとCとに二重譲渡された場合と同様に、民法第177条が適用され、Cが先に登記をすれば、Bは、新たに取得時効が完成しない限り、Cに対して、時効による甲土地の所有権の取得を主張することはできない。

4 Bの取得時効が完成した2年後に、Aから甲土地をCが譲り受けた場合には、Aから甲土地がBとCとに二重に譲渡されたときと同じく、民法第177条が適用され、Cが先に登記をすれば、Bは、新たに取得時効が完成しない限り、Cに対して、時効による甲土地の所有権取得を主張することはできない。

5 BがAから甲土地を買い受け、所有権移転登記をせずに甲土地の占有を始めた。その2年後に、AからCが甲土地を譲り受けたが、Cは所有権移転登記を経由していない。Bが時効による所有権取得を主張しようとする場合、占有を始めてからの2年間はBは自己の物を占有しているのであるから時効は進行せず、その進行はCが甲土地の所有権移転登記を経由した時から開始する。

PointCheck

●取得時効と登記‥‥‥‥‥‥‥‥‥‥‥‥‥‥‥‥‥‥‥‥‥‥‥‥‥‥‥‥‥‥‥‥【★★★】

⑴時効取得者と時効完成前の第三者との関係

　例えば、BはAの土地を18年間占有していたが、時効が完成する前に、AがCにその土地を譲渡したとする。この場合、時効完成後にBがCに対して自分の所有権を主張するには登記を必要とするであろうか、これが時効完成前の第三者との関係である。

　判例の見解は、登記不要説である。理由は、時効による取得は理論的には原始取得であるが、時効による取得の反面において旧所有者の権利が消滅するのであるから、AとBとの関係はあたかも物権変動における当事者の関係のようなものである。そこで、時効による取得があった場合には、時効完成時点の権利者からの承継取得があったのと同視してよい。つまりBはAから承継取得した、すなわちAB間は物権変動の当事者の関係にあるといえる、というのである。したがって、時効完成前の第三者に対しては、時効による権利取得者は、登

問題でPointを理解する
Level 2 **Q49**

第1章
第2章
第3章
第4章
第5章
第6章
第7章
第8章
第9章
第10章

記をしなくても第三者に対抗しうる。

　なお、時効完成前の第三者とは、第三者が譲り受けた時点を基準にして判断するのであって、第三者の登記の時点ではない。したがって、時効完成前に原所有者から譲り受けていた第三者が時効完成後に登記をしても、あくまでその者は時効完成前の第三者である。

⑵時効取得者と時効完成後の第三者との関係

　例えば、上の例で、CがAから譲り受けたのが、Bの時効が完成した後だった場合である。この場合に、BがCに時効によって所有権を取得したことを主張するのに登記が必要であろうか。判例は、登記必要説である。その理由は、時効による取得をA→Bの承継取得と同視する以上、ここでは、Aを基点として、A→B、A→Cの二重譲渡があったものと考えることができ、その結果、BとCとの関係は177条によって登記の先後で優劣が決まることになる、というのである。

Level up Point!　肢1のように、時効の起算点を現在から過去に遡って、10年前の今日などとしてはならない。それをすると、すべての第三者が時効完成前の第三者になってしまうからである。基本ではあるが重要なポイントである。

A49 正解─4

1—誤　取得時効の期間は、占有開始の時から計算すべきであり、現時点から遡って計算することは認められない（最判昭35.7.27）。

2—誤　時効取得は原始取得ではあるが、時効取得者と時効完成時点の所有者との関係は、承継取得における当事者の関係と同視してよく、BはAに対して登記なくして権利の取得を対抗し得ると考えるのが判例である。

3—誤　時効完成時点の所有者との関係では、承継取得における当事者の関係と同視されるのであるから、本肢のC（時効完成前の第三者）との関係も当事者と同視され、BはCに対して登記なしに所有権取得を対抗し得る。

4—正　時効完成後の第三者との関係は、二重譲渡の関係と同視される。よって、BとCとの関係は対抗問題となり、Cが先に登記をしていれば、Bは負ける。

5—誤　Bの時効期間は、Bが占有を始めた時から算定されるのであって、Cの移転登記の時からではない。確かに、Cが登記を移転するまでの間、BはAより購入した自己の土地を占有していたわけではあるが、自己の物でも時効による取得は可能である。よって、取得時効の起算点は、Bが引渡しを受けた時からである。

Q50 時効の援用権者

問 時効の援用権者に関する次の記述のうち、判例に照らし、妥当なものはどれか。

(国家一般)

1 物上保証人は、主たる債務が時効により消滅すれば自己の財産を換価処分されることがなくなるが、そのことは反射的利益にすぎないので、当該債務の消滅時効を援用できない。
2 後順位抵当権者は、先順位抵当権者の被担保債権が消滅することにより後順位抵当権者の順位が上昇して利益を受けるが、そのことは反射的利益にすぎないので、主たる債務の消滅時効を援用できない。
3 抵当不動産の第三取得者は、当該不動産の取得時から抵当権の実行を認容していたので、主たる債務の消滅時効を援用できない。
4 土地の所有権を時効取得すべき者から、その者が当該土地上に所有する建物を賃借している者は、当該土地の取得時効を援用できる。
5 詐害行為によって債務者の財産を取得した第三者は、詐害行為取消権を行使する債権者の債権が時効により消滅すると、取得した財産を失うおそれがなくなるが、そのことは反射的利益にすぎないので、当該債権の消滅時効を援用できない。

PointCheck

●時効の援用権者……………………………………………………………………………………【★★★】

145条は、時効の援用権のある当事者に「保証人、物上保証人、第三取得者その他権利の消滅について正当な利益を有する者を含む」としている。改正以前の事案で、判例上問題となった者は以下の「直接利益を受ける者」かどうかである。

(1)消滅時効の場合

①援用権を認められた者

a．保証人・連帯保証人

主たる債務が時効により消滅すれば、保証債務も付従性により消滅するから、時効によって「直接に」利益を受ける者といえ、改正により明定された。

b．物上保証人

被担保債権（他人の債務）が時効により消滅すれば、担保物権の付従性により担保権も消滅するから、時効によって「直接に」利益を受ける者といえ、改正により明定された。

さらに、この物上保証人の債権者も、債権者代位権により消滅時効を援用し得る。

c．抵当不動産の第三取得者

抵当権の設定されている物を譲り受けた者が第三取得者である。対抗要件を備えた抵当権は、第三取得者に対しても追及力を有しているから、第三取得者も、被担保債権の時効消滅により「直接に」利益を受ける者といえる。

d．詐害行為の受益者

　　債務者が、債権者を害することになると知りながら自分の財産を第三者に譲渡した場合、債権者は、その譲渡行為を取り消してその財産を債務者のところに戻させることができる。これが詐害行為取消権であり、第三者を受益者という。この場合において、詐害行為取消権を持つ債権者の債権（被保全債権）が消滅時効にかかって消滅すれば、受益者は譲り受けた財産を債務者のところに戻さなくて済む。したがって、詐害行為の受益者も時効によって「直接に」利益を受ける者といえる。

②援用権を認められなかった者（判例）

・後順位抵当権者

　　例えば、1番抵当権が被担保債権の消滅時効完成により消滅した場合、後順位の抵当権は、その順位が上昇し配当額が増えるが、このことは時効により直接に利益を得るものといえるか。判例は、配当額が増加することは、抵当権の順位の上昇によってもたらされる反射的な利益にすぎないとして、後順位抵当権者の援用権を否定した。

⑵取得時効の場合

援用権の否定された者（判例）

　　敷地の時効取得について、その敷地の上の建物を賃借した者には、援用権はない。具体的にいうと、Aの所有する土地上にBが勝手に建物を建てて不法占有し20年が経過した。Bには土地について取得時効の援用権があるが、Bからその土地上の建物を借りていたにすぎないCには土地の取得時効の援用権はない。

Level up Point!　本問の対策としては、判例が時効の援用権を認めた者と認めなかった者を覚えることに尽きる。確実に暗記しておくこと。

A50 正解－2

1－誤　被担保債権が時効により消滅すれば、抵当権は付従性により消滅する。この利益は単なる反射的利益ではなく、被担保債権の消滅時効により直接的に生じる利益と見ることができる。よって、物上保証人は被担保債権の消滅時効を援用できる（145条かっこ書）。

2－正　判例は本肢のように判示している（最判平11.10.21）。

3－誤　抵当不動産の第三取得者も、物上保証人と同じく、時効によって直接に利益を受ける者として、被担保債権の消滅時効を援用できる（145条かっこ書）。

4－誤　建物を借りてそこに住んでいる者は、土地の所有権についてまで直接的な利害関係を持つものとはいえない。よって、この者に土地の所有権の時効取得の援用権はない（最判昭44.7.15）。援用権があるのはその建物を貸して土地を間接占有していた建物の賃貸人である。

5－誤　詐害行為取消権における受益者は、被保全債権が消滅すれば詐害行為を取り消されなくなるから、時効によって直接に利益を受ける者にあたる（最判平10.6.22）。

第6章

不動産物権変動

Level 1 p114～p127　Level 2 p128～p133

1 物

Level 1 ▷ **Q51**

物 $\Big\{$ 不動産→土地・土地の定着物
　　※一般に土地の定着物は土地の一部と扱われる。しかし、建物や立木法によって登
　　　記された立木は土地とは別の独立した不動産と扱われる。

　　動産→不動産以外のすべて

2 物権法定主義

Level 1 ▷ **Q51**

⑴意義 ▶p114
　物権は、民法その他の法律で規定したものの外は認められないという原則（175条）
　　　　　　（合意による新たな物権の創設や既存の物権の内容変形の禁止）
⑵例外　慣習法上の物権→水利権・温泉権
　　　　非典型担保→譲渡担保・所有権留保

3 物権変動

Level 1 ▷ **Q52,Q56,Q57**

　意思主義…物権変動(所有権の移転など)は当事者の意思表示のみによって発生する(176条)
　　　　　　（不動産登記・動産引渡しは対抗要件にすぎない）▶p116

4 不動産物権変動

Level 1 ▷ **Q53～Q57**　Level 2 ▷ **Q58～Q60**

⑴ 177条の意味 ▶p120 ▶p126
　① 177条の登記:不動産物権変動は、登記をしなければ第三者に対抗できない(対抗要件)。
　② 177条の第三者：登記の欠缺を主張することに正当な利益を有する者。
　③第三者の主観：善意→○、単純な悪意→○、背信的悪意→×（登記不要）
　　※背信的悪意者からの転得者に対抗するのには登記が必要。
⑵取消しと登記 ▶p118
　錯誤・詐欺・強迫・制限行為能力による取消しをした場合に、転得者（第三者）に対して
目的物を返還請求するにあたり登記が必要か。
　①取消し前の第三者との関係
　　（原則）取消しによって、物権変動は遡及的に消滅するから、第三者も無権利者となる。
　　　　　　登記なしに返還請求できる。
　　（例外）錯誤・詐欺による取消しの場合には善意・無過失の第三者に取消しの効果を主
　　　　　　張できないから、第三者が保護される（95条4項、96条3項）。

②取消し後の第三者との関係

　登記がなければ返還請求できない（177条による）。

　　→取消しにより、取り消した者に向かって復帰的物権変動が発生し、第三者との間に二重譲渡が起こると扱うから。

(3)解除と登記 ▶ p122

　契約の解除をした場合に、転得者（第三者）に対して目的物を返還請求するにあたり登記が必要か。

　①解除前の第三者との関係

　　解除により契約は遡及的に消滅する（直接効果説）が、解除の効果は第三者に対抗できないから（545条1項ただし書）、第三者は保護される。ただし、第三者には権利保護要件として登記が必要。第三者に登記がなければ返還請求可（解除した方に登記がなくてもかまわない）。

　②解除後の第三者との関係

　　登記がなければ返還請求できない（177条の適用）。

　　　→解除により、解除をなした者に向かって復帰的物権変動が発生し、第三者との間に二重譲渡が起こると扱うから。

(4)取得時効と登記 ▶ p124

　時効によって不動産を取得した者は、時効完成前の譲受人（第三者）に対して所有権を主張するのに登記が要るか。時効完成後の譲受人（第三者）に対してはどうか。

　①時効完成前の第三者との関係

　　物権変動の当事者の関係と同視→登記不要

　②時効完成後の第三者との関係

　　旧権利者による二重譲渡と同視→登記必要

(5)相続と登記 ▶ p121

　不動産の共同相続人の一人Aが勝手に単独相続の登記をして第三者Cにその不動産を譲渡した場合、他の共同相続人Bは自己の持分を対抗するのに登記が必要か。

　→不要である。Aには全部の所有権はないのであるから、CはAの持分しか取得できない。Bの持分については、Cは無権利である。

5 中間省略登記　　　　　　　　Level 1 ▷ **Q53,Q54**

①すでになされた中間省略登記は有効と扱う。

　ただし、中間者だけは、正当な利益のあるときに限り、無効主張可。

②中間者も含めた三者の合意があれば中間省略登記の申請も可（判例）。

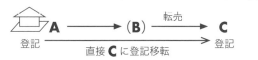

Q51 物に対する権利

問 民法に規定する物権に関する記述として、通説に照らして、妥当なのはどれか。

(地方上級)

1 契約自由の原則から、物権は民法その他の法律に定めるもののほか、契約によって自由に創設することができるが、物権法定主義により、物権の内容を民法その他の法律に定められているものとは違ったものとすることはできない。

2 物権の客体は物であることを要し、民法において物とは有体物をいうものとされているので、物権には、有体物以外のものを客体とするものはない。

3 民法上の物権を分類すると、自分の物に対する物権である所有権と他人の物に対する物権である制限物権に分けられるが、制限物権のうち他人の物を利用する用益物権には、占有権、永小作権及び地役権が含まれる。

4 物権は絶対的・排他的な支配権であるが、物権と債権が衝突するときに、債権が物権に優先する場合がある。

5 土地に生立する樹木は、取引上の必要がある場合には、土地とは別個独立の不動産として所有権譲渡の目的とすることができ、この場合、立木登記又は明認方法と呼ばれる公示方法を備えた場合に限り、有効な取引とされる。

PointCheck

●物権法定主義・・・【★☆☆】

　物権法定主義とは、平たくいうと、物に対する権利である物権は、その内容や種類を契約によって勝手に作り出してはならず、必ず法律（民法その他の法律）で認められているものの中から選んで使えというものである。その理由は、物権はすべての人に対して主張し得る権利であるから、それがどのような内容の権利であるか、また権利者はだれなのかなどを公示しておくことが求められる。しかし、物権を契約で勝手に作り出されては、その権利内容をいちいち公示するのは困難である。そこで物権に関する公示を可能にして取引の安全を守るために物権法定主義が採られた。もう1つの理由は、かつて存在した上土権・下土権などの封建的な土地の所有関係を当事者の契約によって復活させないためである。

　物権法定主義のこのような存在理由からいって、これに反しない場合には、物権法定主義の例外が認められる。物権法定主義の例外として、判例が慣習法上の物権として認めたものには、「水利権」（ため池から水田に水を引く権利）、「温泉権」（温泉が湧出する所から温泉を引く権利）がある（土地の所有権とは別の権利）。

●立木等の物権変動と明認方法・・【★★☆】

⑴立木等の物権変動

　立木（樹木の集団）や未分離の果実は土地の一部であるが、これらを土地に付着したまま

で土地とは独立に取引の対象とする慣行が日本にはあった。経済的取引の実情を重視するならこれらの取引の効力を認めてよいが、問題はそれらの取引の対抗要件の内容と効力である。

立木所有権の公示方法（対抗要件）としては、土地についての所有権・地上権・賃借権の登記のほか、立木法の登記（立木法の保存登記をすると独立した不動産となる）および明認方法がある。未分離の果実の公示方法（対抗要件）は明認方法である。

⑵明認方法

明認方法とは、立木や未分離果実が、その生育する土地とは取引上分離した存在であることを第三者に対して表示する、事実上の公示方法である。事実上のものであるので、明認方法は、第三者が利害関係を取得する時点まで存続していなければならない。

明認方法は、対抗要件として登記と同様の効力を持つ（判例）。したがって、立木所有権の争いの場合だけでなく、立木所有権と土地所有権が争われる場合においても、立木所有権についての優劣は対抗要件の有無・先後によって決する。ただ、明認方法は性質上複雑な権利内容の表示には適さないので、抵当権の設定等には用いることができない。立木所有権の留保（売主が立木の所有権を留保して地盤を譲渡したが、買主が土地と立木を併せて第三者に譲渡したケース）も1つの物権変動と擬制される。したがって、売主と第三者の優劣は（立木についての）明認方法と第三者の（土地についての）登記の先後で決することになる。

A51 正解－4

1—誤 物権は、民法その他の法律により定められた物権の種類および内容以外に、新しい種類の内容の物権を創設することは認められない。判例により慣習法上の物権が例外的に認められる場合があるが（水利権、温泉利用権）、契約により自由に創設できるものではない。

2—誤 民法上の物は有体物であり、無体物（エネルギーや債権等）は物に含まれないのが原則である。しかし、物権の客体には例外があり、権利を客体とする物権が認められている（権利質、地上権・永小作権を目的とする抵当権）。

3—誤 占有権は、「物を自己のためにする意思をもって所持」するという事実状態を権利として保護したものである。所有権や制限物権などの、「物に対する支配関係」を示す本権と、占有権とでは基本的性格が異なる。用益物権には、地上権・永小作権・地役権・入会権の4種類がある。

4—正 物権とは物に対する直接的排他的支配権であり、その物を独占的に支配でき、その権利を他の全ての者に対し主張できる。しかし、債権である不動産賃借権については、「これを登記したときは、その不動産について物権を取得した者その他の第三者に対抗することができる」（605条）とされており、例外的に債権が物権に優先する場合がある。

5—誤 土地の定着物である立木も、独立して取引の対象となる。立木法による登記のなされた立木、明認方法の施された立木は、土地とは取引上分離したものとして公示される。ただ、公示をしなければ有効な取引ができないわけではない。登記や明認方法は物権変動を第三者に主張するための「対抗要件」であり、取引の有効要件ではない。

Q52 物権の意義

問 物権に関する次の記述のうち、妥当なのはどれか。 （国税専門官）

1 所有権は物権のなかでも最も強力な権利であり、法律によって所有権を制限することは許されない。

2 当事者間の合意があれば、法定外の物権を自由に創設できる。

3 物権と債権とは同等であるから、同一物につき物権と債権とが併存する場合には、先に成立したものが優先する。

4 物権的な支配の現状を一応正しいものと推定し、社会の物権的支配の秩序を維持するための制度として占有権の制度がある。

5 物権変動の効力が生ずるには当事者の意思表示のみでは足りず、さらに、登記、引渡しが必要である。

PointCheck

●物権変動の発生時期··【★☆☆】

物権変動は、意思表示のみによって、その効力が生ずる、と民法は規定している（176条）。では、その物権変動の効力が生ずる時期はいつであろうか。これについては、意思表示によって物権変動が生じるのであれば、その意思表示の時に物権変動も生じると解すべきだとするのが判例の立場である。その結果、次のようになる。

①特定物の売買などの場合には、売買契約のなされた時に所有権の移転が起こる。

ただし、特約で、売却代金支払いの時に移転すると定めた場合のように、特約によって別の時点を定めたときは、その時に移転する。

②不特定物の売買などの場合には、給付すべき物が特定して特定物と同様になった時に移転する。

③他人物売買のときは、売主が所有権を取得すると同時に買主に所有権が移転する。

●物権の債権に対する優先的効力··【★★☆】

同一物につき、物権と債権が競合する場合には、物権が優先する。例えば、Aが所有する自動車をBがAから借りて乗っていたが、Aはその自動車をBに貸したままの状態で、Cに売却してしまった。CがBに対して、自動車を引き渡せと言ってきた場合、Bは、Aから借りていると主張して、Cへの引渡しを拒むことができるだろうか。

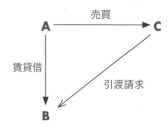

この場合、Bが自動車を使えるのは、Aに対して賃借権という債権を持っているからであり、Aが債務を履行して自動車を使わせてくれるから

第1章

第2章

第3章

第4章

第5章

第6章

第7章

第8章

第9章

第10章

である（これを債権は物に対して間接的な支配をすると表現する）。この権利は、Aに対してしか主張できないものであって、第三者のCには主張できない。その結果、Cが所有権に基づいて、自動車の引渡しを求めてきたときは、BはCに自動車を引き渡さなければならない、ということになる。これを、「売買は、賃貸借を破る」と表現する。同一物に対して、債権に基づいて使用しようとする者と、物権に基づいて使用しようとする者とが争う場合には、物権に基づいて支配しようとする者が優先するのである（**Q51** 肢３や特別法の例外に注意）。

◉**占有権**‥‥‥‥‥‥‥‥‥‥‥‥‥‥‥‥‥‥‥‥‥‥‥‥‥‥‥‥‥‥‥‥‥‥‥‥‥‥**【★★★】**

　占有権とは、物がある人の支配下に置かれている状態をみて、それが真実の権利関係に合致するかどうかに関係なく、その占有状態をとりあえず法的に保護してやろうとするものである。したがって、他人の物を盗んできて所持している盗人にも占有権はある。

　そこで、BがAから盗んできて保管していた物を、他の盗人Cがさらに盗んでいったという場合、最初の盗人Bにも占有権はあるから、Bは占有権に基づいて、占有回収の訴えを提起してBはその物をCから取り返すことができる。このように、たとえ盗人の支配下に物があろうとも、ひとまずその状態を保護することとし、その占有状態を力で破壊することを許さないとするのが占有権の存在意義である。よって、その物をBに盗まれた被害者である所有者Aが自分でBから奪還したという場合であっても、BはAに対して占有回収の訴えを提起することができる。Aは所有権に基づく返還請求をすべきであり、自力救済は認められない。

A**52** 正解ー4

1—誤　所有権を法律で制限することはできる（憲法29条、41条）。民法は、所有者は、法令の範囲内において、自由にその所有物の使用、収益、処分ができる、としている（206条）。

2—誤　本肢の合意は物権法定主義に反する。このような合意は無効である。

3—誤　物権と債権とは、同等ではない。ある物に対して、債権による使用と物権による使用が競合した場合には、債権は物権に負ける。なぜなら、債権は債務者に対して「使用させよ」と要求する権利にすぎないからである。

4—正　占有権は、「権利」というより、支配状態を保護する制度なのである。

5—誤　物権変動について、民法は「意思主義」を採用するから（176条）、登記や引渡しをしていなくても、合意だけで物権変動は発生する。登記・引渡しは第三者に対して物権変動があったことを主張するための対抗要件にすぎない。

Q53 物権変動

問 177条に関する次の記述のうち、正しいものはどれか。 （地方上級）

1 A→B→Cと土地が譲渡された後、AがBの詐欺を理由に契約を取り消した場合、Cが善意であればAが先に登記を備えてもCは土地の所有権を取得する。

2 A→B→Cと土地が譲渡された場合、AC間で合意すれば、CはAに対して直接移転登記をするように請求できる。

3 A→B→Cと土地が譲渡されCが登記を備えた場合には、その後にAがBの強迫を理由に契約を取り消してもAはCに土地の所有権を主張できない。

4 BがAの土地を時効によって取得した後にCがAからその土地を買い受けた場合、Bは登記を備えていなくてもCに土地の所有権を主張できる。

5 A→B、A→Cと二重譲渡がなされた場合、Cが先に登記を備えれば、Bへの譲渡についてCの善意・悪意を問わず、常にCはBに優先する。

PointCheck

●取消しと登記・・【★★★】

Ⅰ　取消し前の第三者（C）に対しては、原則としてAは登記なくして取消しを対抗できる
ⅰ 取消しによりBは遡及的に無権利者（よってCも無権利）
ⅱ Aに登記不備の帰責性なし（BC移転の後だから登記ないのは当然）
　　※例外−錯誤・詐欺取消しの場合は善意無過失の第三者に取消しを対抗できない（95条4項、96条3項）。

Ⅱ　取消し後の第三者（C）に対しては、Aは登記がなければ取消しを対抗できない
ⅰ 復帰的物権変動（B→A）を擬制すれば二重譲渡類似
ⅱ Aに登記不備の帰責性（BC移転の前に登記を取り戻せるはず）

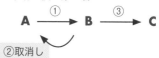

Ⅰ　取消し前の第三者　　　　　　　　　　　Ⅱ　取消し後の第三者

●中間省略登記・・【★★☆】

　中間省略登記とは、A→B→Cと物権変動があったのに、中間者Bへの登記を省略していきなりA→Cと登記をする場合をいう。このような登記は物権変動の過程を反映していない点で問題がある。本来、登記は物権変動の過程をきちんと反映するようになされるべきものである。なぜなら、最後の登記名義人まで本当に権利が移転してきたかを確かめることがで

問題でPointを理解する
Level 1 Q53

第1章

第2章

第3章

第4章

第5章

第6章

第7章

第8章

第9章

第10章

きなくなるからである。しかし、いったんなされてしまった中間省略登記を無効としてしまうことは、かえって取引の安全を害することになる。なぜなら、中間省略登記からさらになされた移転登記までもが無効になってしまうからである。

そこで、判例は次のように解している。

① それが現在の権利関係に符合していれば（Cに所有権がある）、原則として有効な登記である。

② 中間者の同意がないのになされた中間省略登記は、中間者が抹消を求める正当な利益を有するときに限り、中間者は抹消を請求することができる（抹消請求ができるのは中間者だけであって、他の者はできないことに注意）。

注）中間者に抹消を求める正当な利益のある場合とは、BがCの代金の支払いと引き換えに登記をCに移転しようとしていた（同時履行の抗弁権を持っていた）のに、その機会が失われた場合である。

③ まだ中間省略登記がなされていない場合に、ＡＢＣ三者の合意で中間省略登記をすることにすれば、CはAに対して中間省略登記の登記請求権を取得することができる（判例）。したがって、この特約に基づく中間省略登記の請求は認められる。

A53 正解—1

1—正　AがBの詐欺を理由にその意思表示を取り消すとAB間の契約は始めに遡って無効となるから、Bの無権利化→Cの無権利化が生ずることになる。これは詐欺の事実を知らなかったCを害する。そこで、96条3項は、詐欺による取消しは善意無過失の第三者に対抗できないとした。この場合Aは、Cから見れば前主であるから、Cが保護されるためには登記は不要である。

2—誤　AからCへ直接なす移転登記は中間省略登記である。判例によれば、ABC間で特約（合意）があれば、それに基づいて中間省略登記請求権が発生するとされているが、本肢では、中間者Bの同意がないから、その請求は認められない。

3—誤　肢1と同様に、取消しによって始めからBは無権利となり、Cも無権利となる。しかし、詐欺と異なり強迫の場合には善意の第三者の保護規定はない。したがって、本肢では、Aは登記の有無にかかわりなく、Cに所有権を主張できる。

4—誤　原権利者Aと時効取得者Bとの関係は譲渡の当事者間と似ているので（本当は原始取得なのだが）、A→Bへの譲渡があった場合に準じて考えてよい。とすると、本肢はA→B、A→Cという二重譲渡がなされた場合と同様に処理することができる。その結果、Bは登記を備えていなければCに所有権を主張できないことになる（判例）。

5—誤　第三者の善意・悪意を問わないとしている点は正しい。しかし、「常に」という点は誤り。すなわち、Cが背信的悪意者であるときは、Bは登記がなくてもCに対抗できる。

Q54 177条と登記

物権変動に関する次の記述のうち、妥当なのはどれか。 （国税専門官）

1 不動産の売買契約が解除され所有権が売主に復帰した場合でも、売主は登記なくしては解除後の第三者に対抗することができない。

2 取得時効による不動産の所有権の取得については、登記がなくても、時効完成後の目的物譲受人に対して対抗することができる。

3 共同相続があった場合に、相続人の1人が単独所有の登記をしたうえで不動産を第三者に譲渡し登記も移転したときは、他の相続人はもはや自己の持分を登記なくして主張することができない。

4 不動産が二重譲渡され第二の買主が登記を得た場合でも、この者が悪意であるときは原則として第一の買主が優先する。

5 甲・乙・丙と順次に所有権が移転したのにいまだ登記が甲のもとにある場合、丙は所有権者であるから、乙の同意がなくても自己に対する直接の登記を甲に請求することができる。

PointCheck

●悪意者は「第三者」に含まれるか 【★★★】

登記制度を取引安全の制度ととらえると、現実に登記を信頼しない者、すなわち物権変動のあったことを知る者（悪意の第三者）は、177条の第三者として公示制度による保護を与えるに値しないのではないか、とも考えられる（BがAから土地を譲り受けたが登記していないうちに、それと知りつつAから土地を譲り受けたCが、保護されることの可否である）。

しかし、規定の文言上善意者に限定されないことや、公示の目的のためには画一的処理が必要なこと、転得者の地位が不安定になることを考慮し、資本主義的自由競争の枠内では単なる悪意者は第三者に含まれると解されている（A→B、A→Cの二重譲渡で、ABの譲渡が先になされたことについてCが悪意でも、Cは第三者となる。したがって、Bは登記なしで自己の権利をCに主張することはできない）。

●177条の第三者と背信的悪意者 【★★★】

177条の第三者とは悪意者を含むが、単なる悪意にとどまらず、社会的に正当と認められる自由競争の範囲を越えて登記の不存在を主張するような者は、信義則（1条2項）の理念に反し、第三者から除かれるべきである（背信的悪意者排除：判例同旨）。A→B、A→Cの二重譲渡の例で、Cが背信的悪意者ならBは登記がなくても自己の所有権を主張できる。

●背信的悪意者からの転得者‥‥‥‥‥‥‥‥‥‥‥‥‥‥‥‥‥‥‥【★★☆】

　AはまずBに譲渡したが、Bがまだ移転登記を受けないうちに、背信的悪意者のCに二重に譲渡しCに登記を移転した。その後、Cは、その土地を善意のDに譲渡し登記もDに移転した。この場合、BはCに対しては登記なくして所有権を対抗し得るが、Dに対してはどうか。これが、背信的悪意者からの転得者の問題である。

```
A ────────────▶ B
│
│               登記
▼
C ────────────▶ D
背信的悪意         善意
```

　これについて、Cが背信的悪意者である以上、BはCに対して登記なしに所有権の取得を対抗できるのであるから、その時点でBに所有権が帰属するということで法律関係が確定したと考えることができる（絶対的構成）。しかし、このように解しては善意のDを害することになる。そこで、判例は相対的構成によっている。すなわち、背信的悪意者というものは、信義則に反するがゆえに自己の権利主張が否定されるというものにすぎない。CからDへの譲渡のための法律的基礎は存在しているというべきである。よって、Dは自分自身が背信的悪意者とされない限り、Bに対して所有権取得を対抗することができる。これが判例の立場である。

●共同相続と登記‥‥‥‥‥‥‥‥‥‥‥‥‥‥‥‥‥‥‥‥‥‥‥‥‥【★★☆】

　肢3は、例えば、Aの土地を息子のBとCが共同で相続し、BCの共有地となったが、Bが、勝手にその土地は自分だけの土地であるとの単独所有の登記をした上で、第三者Dにその土地を譲渡し移転登記もしてしまった、という場合に関する問題である。この問題のポイントは、Bが単独所有の登記をしたからといってBの持分権が全体に及ぶことになるわけではなく、また、そのような登記を信頼した者が信頼どおりの保護を与えられるわけでもないという点を押さえることである。そうすると、Dが取得しているのはBの持分だけであり、Cの持分については無権利であるということになる。よって、CはDに登記なくしてその持分権を対抗できる。

A**54** 正解－1

1—正　解除後の第三者に対しては、登記なくして解除による所有権の復帰を対抗できない（**Q55**参照）。

2—誤　時効完成後の第三者に対しては、登記なくして取得時効を対抗できない（**Q56**参照）。

3—誤　他の相続人は、登記なくして自己の持分につき対抗できる。

4—誤　悪意者も177条の「第三者」に含まれるので、この者に対抗するためには登記が必要であり、登記を備えた第二買主が優先することになる。

5—誤　中間者の利益を不当に害さないようにするため（乙が丙から代金を受け取っていない場合など）、中間省略登記の登記請求権の発生には、原則として三者の同意が必要である。

Q55 不動産物権変動

問 不動産物権変動に関するア〜オの記述のうち、妥当なもののみをすべて挙げているものはどれか。

（国家一般）

ア AがBに土地を売却したが、さらにAは、Bへの売却の事実を知っているCにも当該土地を売却した。Cは民法第177条の第三者にあたるので、BがCに土地所有権を主張するには登記が必要である。

イ Aの土地をBとCが相続したが、Bは土地の登記を自己の単独名義にしてDに当該土地を売却した。Dは民法第177条の第三者にあたるので、CがDに自己の持分権を主張するには登記が必要である。

ウ Aの土地について、Bが自己に所有権のないことを知りながら20年間占有を続けた。Bの占有開始の後14年が経過した時点でAはCに当該土地を売却していた。Cは民法第177条の第三者にあたるので、BがCに当該土地の時効取得を主張するには登記が必要である。

エ AがBに土地を売却したが、Aは未成年者であったことを理由に契約を取り消した。その後、BがCに当該土地を売却した場合、Cは民法第177条の第三者にあたるので、AがCに土地所有権を主張するには登記が必要である。

オ AがBに土地を売却したが、Bの債務不履行を理由にAは契約を解除した。その後、BがCに当該土地を売却した場合、Cは民法第545条第1項によって保護されるので、CがAに土地所有権を主張するには登記は不要である。

1 ア、エ
2 ア、オ
3 ウ、エ
4 ア、イ、エ
5 イ、ウ、オ

PointCheck

●解除と登記··【★★★】

契約の解除により、契約が遡及的に消滅すると考えれば（直接効果説、通説・判例）、「解除と登記」の問題は、「取消しと登記」の問題とほぼ同様に考えられる（**Q53**参照）。

Ⅰ解除前の第三者は545条1項ただし書により保護されるが（善意・悪意不問）、権利保護要件としての登記が必要。

Ⅱ解除後の第三者に対しては登記なくして解除を対抗できない（対抗問題）。

I 解除前の第三者

II 解除後の第三者

　解除前の第三者（遡及効により無権利者となったBから譲り受けたC）は、解除の遡及効を制限した545条1項ただし書によって保護される。詐欺の場合の96条3項と異なり、第三者の保護については「善意・悪意不問」であることに注意しておこう。詐欺の場合にAが取り消すのは確実といえるが、Bに債務不履行があってもAが解除するとは限らないので、善悪を区別してCを保護するのは不合理だからである。ただ、Cは落ち度のないAを犠牲にして保護される結果となるので、判例は利益衡量の観点から、Cに対抗要件の具備を要求している。学説は、これを権利保護要件としての登記として説明する。

　解除後の第三者に対しては、登記なくして解除を第三者に対抗することはできない（対抗問題として扱う）。

A55 正解—1

ア—正　CがBへの売却について悪意であっても、Cが背信的悪意者でない限り、BがCに対抗するには登記が必要である。

イ—誤　CがAから相続した分については、Bが勝手に単独所有の登記をしても、Cに帰属したままである。したがって、この分についてDがBから取得する余地はなくDは無権利である。よって、Cはその持分についての登記なしにDに対抗できる。

ウ—誤　Bは悪意の占有者であるから、取得時効期間は20年である。したがってCは時効完成前の第三者である。時効完成前の第三者に対しては、登記なくして時効による取得を対抗できる。

エ—正　Cは、Aの取り消した後にBより譲り受けており、取消し後の第三者である。取消し後の第三者との関係は177条によって処理するのが判例・通説である。

オ—誤　Cは、Aの解除後にBより譲り受けており、解除後の第三者である。解除後の第三者との関係は177条によって処理するのが判例・通説である。545条1項が適用されるのは、解除前の第三者についてだけである。

　　　以上から、正しいものは、アとエであり、正解は肢1である。

Q56 取得時効と登記

問 民法に定める物権変動に関する記述として、次のうち妥当なものはどれか。（地方上級）

1 動産に関する物権の譲渡は、当該動産の引渡しがなければ第三者に対抗できず、また、現実の引渡しがなければその効力を生じることはない。

2 動産の即時取得の成立には、取引行為によって、平穏かつ公然に動産の占有を始めた者が、相手方の無権利について無過失であることは必要ないが、善意であることを要する。

3 誰の占有にも属さない動産について、所有の意思を持って占有を開始した者は、占有の開始後6か月を経過しなければ、当該動産の所有権を取得できない。

4 不動産の時効取得は占有のみを要件とし、当該時効取得者は、時効完成後に原所有者から不動産を譲り受けて登記をした者に対し、登記なくして所有権の取得を対抗できる。

5 同一物について所有権と地上権とが同一人に帰属したときでも、当該地上権を目的とする第三者の質権が設定されていた場合には、当該地上権は消滅しない。

PointCheck

●取得時効と登記　　　　　　　　　　　　　　　　　　　　　　　　　　　　　　【★★★】

　Aの土地をBが無権限で所有の意思を持って占有し20年が経過した。時効取得は原始取得なのでBは最初の権利者となり、権利を奪い合う関係に立つ者は存在せず、Bは誰に対しても自己の所有権を、登記なしに主張ができそうである。しかし、それでは取引の安全を害するので、判例は、時効完成前にAからその土地を譲り受けたC、時効期間経過後にCから譲り受けたDについて、時効取得者Bとの関係を次のように解する。

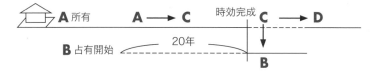

⑴時効完成前の第三者との関係

　時効取得は原始取得だとはいっても、その反面で旧権利者の権利が消滅する。そこで、時効による取得を時効完成時点における所有者からの承継取得と同視する。時効期間進行中に所有者AがCに譲渡した場合、時効完成時点の所有者はCだから、所有権はC→Bと譲渡されたとみることができ、BはCには登記なくして所有権を対抗できる。

⑵時効完成後の第三者との関係

　時効取得者は時効完成時点の所有者から権利を譲り受けたと考える以上、時効完成後の第三者Dとの関係は、旧所有者Cからの二重譲渡があったのと同じ関係とみることになる。その結果、BとDとの関係は177条により処理され、先に登記をした者が権利を主張できる。

●無主物先占‥‥‥‥‥‥‥‥‥‥‥‥‥‥‥‥‥‥‥‥‥‥‥‥‥‥‥‥‥‥‥‥【★☆☆】

　これは、海や川で魚を釣ったときに釣り上げた魚の所有権を取得するような場合である。すなわち所有者のいない動産は、所有の意思を持ってそれを占有すれば、その動産の所有権を取得することができる（239条1項）。なお、無主物先占により所有権を取得し得るのは、動産だけであって、無主の不動産は国のものになる（同条2項）。

●物権の混同‥‥‥‥‥‥‥‥‥‥‥‥‥‥‥‥‥‥‥‥‥‥‥‥‥‥‥‥‥‥‥‥【★★☆】

　物権の混同（179条）については、所有権と制限物権が同一人に帰属した場合に、制限物権が消滅する現象をいうと理解しておけばよい。例えば、Aの土地にBが地上権を取得して建物を建てて住んでいたが、その後、BがAからその土地を買い受けた場合に混同が起こる。すなわち、この場合には、Bが有していた地上権は消滅する。なぜなら、所有権を取得すればもはや地上権を持っている意味がなくなるからである。したがって、地上権を残しておくことが必要な場合には混同の例外が認められる。例えば、Bの地上権が抵当権の客体になっていたという場合には、地上権は消滅しない。

A56 正解—5

1—誤　物権変動は意思表示によって生ずるので、現実の引渡しがなければその効力を生じることはないという点が誤り。引渡しは現実の引渡しも含めて、対抗要件にすぎない（**Q63**参照）。言い換えると、合意により所有権移転の効果が発生し、この効果は当事者間では引渡しがなくても主張できる。ただ、第三者との間では引渡しがない限り主張できない、ということである。

2—誤　即時取得の成立には、相手方が無権利であることについて、無過失であることまでも必要である（**Q64**参照）。

3—誤　所有者のない動産（無主物）は、所有の意思を持って占有を開始することで所有権が取得される。6か月の経過は必要でない。無主物であることを知らなくてもよい。

4—誤　時効完成後に原所有者から不動産を譲り受けた者と時効取得者とは、二重譲渡における第三者の関係に立つ。したがって、両者の関係は177条によって処理される。本肢の場合、譲り受けた者がすでに登記を得ているから、時効取得者は負けることになる。

5—正　所有権と地上権が同一人に帰属した場合、所有権のほかに地上権を持っていても意味がないので地上権の方が消滅する（混同、179条）。しかし、その地上権が第三者の質権の目的になっていたときには、混同を認めると第三者が困るので、消滅しない（混同の例外）。

125

Q57 不動産物権変動の対抗要件

問 次の記述のうち、最も適当なのはどれか（争いのあるときは、判例の見解による。）。

（裁判所職員改題）

1 Aは、所有する土地をBに譲渡したが、その旨の登記が未了の間に、当該土地をCにも譲渡し、その旨の登記を経た。さらに、Cは、当該土地をDに譲渡し、その旨の登記を経た。Cがいわゆる背信的悪意者である場合、Dは、Bとの関係で背信的悪意者ではない場合でも、Bに対し、当該土地の所有権の取得を対抗できない。

2 Aは、所有する土地をBに譲渡し、その旨の登記を経たが、Bの詐欺を理由に当該譲渡を取り消した。その後、Bは、当該詐欺及び取消しについて善意無過失のCに当該土地を譲渡した。この場合、Aは、当該土地についてA名義の登記を回復していたとしても、Cに対し、当該土地の所有権の復帰を対抗できない。

3 Aは、平成元年からB所有の土地を自己の所有であると無過失で信じて平穏かつ公然と占有を開始し、平成20年まで占有を継続していた。Cは平成15年にBとの間で当該土地について抵当権設定契約を締結したが、未だその旨の登記を経ていない。この場合、Aは、所有権移転登記を経なくても、Cに対し、当該土地について抵当権の負担のない所有権の取得を対抗することができる。

4 Aは、所有する建物をCに賃貸し、Cは当該建物の引渡しを受け居住していた。Aから当該建物を買い受けたBは、その旨の登記を経なくても、Cに対し、賃料の支払を請求することができる。

5 Aは、所有する土地をBに譲渡し、Bは、さらに当該土地をCに譲渡した。その後、Aが、AB間の譲渡を解除した場合、Cは、当該土地の所有権移転登記を経ていなければ、Aに対し、当該土地の所有権の取得を対抗できない。

PointCheck

● **177条の第三者のまとめ（判例の立場）** ·····················【★★★】

⑴177条の第三者の意義

当事者およびその包括承継人以外の者で、登記の欠缺（けんけつ）を主張する正当の利益を有する者。

⑵第三者に該当する者

①物権取得者（同一不動産に所有権、地上権、抵当権等を取得）
②賃借人
③差押債権者

⑶第三者に該当しない者

①不法占拠者　　②売主の一般債権者
③実質的無権利者　④背信的悪意者

●登記を必要とする物権変動のまとめ（判例の立場）……………………………【★★★】

(1)取消しと登記　A→B→C　（Aが譲渡を取消し）

Cの譲受け時期	ＡＣの関係	結論
取消し前	対抗関係にならない	制限能力・強迫取消の場合、Aが権利回復
		錯誤・詐欺取消の場合、Cが善意・無過失なら保護される
取消し後	対抗関係になる	ＡＣで登記を先に取得したほうが権利取得

(2)解除と登記　A→B→C　（Aが譲渡契約を解除）

Cの譲受け時期	ＡＣの関係	結論
解除前	対抗関係にならない	Cは545条1項ただし書によって保護される（権利保護要件としての登記が必要）
解除後	対抗関係になる	ＡＣで登記を先に取得したほうが権利取得

(3)取得時効と登記　A　B→C　（Aが時効取得、真の所有者BがCに譲渡）

Cの譲受け時期	ＡＣの関係	結論
時効完成前	対抗関係にならない	Aは登記なしで時効取得を対抗できる
時効完成後	対抗関係になる	ＡＣで先に登記を取得したほうが権利取得

(4)相続と登記

①共同相続と登記　（ＡＢで共同相続、Bが単独相続としてCに譲渡）

　判例：Aは自己の持分を登記なくしてCに対抗できる。

②相続放棄と登記　（ＡＢが共同相続、Bが相続放棄したがBは持分をCに譲渡）

　判例：Aは登記なくしてCに権利主張しうる。

③遺産分割と登記　（ＡＢが共同相続、遺産分割によりAが土地取得、Bが持分をCに譲渡）

Cの譲受け時期	ＡＣの関係	結論
遺産分割前	対抗関係にならない	Cは909条ただし書により保護される
遺産分割後	対抗関係になる	ＡＣで先に登記を取得したほうが権利取得

A57 正解−5

1—誤　背信的悪意者からの転得者（D）は、自分自身が背信的悪意者でない限り、所有権取得を対抗できる（**Q54**参照）。

2—誤　取消し後の第三者には、登記回復をもって所有権を対抗できる。

3—誤　Aは自己所有と無過失で信じ占有を開始しているので、時効期間は10年となり、抵当権者Cは時効完成後に登場した第三者である。ＡＣは対抗関係にあるので、抵当権の負担のない所有権の取得を主張するためには登記が必要となる。

4—誤　賃貸不動産の譲渡により、新所有者（B）が賃貸人の地位を賃借人（C）に主張するためには登記を備えることが必要とするのが判例の立場である。

5—正　解除前に登場したCは、545条1項ただし書により保護されるが、自己の所有権を主張するためには登記が必要である。

第1章

第2章

第3章

第4章

第5章

第6章

第7章

第8章

第9章

第10章

Q58 不動産物権変動

問 次のア～カの記述のうち、AがCに対し登記なくして所有権を主張することができる場合はいくつあるか。ただし、争いがある場合は判例による。　　　　　　（地方上級）

ア CがBから賃借している土地をBがAに譲渡し、AがCに賃料を請求する場合。

イ 土地がAからBに、さらにBからCに譲渡された後に、AB間の売買契約がBの未成年を理由に取り消された場合。

ウ BがAにB所有の土地を譲渡した後に、悪意のCにこの土地を二重譲渡した場合。

エ AがB所有の土地を占有中に、Bがその土地をCに譲渡し、その後Aがその土地を時効取得した場合。

オ AがBに土地を売却し、Aが詐欺を理由にこの売買契約を取り消した後に、BがCにこの土地を譲渡した場合。

カ AとBが共同相続した土地について、勝手に単独相続の登記をしたBからこの土地を譲り受けたCに対し、Aが自己の持分を主張する場合。

1 0　　2 1　　3 2　　4 3　　5 4

PointCheck

◉取得時効と登記 ………………………………………………………【★★★】

①時効取得者は、原所有者に対して登記なくして時効取得を対抗できる。

②時効取得者は、時効完成前の譲受人に対して登記なくして対抗できる。

③時効取得者は、時効完成後の譲受人に対して登記なくして対抗できない。

④時効の起算点を任意に繰り下げることはできない。

⑤時効完成後の譲受人が登記をしたときからさらに時効期間が経過すれば、占有者は登記なくして対抗できる。

試験対策としては、上記の5原則を覚える。

◉賃貸人の地位の主張と登記 …………………………………………【★★★】

物権変動を第三者に対抗するのに登記が必要とされる場合というのは、自分の取得した物権と相容れない権利を第三者も取得している場合で、その権利は自分のものだと主張したいときである（記述イ～カはすべてそのような場合か否かを判断させる問題である）。これに対して、記述アの場合はこのような権利の取り合いの関係の場合ではない。なぜなら、AはCの賃借権を認めている場合だからである。すなわち、AはBより譲り受けた土地について、Cの賃借権による制限を受けることは認めた上で、貸主として賃料をもらいたいとしているだけである。これは、いわゆる対抗問題の場面ではない。とすれば、Aは登記なしに、自分が新所有者であると主張しCに賃料を請求できてよさそうなものである。しかし、605条の

2は、Aは登記をしていなければ賃貸人の地位の移転の主張、賃料の請求をすることができないとしている。その理由は、Cが二重払いをさせられる危険があるからである。すなわち、BがAに譲渡した後にDにも譲渡し（二重譲渡）、Dに対して登記を移転してしまったとすると、AはDに負け、Dこそが新所有者としてCに対して賃料を請求し得る立場に立つことになる。その結果、CはDに賃料を払わざるを得なくなり、Aに払った分はAから取り戻さなければならなくなる。このようなCの立場を考慮して、Aは賃料を請求するにあたって登記が必要とした。このような登記の場合を権利保護要件としての登記と呼んで、いわゆる対抗問題の場合、すなわち物権の取り合いの関係の場合と区別するのが通説である。

Level up Point!　本問のように各記述に異なる事例が登場する問題に対しては、簡単な図を描いて考えることが有用である。頭の中だけで考えていると、思わぬところで勘違いを起こしたりするものである。記述イでは、Cは取消し前に登場した第三者であることをしっかり確認して答えを出すことが必要である。記述エでは、Cが時効完成前に登場した第三者であることを確認すること、同様に記述オではCが取消し後に登場した第三者であることを確認することが大切である。

A58 正解－4

ア－登記必要　AがCの賃借権を認めて賃料を請求していく場合にも登記が必要である（605条の2第1項・3項）。BがDに二重に譲渡し、Dが先に登記を取得してAに勝った場合にCが困ることになるからである。

イ－登記不要　未成年を理由とする取消しはすべての第三者に対抗できるから、取消し前に登場していたCは無権利者となる。よって、Aは登記なくしてCに権利を主張できる。

ウ－登記必要　悪意の第三者も資本主義的自由競争の枠内にあり保護に値するとして、これに対抗するにも登記は必要と解されている（判例・通説）。もっとも、Cが単なる悪意を越えて背信的悪意の場合には、Aは登記なくして対抗できる（判例）。

エ－登記不要　時効完成前に生じた第三者との関係では、その者と時効取得者とは当事者の関係と同視されるから、Aは登記なくしてCに所有権を主張できる。

オ－登記必要　取消し後に登場した第三者との関係では、取消しによるB→Aの復帰的物権変動を認定し、これとB→Cの譲渡とが二重譲渡の関係に立つと見る。よって、Aは登記がなければCに対抗できない。

カ－登記不要　土地はAとBの共有になっており、BがCに譲渡できるのはBの持分のみ。登記には公信力がないから登記を信じてもだめ。CはAの持分についてはあくまで無権利者であるからAは登記なくしてCに権利の主張ができる。

以上より、イとエとカが登記不要の場合で、正解は4となる。

Q59 不動産物権変動と登記

問 不動産登記に関する次の記述のうち、判例に照らし、妥当なものはどれか。 （国家一般）

1 詐欺による取消しは、先に登記をしなければ取消し後に不動産を取得した第三者に対抗できない。
2 入会権は、所有権・地上権などと同様に登記することのできる権利であり、登記がなければその取得を第三者に対抗できない。
3 登記の申請については当事者が共同して行わなければならないから、同一人が登記権利者と登記義務者双方の代理人となることはできない。
4 借地人が土地の賃借権について登記をしていないときは、たとえその借地上に自己名義の表示登記のある建物を所有していたとしても、当該賃借権をもって第三者に対抗することはできない。
5 Aから土地を購入したBが移転登記をしない間に、Cが当該土地を不法占拠し始めた。この場合、Bは登記なしにCに当該土地の所有権を対抗することはできない。

PointCheck

●登記の申請手続··【★★☆】

「登記の申請は当事者が共同して行わなければならない」（肢3）とは、例えば、Aが自分の土地をBに譲渡した場合に、登記をAの名義からBの名義に移転するには、AとBの共同申請によらなければならないということである。その理由は、Bだけで申請されたのでは登記の真正を担保できないからである。すなわち、登記をすることによって自己の名義を失うことになるAにも手伝ってもらって登記申請をしてくるのであれば、本当にA→Bの物権変動はあったのだろうと信じられる、というわけである。AとBが共同で登記を申請する場合、2人とも同一人の司法書士を登記申請の代理人として申請する。これが、双方代理の禁止に違反しないかが問題となる。確かにこの場合には、双方代理ではあるが、「債務の履行」にあたるので、有効な代理行為となるとされる。言い換えると、買主へ移転登記をするのは、売主の債務である。したがって、売主が移転登記手続を司法書士に委託するのは、債務の履行を託すことであり、買主が委託するのは債務の受領を託すことである。代理人となった司法書士に裁量の余地もなく、双方代理の禁止の例外として許容されるのである。

●借地借家法10条··【★★★】

民法は、土地を賃借した者が、その土地の譲受人に対して賃借権を対抗する方法として、賃借権の登記を認めた（605条）。これによって、不動産の賃借権はほぼ物権並みの力を備えるようになった。さらに、対抗力を備えた賃借権は、第三者に対抗できるようになるだけでなく、本来は物権が持つべき力である「妨害停止・返還請求権」をも与えられるとしている（605条の4）。これが賃借権の物権化と呼ばれる現象である。

第1章

第2章

第3章

第4章

第5章

第6章

第7章

第8章

第9章

第10章

　しかし、もともと賃借権は債権であるから、賃借人は賃貸人に対して賃借権の登記をせよという登記請求権を持たないものである。かくして、民法の規定だけでは、賃借権の物権化は画餅となってしまうこととなる。

　そこで、借地借家法10条は、賃借権の登記のほかにもう一つの対抗要件を創設した。それは、土地の賃借人がその土地上に自分の所有する建物の登記をしていれば、第三者に賃借権を対抗し得るというものである。この規定を支える根拠は、次のような考えである。すなわち、土地を譲り受ける者は現地を見に行き建物を発見するはず→その建物の登記を調べれば賃借人の名前を発見するはず→土地の売主とは別人が建物を所有している以上、そこには賃借権などの利用権が設定されていると気づくはず、というものである。このような仕組みである以上、借地借家法10条の登記は、対抗要件として登記である必要はないということになる。肢4にある「表示登記」とは、建物の所有者を記載してあって課税台帳としては用いられるが、対抗要件とはならない登記である。しかし、借地借家法10条の要求する建物の登記になる資格はあるといえるのである。

Level up Point!　本問は、肢1・2・5で困惑することはないであろう。肢3と肢4については、一度きちんと理解しておかなければならない問題である。

A59 　正解ー1

1—正　取消後の第三者との関係は、二重譲渡の場合と同視され、177条により処理される。したがって先に登記を取得した者が勝つ。

2—誤　入会権は、登記できない権利である。対抗要件なしに第三者に主張し得る。

3—誤　この場合には、双方代理が例外的に許される場合である「債務の履行」にあたり、同一人が代理人となってよい。

4—誤　借地人が、借地上に自己名義で登記した建物を所有している場合には、借地権を対抗できる（借地借家法10条）。このときの登記は表示の登記であってもよいので本肢は誤り。

5—誤　Cは不法占拠者であり、Bと何ら権利の奪い合いの関係に立つ者ではない。よって、Cは177条の第三者にあたらず、Bは登記なくしてCに所有権を対抗できる。

Q60 相続と登記

1 Aが死亡し、Aが所有していた不動産をBとCが共同相続したが、Cが単独相続による所有権移転登記をしてDに当該不動産を譲り渡した。この場合、Bは自己の持分を登記なくしてDに対抗できる。

2 Bは、死亡したAからAが所有していた不動産の遺贈を受けたが、遺贈による所有権移転登記をしないうちに、相続人Cの債権者Dが当該不動産を差し押さえた。この場合、Bは遺贈による所有権を登記なくしてDに対抗できる。

3 Aが死亡し、共同相続人BC間で、Aが所有していた不動産の遺産分割協議が調ったが、分割結果とは異なる持分割合の登記がなされ、Cの債権者DがBの持分であるが登記上Cの持分となっている部分を差し押さえた。この場合、Bは自己の持分を登記なくしてDに対抗できる。

4 Aが死亡し、Aが所有していた不動産をBとCが共同相続したが、Cが相続放棄した後に、Cの持分に対して債権者Dが差し押さえた。この場合、Bは自己の所有権を登記なくしてDに対抗できない。

5 夫Aが、所有する不動産を妻Bに「相続させる」趣旨の遺言を作成した後死亡し、その後、A・Bの子Cの債権者Dが当該不動産を差し押さえた。この場合、Bは自己の所有権を登記なくしてDに対抗できない。

PointCheck

●「○○に財産を相続させる」旨の遺言 ……………………………………【★★☆】

「A氏に山林を相続させる」という遺言がなされることがある。このA氏が相続人以外の者であった場合、相続人を遺言で指定することは認められないから、このような遺言は遺贈になると解されている。遺贈による取得も177条の物権変動であるから、登記を受けなければ第三者に対抗することができない（本問肢2はこの遺贈を扱った問題である）。

これに対して、A氏が相続人の一人だった場合には、その相続人に山林を取得させて欲しいという「遺産の分割方法の指定」となる。そして、山林の価値がその相続人の相続分を超えていた場合には、同時にその相続人の「相続分の指定」もなされていたのだと解することになる。この場合に遺産分割の要否について見解の対立がある。

第1説は、遺産分割協議は省くことはできず、遺産分割協議を行った上で、当該山林をA氏に与えるように決める必要がある、と解する立場である。この立場でいくと、対第三者との関係で、「分割協議の結果は分割前の第三者の権利を害し得ない」という909条ただし書が働くことになる。その結果、分割前に登場した第三者は909条ただし書によって保護されることになる（善意・悪意不問。なお、第三者は権利保護要件としての対抗要件を備えることが必要）。

問題でPointを理解する

Level 2 **Q60**

第1章

第2章

第3章

第4章

第5章

第6章

第7章

第8章

第9章

第10章

　第2説は、このような遺言がなされたときは、分割協議自体が不要となり、被相続人から直接にA氏に権利が相続されるのだと解する立場である。こう解するときは、分割協議をしていないのであるから、909条ただし書は働かない。そして、相続による権利取得を対抗するのに登記は不要であるから、この場合の権利取得は登記なしに第三者に対抗し得ることになる。判例（最判平3.4.19）は、この立場に立つ（本問肢5は、これを扱った問題である）。

Level up Point!　本問は、他の問題文に比べてやや難しい。肢2と肢5については、上述のとおりである。肢3は、遺産分割と第三者の問題で、解除と第三者の論点と同様に扱うと覚えればよい。すなわち、判例によれば、分割前の第三者は第三者保護規定（909条ただし書）によって保護され、分割後の第三者は対抗問題（177条）として処理される。肢4は、相続放棄と登記の論点である。これについては、放棄した者は、一度も権利を取得しなかったことになり、いつも負けと扱われる、と覚えればよい。

A60　正解─1

1─正　共同相続により、不動産はBCの共有となった。DがCから取得できるのは、Cの相続した持分のみである。登記に公信力はないから、Cの単独所有の登記への信頼は保護されない。以上から、BはAより相続した持分を登記なくしてDに対抗できる。

2─誤　遺贈による取得にも登記が必要である。本肢の場合、Bは相続人Cとの関係では登記は要らないが、Cの差押債権者Dとの関係では登記が必要である。

3─誤　分割協議による取得も177条の登記を要する物権変動である（判例）。よって、Bは分割協議によって取得した分を第三者に対抗するには登記が必要である。したがって、Cの差押債権者Dに対して、Bは、登記がなければ分割協議によって取得した分を対抗できない。

4─誤　Cは、相続放棄により、始めから相続人とならなかったことになる。つまり、その不動産は始めからBが単独で相続していたことになる。Cには一度も持分が帰属したことがなかったことになり、Dの差押えは無効である。Bは登記なくしてDに対抗できる。

5─誤　BはAの相続人である。相続人に対して「ある財産を相続させる」趣旨の遺言がなされた場合、それは遺産の分割方法の指定（相続分を越える場合は、相続分の指定も含まれる）となると解されている。この場合には、分割の結果はすでに決まっているのであるから、分割手続は不要となり、相続開始とともに、ただちに所有権はBに相続される（判例）。これは相続による取得であるから、登記は不要である。以上から、Bは登記なくしてDに所有権を対抗できる。

物権的請求権・動産物権変動と即時取得

Level 1　p136〜p149　　Level 2　p150〜p155

1 物権的請求権

Level 1 ▷ **Q61,Q62**

(1)意義 ▶p136

物権の侵害または侵害のおそれのある事実状態の存在によって、物権から派生して生じる独立の請求権。

(2)種類

①物権的返還請求権

目的物を他人が占有する場合にその返還を求める。

②物権的妨害排除請求権

占有喪失以外の方法で侵害を受けている場合に侵害の除去を求める。

→土地に他人が無断で建物を建てた場合にその建物の除去を求める場合などがこれにあたる。この場合、請求の相手方は、建物の所有者である。しかし、所有者が建物を他に譲渡しても、自分で取得した建物の登記がまだ残っている限り、請求の相手方となり得るとするのが判例である。

③物権的妨害予防請求権

物権の侵害を生ずるおそれのある場合に、その予防措置を求める。

2 動産物権変動

Level 1 ▷ **Q63,Q64**　Level 2 ▷ **Q69**

(1) 178条の意味

動産物権変動は、その動産の引渡しがなければ第三者に対抗できない。

第三者の意味については不動産物権変動の177条と同様に考えればよい。

(2)引渡しの態様 ▶p140

①現実の引渡し

→合意＋物の現実的支配の移転

②簡易の引渡し

→譲受人がすでに所持している場合→合意のみ

③占有改定

→譲渡人が譲渡後も借りているような場合→合意のみ

④指図による引渡し

→AがCに貸している物をBに譲渡したが、BもCに貸したままでよいという場合

→ABの合意＋AからCへの指図（Cの同意不要）

〈AからBへの引渡し〉

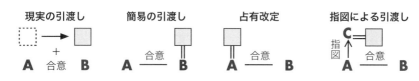

| 現実の引渡し | 簡易の引渡し | 占有改定 | 指図による引渡し |

---

3 即時取得

Level 1 ▷ **Q64～Q67**　Level 2 ▷ **Q68～Q70**

(1)制度趣旨：動産の占有に「公信力」を認めて、取引の安全を図る。

(2)要件（192条） ▶p142

① 取引の対象が「動産」であること（「占有」が権利の信頼の対象となる物）

不動産×、登録済みの自動車×、未登録あるいは登録抹消後の自動車○

伐採前の樹木×（不動産の一部）、伐採後の樹木○（動産）

② 前主（占有者）の無権利（前主が無権利であるために権利が取得できないこと）

前主が、所有権者であるが、制限行為能力者・無権代理人などであるため、買主が所有権を取得できないという場合には、即時取得は適用されない。

③ 取引行為の存在

売買・贈与・代物弁済・質権設定・強制競売○、相続×

④ 占有の承継→占有の承継は占有改定でもよいか？

判例：否定説（占有改定は占有の外形に変化なし）

学説：否定説・肯定説・折衷説（占有改定で一応OK＋現実の引渡しで確定）

⑤ 譲受人の平穏・公然・善意・無過失

すべて推定される。

(3)盗品・遺失物の特則 ▶p154

盗難・遺失の時から2年間、被害者・遺失主は取得者に対して返還請求できる（193条）。

〈取得者が支払っていた代金は？〉

取得者が公の市場や競売・同種の物を販売する商人から買った場合にだけ、代金を弁償しなければならない（194条）。それ以外は、弁償不要。

Q61 物権的請求権

　問 物権的請求権に関する記述として正しいものは、次のうちどれか（争いのあるときは、判例の見解による）。
（裁判所職員）

1 占有権が侵害された場合、占有訴権だけでなく、占有権に基づく物権的請求権も発生する。

2 ある土地の所有者がその土地を賃貸したが、賃借人が賃料を支払わないので、賃貸借契約を解除して土地の明渡しを求める場合、賃貸人は土地所有権に基づいて物権的請求権を行使すればよいから、賃貸借契約の終了に基づく土地明渡しを求めることはできない。

3 物権的請求権は、物権と独立して消滅時効にかかる。

4 物権的請求権は、権利の円滑な実現が妨げられただけで当然に発生し、相手方の故意または過失を要件としない。

5 所有権に基づく妨害排除請求権は、物の所有者が占有を完全に失った場合に発生する物権的請求権である。

PointCheck

◉**物権的請求権について**‥‥‥‥‥‥‥‥‥‥‥‥‥‥‥‥‥‥‥‥‥‥‥‥‥【★★☆】

⑴物権的請求権の根拠

　物権は、物を直接的に支配する権利である。この直接的支配というのは、債権に基づいてなす物の支配が間接的であるということに対応している。例えば、他人の物を賃貸借などの債権に基づいて使用している者は、貸主が使わせてくれているから使えるのである。これを間接的支配という。これに対し、自分の所有物であれば誰の手も介さずに使用できる。これが直接的支配である。

　このように物の直接的支配を権利として認める以上、それが妨げられたときは妨害を排除できなければならない。それが、物権的請求権（物上請求権）である。物権的請求権を認めた明文規定はないが、解釈によって認められたものである。

⑵物権的請求権の種類

　物権的請求権は、物に対する侵害態様に応じて、3種類に分けられる。

　①物権的返還請求権

　　これは、例えば泥棒に盗んだ物を返せと請求するように、物の占有を失った場合に、物を占有している者に対して、その物の返還を請求する権利である。不動産の場合には、明渡請求権とも呼ばれる（土地上や建物内にあった物を除いて明け渡すというイメージである）。

　②物権的妨害排除請求権

　　これは、例えば自分の土地に誰かが勝手に自動車を駐車しているので、自動車をどかせと請求するように、物権の内容が妨害されている場合に、その妨害者に対して妨害の排除を請求する権利である。占有を失っているかどうかが、物権的返還請求権との分かれ目で

ある。

③物権的妨害予防請求権

　これは、例えば隣家の樹木が台風により自分の土地に倒れそうになったので補強工事をせよと請求するように、将来、物権の妨害が生じるおそれがある場合に、妨害の予防を請求する権利である。

(3)物権的請求権は、行為請求権か認容請求権か

　物権的請求権を行使した場合に、侵害の回復に要する費用は請求を受けた者が負担する（行為請求権説）のか、それとも、請求者が負担し相手方には請求者が回復行為をするのを認容するように求め得るだけ（認容請求権説）なのか、の対立がある。

　判例は、原則として行為請求権であるとする。しかし、侵害または危険が不可抗力に起因する場合や請求者が自らそのような侵害を認容すべき義務を負う場合は別だとしている（大判昭12.11.19）。

◉消滅時効にかからない権利･･････････････････････････････････････【★☆☆】

消滅時効にかからない権利として重要なものには以下のものがある。

・所有権　　　　　　　　　　　　・共有物分割請求権
・所有権に基づく物権的請求権　　・占有権
・登記請求権　　　　　　　　　　・留置権
・相隣権　　　　　　　　　　　　・先取特権

A61　正解―4

1―誤　占有権に基づく物権的請求権というものはなく、占有権が侵害されたときには、その回復は占有訴権のみによるしかない。

2―誤　物権的請求権は物権から派生する権利であり、これと賃貸借契約の終了に基づく債権としての土地明渡請求権は別のものであるから、どちらの権利でも行使できるとするのが判例の立場である。

3―誤　物権的請求権は、物権がある限り存続し、物権から独立して消滅時効にかかることはない。

4―正　物権的請求権は、物権の侵害状態や侵害のおそれのある状態があれば、発生してくるものであって、相手方の故意・過失は問題とならない。損害が不可抗力の場合でもよい。

5―誤　占有を失った場合に発生するのは、妨害排除請求権ではなく、返還請求権である。

Q62 物権的請求権の相手方

問 他人の土地に無権限で建物を所有する者がいる場合、土地の所有者が建物収去請求の訴えを提起するにあたり、建物の所有権の登記名義人が自らその登記を行った者であるときは、建物の所有者がその建物を他に譲渡した後であっても、この登記名義人をも被告とすることができるとするのが判例である。この見解を前提とした場合の説明として、次のうち、妥当なものはどれか。

（国家一般）

1　登記名義人を被告とすることができることにより、土地の所有者は建物の実質的な所有者を探求する困難を免れることができる。
2　登記名義を基準とするから、実質的所有者が登記名義人でないときには、その者を被告とすることはできない。
3　登記名義を基準とするから、実質的な土地の所有者であっても、土地の所有権の登記を経由していない場合には、建物収去請求をすることはできない。
4　登記名義を基準とするから、実質的には土地の所有権を有しない者でも、土地の所有権の登記名義人であれば、建物収去請求をなしうる。
5　判例の見解を前提としても、建物の占有を有しない者に対する収去請求は無意味であるから、建物に居住していない登記名義人は収去義務を負わない。

PointCheck

◉物権的請求権の相手方 ……………………………………………………………………【★★☆】

　物権的請求権の相手方は、物権による支配を妨げている者である。例えば、Ａの土地にＢが無権限で建物を建てている場合には、その建物の所有者であるＢが相手方である。ＢがＣの建物をＣに譲渡した場合には今度は建物の所有権を取得したＣが相手方になる。では、その場合Ｂは相手方にはならないのだろうか。

　①Ｂの所有していた建物が未登記だった場合

　　建物が未登記だった場合には、ＢはＣへ譲渡することにより確定的に所有権を失うことになるから、それにより土地の妨害者ではなくなることになる。よって、Ｂは物権的妨害排除請求権の相手方にはならない。たとえその後、Ｂの意思に基づかないでＢの名義で所有権取得の登記がなされたとしても、Ｂが物権的妨害排除請求権の相手方になることはない（判例）。

　②Ｂの所有していた建物にＢが所有権取得の登記を経由していた場合

　　Ｂが建物について自分の意思に基づいて所有権取得の登記を経由していたときは、その建物をＣに譲渡した場合でも、その登記名義をＣに移転しない限り、Ａに対して建物所有権の喪失を主張して、物権的請求権の相手方とされるのを免れることはできない（判例）。この場合にはＡは、建物を譲り受けたＣを相手方とすることもできるし、まだ登記名義を移転していないＢを相手方にすることもできる。

●典型的な対抗問題との比較………………………………………………………【★☆☆】

　本問で問題となる判例は、前述の②の場合である。この問題は、見方を変えると、「建物の所有者は、その建物を譲渡して自分が所有者ではなくなった」ことを対抗するのに登記が必要か、という問題ととらえることができる。判例も、「物権変動における対抗関係にも似た関係」であるとしている。では、この場合と177条の典型的な対抗問題とはどこが違っているのか。

　典型的な対抗問題の場合は、権利を取得した者がその取得を対抗するために登記が必要かという問題である。つまり、権利を取得した者同士の関係の問題である。それに対して、ここでは、所有権を失った者が失ったことを対抗するのに登記が必要かという問題であって、ここには権利の取り合いの関係はない。土地の所有者が、土地上の建物の所有権がだれに属するかについて、重大な利害を持つことから、判例は、あたかも物権変動における対抗問題に似た関係が認められるとしたのである。

　この背景には、土地の不法占拠者が土地上の建物を第三者に譲渡した後は譲受人しか相手方にすることができないというのでは、土地の所有者が妨害排除請求権の相手方を発見することが難しくなるという事情がある。

A62　正解ー1

1—正　本問について判例（最判平6.2.8）は、もしも登記に関係なく実質的所有者を相手方にしなければならないとすれば、土地所有者は、その探求の困難を強いられることになり、また、相手方においてはたやすく建物の所有権の移転を主張して明渡しの義務を免れることが可能になるという不都合が生ずる恐れがある、としている。

2—誤　登記名義人をも被告とすることができるというのであって、登記名義人のみ被告とすべしとは述べていない。実質的所有者を見つけ出して、その者を被告にすることはもちろんかまわない。

3—誤　建物収去の請求をする側に登記が必要かどうかは、被告となる者が誰かによる。被告となる者が土地の二重譲受人などのように、土地について権利を相争うような立場にいる者の場合には登記が必要であるが、無権利者である場合には登記は不要である。本問では、無権限者が被告であるから、登記は不要である。

4—誤　本肢が述べているのは、「土地の所有者が土地の所有権を第三者に譲渡したが、まだ登記名義を移転していない間は、登記名義人が所有者として、建物収去の請求をなしうる」という意味である。つまり、物権的請求権を行使するについても登記を基準とするのかという問題であるが、土地の所有権がなければ物権的請求権はない。判例が登記を基準とするとしたのは、物権的請求権の相手方となる被告についてであって、物権的請求権を行使する原告についてではない。

5—誤　建物の占有を有しない者に対する収去請求が無意味であるとはいえない。代替執行により建物収去を行い、それに要した費用を登記名義人に請求すればよい。

139

Q63 動産引渡しの種類

問 民法上の占有の移転に関する次の記述のうち、妥当なものはどれか。 （地方上級）

1 Aから動産の保管を頼まれていたBが、Aからその物を買い取った場合、占有の移転は、占有改定によって行われる。

2 AがCに預けてあった動産をBに譲渡した場合において、BもCに預けたままにしておくことにした場合には、AからCに対して「今後は、Bのために保管するように」との指示を出せば、Cが承諾しなくてもAからBへ占有が移転する。

3 Aが、自己の動産をBに売却したが、しばらくの間それをBから借りておくことにした。この場合になされる占有の移転は、簡易の引渡しである。

4 動産の物権変動においては、現実の引渡しが対抗要件となり、簡易の引渡しや占有改定では対抗要件とはならない。

5 占有権の譲渡があった場合、譲受人は、自己の占有のみしか主張できず、前主の占有をあわせて主張することはできない。

PointCheck

◉引渡しの種類··【★★★】

　動産物権変動の対抗要件は、その動産の引渡しであるが、この引渡しには下図のように4つの種類がある。この中で特に問題となっている引渡しが③占有改定である。これは図にあるように、引渡し後もAが借りて持っているという場合であり、外形的には占有状態に何ら変化がないのに引渡しがあったとされる場合である。そこで、この占有改定という引渡しは、動産物権変動の対抗要件としては認められるが、即時取得や質権設定の成立要件としての引渡しとしては認められないというのが判例である。

①現実の引渡し

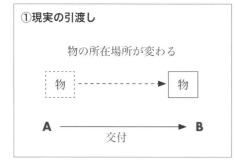

物の所在場所が変わる

②簡易の引渡し

AがBに貸してあった本をBに売却したというような場合に行われる。物はすでにBの所にあるから、物の移動は不要で、AとBの合意だけで引渡しがあったことになる。

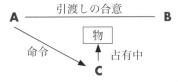

③占有改定

物

その後もBから借りておく

A ——————————————— B
　　　引渡しの合意

Aが引渡し後もBからその物を借りておくような場合。AがBに今後はBのために占有するという意思表示をすればよい。

④指図による引渡し

A ——— 引渡しの合意 ——— B

物

命令 ↘ 占有中
　　　C

AがCに預けておいた物をBに売却したが、BもCに預けていたいというような場合。AからCに、今後はBのために保管せよと指図（命令）し、譲受人Bがそれを承諾する。保管者Cの承諾は不要。

A63 正解─2

1─誤　本肢の場合、その動産は引渡しを受ける前からBの下にある。このように引渡しを受ける者の下に当初から目的物が存在している場合に用いられる引渡しの方法が、「簡易の引渡し」である。簡易の引渡しでは、目的物はすでにBのところにあるわけだから、AB間で引渡しを合意すればそれで引渡しがなされたことになる。

2─正　本肢のような場合に用いられる引渡しの方法が、「指図による引渡し」である。指図による引渡しでは、AB間で引渡しの合意をするとともに、AからCに対し、本肢にあるような指図がなされる。この場合、Cの承諾は不要である。Cには、その承諾を要件としなければならないほどの利益は認められないからである。

3─誤　本肢のように、Aが売却した後も、その目的物を借りて占有することになる場合の引渡しが「占有改定」である。AB間の合意だけで引渡しがなされたことになる。いったんBに交付してもどうせまたAに戻されるのだから、手間を省いたのである。

4─誤　動産物権変動の対抗要件である「引渡し」には、現実の引渡し、簡易の引渡し、占有改定、指図による引渡しの4つがすべて含まれる。占有改定の場合には、目的物は引渡し後も譲渡人の直接占有の下に置かれることになり、取引の安全を害するおそれがあるが、第三者の保護は即時取得によって図られる。

5─誤　占有権の譲渡があった場合、前主の占有していた効果も承継されると考えてよいから、譲受人は、自己の下で始まった占有に前主のなしていた占有を加えて、合算した占有期間を主張することが可能となる。もちろん、合算しないで自己のなした占有期間だけを主張することもできる。

Q64 即時取得の要件

問 動産の即時取得に関する次の記述のうち、妥当なものはどれか。 （国家一般）

1 即時取得は取引行為による場合に限られるので、他人の山林を自己の物と過失なく信じてその樹木を伐採しても、即時取得の適用はない。

2 金銭も動産であるから、即時取得の対象となり、取得者が善意無過失であるときに限り所有権を取得する。

3 自動車は、未登録の段階では即時取得の対象とならないが、登録された場合には即時取得の対象となる。

4 所有権を持たない者から動産を買えば即時取得によって保護されるのだから、無権代理人に代理権があると過失なく信じて無権代理人から動産を買った場合も、即時取得によって保護される。

5 占有改定も占有取得の一種であるので一応即時取得の適用があるが、確定的ではなく、現実の引渡しを受けることによって確定的になるとするのが判例である。

PointCheck

◉即時取得の要件である平穏・公然・善意・無過失の推定‥‥‥‥‥‥‥‥‥‥‥‥‥‥【★★★】

この４つの要件はすべて推定される。

まず、平穏・公然・善意の３点については、186条が、「占有者は、所有の意思をもって、善意で平穏かつ公然に占有するものと推定する」としていることにより推定される。

次に、無過失の点についてであるが、これは186条には書いてない。そこで、判例は188条を使って推定する。すなわち、188条は「占有者が占有物の上に行使する権利はこれを適法に有するものと推定している」のであるから、動産の占有者と取引をする者が占有の外観に対応する権利があるものと信じることも無理もないというべきであり、この規定により無過失が推定される、としている（なお、取得時効の場合には、所有の意思・平穏・公然・善意までは186条によって推定されるが、無過失については推定はないとされている）。

◉金銭と即時取得‥‥‥‥‥‥‥‥‥‥‥‥‥‥‥‥‥‥‥‥‥‥‥‥‥‥‥‥‥‥‥‥‥【★☆☆】

金銭は動産であるが、金銭には即時取得の規定は適用されないと解されている。なぜなら、金銭の所有権は占有とともに移転するものと考えられるからである。例えば、Aが、Bに、Aのお気に入りの弁当を買ってきてほしい、と依頼して千円を渡した場合において、その弁当が売り切れだったのでBがAに千円を返そうとする場合、BはAから受け取った番号のお札を返さなければならないとはだれも考えないであろう。この場合、千円札の所有権はいったんBに移転し、Bは千円の価値をAに返還する義務を負うだけなのである。このように考えると、BがAから預かった千円で自分のための弁当を購入したからといって、弁当屋が千円札を即時取得するなどと考える必要がないことになる。

問題でPointを理解する
Level 1 **Q64**

第1章

第2章

第3章

第4章

第5章

第6章

第7章

第8章

第9章

第10章

もっとも、金銭であっても封筒に入れて委託した場合や記念硬貨などの場合には、占有と離れて所有権を観念することができる。その場合には、金銭も即時取得の対象となる。

●**占有改定と即時取得**……………………………………………………………【★★★】

即時取得の成立には目的物の引渡しが必要であるが、判例は、占有改定はこの場合の引渡しとしては失格だとする。このように、占有改定では足りないとする見解は、即時取得の成立には、現実に物の占有が譲渡人の下からなくなって、外形的に見て何かが起こったと思えるような変化が必要だとするものである。この立場は、即時取得によって所有権を失う者の立場を考慮したものということができる。

これに対し、即時取得の成立要件の引渡しには占有改定も含まれるという見解も有力である。この見解は、即時取得の保護を受ける者は対抗要件まで備えた者であるべきと考える。言い換えると、権利保護の資格として対抗要件を要求したと理解する立場である。この立場では、占有改定という引渡し方法も立派な対抗要件なのだから、占有改定でも即時取得は認められるとする。

最後に、両説の中間をいく見解がある（折衷説）。これは、占有改定では即時取得はまだ不確定的であるが、後に現実の引渡しを受ければ確定的に即時取得が成立するとする。この場合、善意・無過失の要件は、占有改定の時にあれば足りるとする。

A64 正解―1

1―正 　即時取得が取引行為による場合に限ることは、平成16年の改正で明文化された。もちろん、それまでも通説は取引行為による取得の場合に限るとしていた。なぜなら、即時取得は取引の安全を図るためのものだからである。他人の山林を自己の物と過失なく信じてその樹木を伐採しても何ら取引がなく、即時取得は適用されない。

2―誤 　金銭は即時取得の対象とならない。金銭はその占有者に所有権もあると見るべきだからである。

3―誤 　本肢は逆である。自動車は未登録の段階ならば、占有者を見て所有者だと信じるのも無理もないので、即時取得の対象となる。しかし、登録された場合には、登録を調べれば所有者が誰か判明するのだから占有者を所有者だと信じるのは保護に値しない。よって、即時取得の対象とはならない。

4―誤 　即時取得は、自分に譲渡した者に動産の占有があったため、そこに所有権があると思ったという信頼を保護するものであって、代理権があると思ったという信頼まで保護する制度ではない。

5―誤 　本肢の見解は折衷説である。判例は、占有改定では即時取得はできないという否定説である。

Q65 即時取得制度

問 民法第192条の即時取得に関する次の記述のうち、誤っているものはどれか（争いのあるときは、判例の見解による）。 (裁判所職員)

1 Cは、Aの代理人と称する無権代理人Bとの間で動産についての売買契約を締結し、その動産の現実の引渡しを受けた。売買契約について表見代理が成立せず、Aが追認をしない場合であっても、Bに代理権があると過失なく信じた場合であれば、Cは即時取得によってその動産の所有権を取得することができる。

2 即時取得の制度は、取引の安全を保護するため、動産の占有に公信力を与えたものである。

3 即時取得が成立した場合、目的動産について真の権利者の債務を被担保債権として及んでいた動産売買の先取特権は消滅する。

4 本来処分権限のない売主から動産を買った者が、即時取得によってその動産の所有権を取得するためには、売主が無権利者でないと誤信し（善意）、かつ、そう誤信したことについて過失のないこと（無過失）を要するが、善意・無過失はともに推定を受ける。

5 金銭の所有権者は、特段の事情のないかぎり、その占有者と一致するべきであり、また金銭の占有者は、金銭の所有者とみるべきであるから、金銭については即時取得の適用はない。

PointCheck

◉即時取得と取得時効··【★☆☆】

　即時取得と動産の取得時効とはまったく別のものである。しかし、民法の立法者は、即時取得を善意・無過失で動産の占有を始めた場合の短期の時効として考えていた。その時効期間が「即時」だったのである。そのために即時取得の規定の体裁がなんとなく時効の規定と似ているのである(平穏・公然・善意・無過失・占有取得が要件となっていることなど)。また、10年間の時効期間を規定していた旧162条2項には、「不動産」を占有した者は、と書かれており、動産の占有者は書かれていなかった。

　しかし、即時取得を時効の一種ととらえることは正しくない。判例・学説は、即時取得をもって、動産の占有に対して公信力を与えて取引の安全を保護しようとしたものであり、時効とは本質的に異なるととらえていた。そこで解釈としても、旧162条2項の規定には、「不動産」と書かれているが、「動産」を善意・無過失で10年間占有する場合にも同条項は適用されるべきだとしていた。

　そこで、民法の現代語化のための改正（平成16年改正）に際し、162条2項から不動産の語を削除し、「10年間、所有の意思をもって、平穏に、かつ、公然と他人の物を占有した者は……」と規定し、動産の占有者にも10年間の時効期間が適用されることを明らかにした。また、即時取得の規定である192条に「取引行為によって」という語句の挿入も行った。これにより、動産にも、善意・無過失の占有者には10年間の取得時効があること、および

問題でPoint を理解する

Level 1 **Q65**

第1章

第2章

第3章

第4章

第5章

第6章

第7章

第8章

第9章

第10章

即時取得は動産の即時の時効ではないことが明らかになった。

●不動産の取引の安全保護‥‥‥‥‥‥‥‥‥‥‥‥‥‥‥‥‥‥‥‥‥【★★★】

　不動産は、登記によって権利が公示されているものであるから、不動産の占有に公信力を認める余地はない。即時取得の規定である192条にも「動産」と明示されている。では、不動産の場合に「登記」に公信力は認められないか、というと、登記に公信力を認めた規定はない。その結果、例えば、Aの土地の登記名義人がBになっており、Cがその登記を見て、Bが所有者と信じてBからその土地を譲り受けたとしても、そのようなCの信頼は保護されないことになる。しかし、このような場面で重要な役割を果たすのが、虚偽表示に関する94条2項の類推適用という手法である。この手法によるためには、真の権利者Aの帰責性が必要となるが、Aの帰責性の要件が備われば、登記を信頼した者を保護することが可能になる。

●動産上の先取特権の追及力‥‥‥‥‥‥‥‥‥‥‥‥‥‥‥‥‥‥‥【★☆☆】

　動産の上の先取特権は、債務者がその目的動産を第三者に譲渡して引き渡したときはもはや追及することはできない（333条）。これは、公示のない動産先取特権と取引の安全との調和を図ったものである。例えば、AがBに動産を売却した場合、Aは売却代金債権を被担保債権として動産の上に先取特権を有することになるが、その動産がBからCに転売され、Cに引き渡されたときは、先取特権はその動産について行使できなくなる。なお、この引渡しの中には占有改定も含まれると解されている。

A65 正解—1

1—誤　即時取得は、自分と取引をした者に代理権があると思ったという信頼を保護する制度ではない。それは、表見代理によって保護されるべきものである。よって本肢が誤りである。

2—正　動産の取引は日常頻繁に行われ、その取引の安全を図る要請は大きい。そこで、動産の占有に公信力を与え、動産取引の安全を図ろうとしたのが即時取得である。

3—正　動産の上の先取特権は、その動産が債務者から第三者に引き渡されると行使できなくなる(333条)。先取特権が及ぶことの公示ができなくなるからである。また、即時取得は権利を原始取得するものであることからも、本肢は正しいといえる。

4—正　善意も無過失もともに推定される。

5—正　金銭を貸した場合、貸した金銭の所有権は貸主にあるなどとは誰も考えない。借主へ所有権も行くので、借主が使えるのである。

Q66 即時取得と取引の安全

問 動産の物権変動に関するア〜オの記述のうち、妥当なもののみを全て挙げているのはどれか。ただし、争いのある場合は判例の見解による。 （国家一般）

ア 即時取得制度は、取引の安全のため、処分権限のない占有者を処分権限のある者と信じて取引をした者を保護する制度であり、包括承継である相続により動産を取得した場合には適用されない。

イ 即時取得制度は、取引の安全のため、処分権限のない占有者を処分権限のある者と信じて取引をした者を保護する制度であり、無権代理人を権限のある代理人であると信じた場合には適用されない。

ウ BはAとの間でA所有のピアノを買い受ける旨の契約を締結してAに対し代金を支払ったが、Aがピアノを1か月間使いたいというのでAに預けておいたところ、AはCに対しピアノを売却し、Cがピアノを自宅に持ち帰った。この場合は、Cが購入時に、Aをピアノの所有者であると信じ、信じたことに過失がないときであっても、CはBに対してピアノの所有権の取得を対抗することができない。

エ AはBにA所有のピアノを預けていたが、Bは処分権限を有しないにもかかわらずCとの間でピアノを売却する旨の契約を締結した。この場合は、BC間で売買契約が締結された以上、CがピアノをBに預けておいたままであっても、CはAに対してピアノの所有権の取得を対抗することができる。

オ AはBとの間でA所有のピアノを売却する旨の契約を締結した。その後、AからBへのピアノの引渡しが未了のうちに、AがCに対しピアノを売却して現実に引き渡した場合において、CがAB間の売買契約の存在を知っていたときは、CはBに対してピアノの所有権の取得を対抗することができない。

1 ア、イ **2** ア、ウ **3** イ、オ **4** ウ、エ **5** エ、オ

PointCheck

◉即時取得が保護する信頼は前主の無権利だけ………………………………………………【★★☆】

　即時取得は、前主の占有に対する信頼を保護する公信力の制度であって、それ以外の信頼まで保護するものではない。すなわち、即時取得が保護しているのは、占有の外観に基づいて所有権があると思ったという信頼だけである。その他の点の信頼は即時取得の問題ではない。例えば、無権代理人と取引した相手方が、無権代理人ではないと過失なく信じていたとしても、即時取得の問題とはならない。それは、表見代理の問題となるだけである。また、錯誤に陥った者と取引をした相手方が錯誤に気付かず、かつ、気付かないことに過失がなかったとしても即時取得で錯誤取消しから保護されることはない。さらに、制限行為能力者と取引をした者は、たとえ行為能力があると無過失に信頼したとしても即時取得によって保護

問題でPointを理解する

Level 1 **Q66**

第1章
第2章
第3章
第4章
第5章
第6章
第7章
第8章
第9章
第10章

されることはない。つまり、即時取得が適用されるためには、取引行為自体は瑕疵のない有効なものでなければならない。

◉即時取得が適用されるには取引行為が必要………………………………………【★★★】

　即時取得制度は、動産の取引が日常頻繁に行われるものであるため、譲渡人の占有を見てそこに所有権があるものと無過失に信じた者を保護しようとする制度である。したがって、この制度が適用されるためには、目的物が動産であることの他に、その動産の所有権を取引行為に基づいて取得しようとしたことが必要となる。この場合の取引行為の典型は、売買契約である。売買であれば、その対価として定められた金額が目的物の価値に比べて安いものであってもかまわない。さらに、無償契約である贈与であってもかまわないと解されている。なぜならば、贈与における受贈者の信頼も保護に値するものだからである。また、強制執行などの場合における競売も取引行為となる。競売によって購入した動産が第三者の所有物だったという場合には競売による買受人は即時取得によって保護されることになる。このほか、代物弁済による取得も代物弁済契約という取引による取得である。さらに、質権設定契約も取引行為である。この場合には、質権を即時取得することとなる。以上に対し、取引行為があったとはいえないものが、相続による取得である。例えば、父親がその友人から借りていたパソコンを、過失なく父親のものだと思って父親の死後占有を始めたとしても、即時取得は起こらない。相続は包括承継であり、父親の借主の立場も引き継ぐ。

A66　正解—1

アー正　即時取得は取引の安全を保護する制度であるから、占有を信頼した者が取引行為を行うことが必要である。相続は取引行為に当たらない。

イー正　即時取得は前主の占有に対する信頼を保護する制度であって、取引行為そのものの瑕疵についての信頼を保護する制度ではない。

ウー誤　Bは既に代金を支払い、占有改定により引渡しを受けているので、Aに所有権はなく無権利者である。その後、CはAの占有を信頼し現実の引渡しを受けているので、即時取得により確定的に所有権を取得する。

エー誤　即時取得の成立要件として、「動産の占有を始めること」（＝引渡し）が必要であるが、現実の引渡しに限られるというわけではなく、簡易の引渡しや指図による引渡しでもよいとされている。ただし、判例の見解では、この引渡しには占有改定は含まれず、本肢の場合のCの即時取得は否定される。

オー誤　A→B、A→Cの動産二重譲渡で、Bへ引渡しが未了なので、BC間の対抗問題となる。Cは悪意でも現実の引渡しを先に受けているので所有権を取得する。イとの違い、および即時取得の適用場面ではないことに注意（いわゆる、ひっかけ問題）。

Q67 即時取得の対象物

問 民法に定める即時取得に関する記述として、妥当なのはどれか。 （地方上級）

1 即時取得が認められるためには動産の占有が必要であるが、最高裁判所は、占有とは動産の現実の引渡しのことをいい、占有には占有改定や指図による占有移転は含まれないと判示した。

2 即時取得はすべての動産について認められ、最高裁判所は、自動車について、既登録、未登録、抹消登録のいずれであるかを問わず、即時取得が認められると判示した。

3 即時取得が認められるためには、取引行為によって占有を開始する必要があるから、他人の山林を自己の山林と誤信して立木を伐採した場合、その伐採された立木の転得者は、即時取得により保護されることはない。

4 即時取得が認められるためには、動産の占有者が前主の占有を適法であると過失なく信じたことが要件とされるが、占有者が無過失でないことは、即時取得の成立を否定する者が証明する必要がある。

5 即時取得が成立する場合、即時取得者は前主から権利を承継取得することになるから、抵当権設定当時、抵当不動産の従物であった動産が後に即時取得された場合、即時取得者のもとで抵当権の効力がその動産に及ぶことになる。

PointCheck

◉山林の即時取得···【★★☆】

山林の即時取得については、次のような場合を想定することができる。

まず、BはA所有の山林を自分の山林と無過失に勘違いして樹木を伐採し、伐木の占有を取得した。この場合にBに即時取得の適用はあるか。答えは「ない」である。なぜなら、Bは「取引行為」によって伐木の占有を取得したわけではないからである。

次に、A所有の山林をBが不法に占有していたところ、Bはその樹木だけを伐採しないままの状態でCに売却した。この場合、Cに即時取得の適用はあるか。答えは「ない」である。なぜなら、樹木は「土地の一部」であって、動産ではないからである。

では、Bがその樹木を伐採した上で保管していたところ、Bのものと信じたCがBから買い受けて搬出した。この場合にCに即時取得の適用はあるか。答えは、「ある」である。なぜなら、伐採された木は動産となっているから、CはBとの間で動産の取引行為を行っているといえるからである。

〈即時取得のまとめ〉

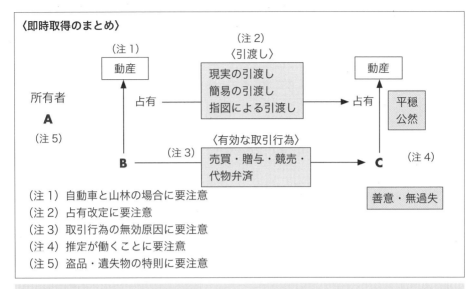

（注1）自動車と山林の場合に要注意
（注2）占有改定に要注意
（注3）取引行為の無効原因に要注意
（注4）推定が働くことに要注意
（注5）盗品・遺失物の特則に要注意

A67 正解—4

1—誤 判例は、即時取得の要件である占有の承継（引渡し）について、現実の引渡し、簡易の引渡しを認め、占有改定については否定している。指図による引渡しは、占有改定と同様に占有の外形に変化はないが、占有が移転する指図があることで、これによる即時取得を認めるのが通説である。

2—誤 未登録の自動車や登録が抹消されている自動車は即時取得の対象となる。なぜなら、登録がない以上、占有に対する信頼を保護すべきだからである。逆に、登録制度がある既登録自動車については、即時取得は成立しない。

3—誤 まず山林は不動産であり、自己の山林と誤信したとしても不動産には即時取得の適用はない。登記簿をみれば所有者は誰であるかが分かるからである。次に、動産となった伐木の占有を取得したという点だけをとらえてみても、伐採によって占有を取得したのであって、取引行為によって占有を取得したものではない。したがって、立木を伐採した者はその所有権を取得することはない。しかし、伐採された立木の転得者については、「無権利者」から「動産」を譲り受けるのであり、「取引行為」により取得したのであれば、即時取得による保護の可能性はある。

4—正 即時取得の要件である、「平穏・公然」は186条によって、「善意・無過失」は188条によって、それぞれ推定される。したがって、「無過失でない」ことを証明するのは、即時取得の成立を否定する者が証明しなければならない。

5—誤 即時取得の効果は原始取得であり、担保権の制限のない完全な所有権を取得する。

Q68 即時取得

問 即時取得に関する次のア～オの記述のうち、妥当なものをすべて挙げているものはどれか。 （国税専門官改題）

ア 未成年者Aは、その所有する動産を法定代理人の同意を得ずに、善意・無過失のBに売却し引き渡した。その後、法定代理人はこの契約を取り消した。この場合、Bはその動産の所有権を即時取得する。

イ Aは、B所有の動産を占有していたが、処分権限がないにもかかわらず、Bの代理人と称して、善意・無過失のCに当該動産を売却し引き渡した。この場合、Cはその動産の所有権を即時取得する。

ウ 未成年者Aは、その所有する動産を法定代理人の同意を得ずに、Bに売却し引き渡したが、法定代理人はこの契約を取り消した。その後、Bは、その動産がBの所有であることにつき善意・無過失のCに売却し引き渡した。この場合、Cはその動産の所有権を即時取得する。

エ Aは、その所有する動産をBに売却し引き渡したが、Bの債務不履行により、その売買契約を解除した。その後、その動産がB所有であることにつき善意・無過失のCが、Bからその動産を買い受け引渡しを受けた。この場合、Cは、その動産の所有権を即時取得する。

オ Aは、その所有する動産をBに売却し引き渡したが、この売買契約は、Aの錯誤により取り消された。その後、その動産がBの所有であることにつき善意・無過失のCが、Bからその動産を買い受け引渡しを受けた。この場合、Cはその動産の所有権を即時取得する。

1 ア、イ
2 ア、エ
3 イ、オ
4 イ、ウ、オ
5 ウ、エ、オ

PointCheck

◉有効な取引行為の存在という要件について･････････････････････････････**【★★☆】**

　即時取得が成立するためには、取引が、無効であったり、取り消しうるものであったり、無権代理行為などであってはならない。しかし、この要件は、即時取得をしようとする者が行った取引について要求されるのであって、その一歩前の段階の取引についてではない。すなわち、設問のように、A→B→Cと動産が譲渡された場合に、A→Bの取引行為が無効・取消し・無権代理であってもCの即時取得には無関係である。B→Cの取引行為さえ、無効・取消し・無権代理等になっていなければよい。

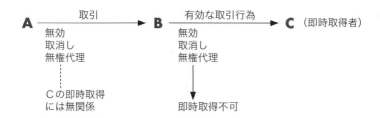

> **Level up Point!**　即時取得が保護する信頼は、自分への譲渡人が無権利者ではないと信じたことだけであって、契約自体に取消し原因がないとか無効原因がないということを信頼しても、そのような信頼は保護の対象外である。即時取得が成立するためには、譲渡人が無権利者だったという点を除いて、その他の取引の有効要件はすべてそなわっていることが必要である。

 A68 正解―5

ア―誤　Bに即時取得は成立しない。Bに即時取得が成立するためには、AB間の取引行為が有効に存在していなければならない。Aの法定代理人が取り消すと契約は遡及的に無効となり取引がなかったことになるから、Bに即時取得は成立しない。この場合、BがAを行為能力者であると信じた点についてまでも、192条を適用すればBは保護されることになるが、192条はそのような信頼まで保護する制度ではない（それをやれば、制限行為能力者制度が意味を失ってしまうことになる）。

イ―誤　Cに即時取得は成立しない。BがCにAの代理人として売却した行為は無権代理行為である。この場合、CがAをBの代理人であると信じた点についてまでも、192条を適用すればCは保護されることにはなるが、192条はそのような信頼まで保護する制度ではない。

ウ―正　Cに即時取得が成立する。本記述では、取り消されたのはAB間の契約であって、BC間の契約ではない。BC間の売買契約は有効に存在している。BC間の契約は、単にBに所有権がないというために無効（＝物権変動が生じない）になっているにすぎない。このような場合のCを保護するのが192条である。

エ―正　Cに即時取得が成立する。本記述では、AB間の契約は解除されているが、BC間の契約は有効に存在している。BC間の契約は、単にBに所有権がないというために無効（＝物権変動が生じない）になっているにすぎない。このような場合のCを保護するのが192条である。

オ―正　Cに即時取得が成立する。本記述では、AB間の契約はAの錯誤により取り消されているが、BC間の契約は有効に存在している。BC間の契約は、単にBに所有権がないというために無効（＝物権変動が生じない）になっているにすぎない。このような場合のCを保護するのが192条である。
　　　　以上から、ウ、エ、オの記述が正しく、よって正解は肢5である。

Q69 占有改定と即時取得

問 A所有の動産をBが購入したが、Bはその動産をそのままAに預けておいた。ところが、Aは、これを自分の所有であるかのように装って事情を知らないCに売却し、Cもその動産をそのままAに預けておくこととした。なお、A、B及びCはすべて個人であり、また、CはAが無権利者であることについて善意・無過失である。

以上のような場合に、Cに占有改定による即時取得が認められるかどうかについて、次の各説があるとする。

（Ⅰ説）　占有改定による即時取得は認められる。

（Ⅱ説）　占有改定による即時取得は成立するが、まだ確定的ではなく、その後の現実の引渡しによってその取得が確定的になる。

（Ⅲ説）　占有改定による即時取得は認められず、現実の引渡しを必要とする。

以上の事例及び各説に関するア～エの記述のうち、妥当なもののみをすべて挙げているのはどれか。 (国家一般)

ア　Ⅰ説を採用し、Cに占有改定による即時取得を認めるとするのが判例の立場である。

イ　Ⅲ説に対しては、取引の安全を重視するため、後から占有改定を受けた者が常に所有権を取得することとなるとの批判が成り立つ。

ウ　Cに即時取得が認められるためには、Ⅱ説によれば、占有改定の時点でCが善意・無過失であればよいが、Ⅲ説によれば、現実の引渡しの時点でCが善意・無過失であることが必要である。

エ　Aが動産を預かったままの状態で、CがBを相手に所有権の確認訴訟を提起した場合、Ⅱ説によれば、Cが勝訴することとなる。

1 ア　**2** イ　**3** ウ　**4** ア、ウ　**5** イ、エ

PointCheck

●占有改定と即時取得··【★★★】

占有改定と即時取得に関する見解は3つ覚えておくこと。

Ⅰ説は、占有改定肯定説で、占有改定も動産の引渡しであり即時取得の成立を認める。この立場だと設問では確定的に即時取得が成立する。

Ⅲ説は、占有改定否定説で判例の立場である。この立場だと、設問では、即時取得は成立しない。しかし、あとからCが現実の引渡しを受ければ即時取得を認める。その場合には、現実の引渡しを受けた時に即時取得の成立要件が備わらなければならないから、善意・無過失の要件もその時に判断されることになる。

Ⅱ説は、折衷説である。この説は、占有改定だけでも、不確定的にではあるが、即時取得を認める。したがって、善意・無過失の要件はその時に具備していることが必要であり、か

つ、それで足りる。しかし、その後、現実の引渡しを受けることが必要であり、現実の引渡しによって即時取得は確定的になるとする。この説の特徴は、あとから現実の引渡しが必要となるが、その時は悪意になっていてもかまわないとしている点である。

原権利者 **B** 動産 占有改定 192条?

無権利者 **A** ────────→ **C**

	占有改定	現実の引渡
否定説	×	○
肯定説	○	○
折衷説	△	○

※ ▓▓▓ 部分は善悪の判定基準時

Level up Point! 本問のように、いくつかの見解を提示して、具体的事例についての結論を問う問題は、図を描いて冷静に対処することである。即時取得の見解としては、上に述べたものがすべてなのであるから、冷静になって具体的適用を誤らなければ必ず正解は見つかるはずである。

A69 正解―3

ア―誤 判例は占有改定による即時取得を否定しており、Ⅲ説を採用している。Ⅰ説、すなわち肯定説に立てば、動産をAが占有していても、AC間の占有改定の合意の時に即時取得が成立している。その後にBに動産が返還されたとしてもこの結果に影響はなく、Cは所有権を主張し、裁判で所有権の確認をしてもらえる。

イ―誤 Ⅲ説は、否定説である。Aが取引後も動産を占有しているということは、AC間で占有改定があったと考えられ、否定説では動産がAのもとにある間は即時取得が認められない。たとえその後に占有改定を受ける者が出てきても、即時取得は成立しない。「後から占有改定を受けた者が常に所有権を取得する」という批判は、Ⅰ説、肯定説に対するものである。

ウ―正 Ⅱ説は、折衷説である。折衷説では、占有改定でも即時取得が成立する。したがって、占有改定の時点での善意・無過失が要件となる。ただ、現実の引渡しがなされるまでは、即時取得は確定しないことになる。これに対して、Ⅲ説は、占有改定での即時取得を否定するので、現実の引渡しの時の善意・無過失を要件とする。

エ―誤 Ⅱ説、折衷説では、現実の引渡しがなされるまでは、即時取得は確定せず、所有権の主張をすることもできない。まだ動産がAのもとにある段階であるから、Cの所有権はまだ確定せず、裁判によって確認してもらうこともできない（さらに、動産がBに返還されてしまえば、即時取得は不成立となり、Cに所有権は認められないことになる）。

Q70 即時取得の適用範囲

問 動産の即時取得に関する次の記述のうち、正しいものはどれか。 （地方上級改題）

1 　AはC所有の家屋に居住していたBを家屋の所有者であると誤信して、Bとの間で家屋の売買契約を締結した。この場合、Aが善意・無過失であれば当該家屋の所有権を取得できる。

2 　AはC所有の骨董品を保管しているBをその骨董品の所有者であると誤信して、Bから買い受け自宅に持ち帰った。この場合、Aは善意であれば過失の有無を問わず当該骨董品の所有権を取得することができる。

3 　AはC所有の映画のチケット（無記名証券）を預かっていたBから、Bに対する債権の代物弁済としてそのチケットを受け取った。この場合、Aはチケットを動産として即時取得することができる。

4 　AはC所有の自動車（登録済）を盗んで乗り回していたBから、その自動車がBのものであると誤信して買い受け、引渡しを受けた。Aがこの自動車を即時取得することはできない。

5 　Aは、Cから宝石を盗んで占有しているBをその宝石の所有者であると誤信して、Bからその宝石を買い受け、自宅に持ち帰った。この場合、Cから宝石の返還請求があれば常にAは返還しなければならない。

PointCheck

●無記名証券 ・・・【★☆☆】

　無記名証券とは、有価証券（民法第7節）の一種であり、商品券、遊園地の入場券、映画やコンサートのチケットなどがこれにあたる。これらは、その券を持っている者だけが権利者として扱ってもらえるもので、そのため、権利を譲渡するときには券も一緒に渡さなければならないことになっている。このように、券の在る所に権利があり、券の存在を離れては権利を考えることができない債権を証券的債権という。そして、その券（紙）を有価証券という。手形なども有価証券であるが、手形の場合には、誰がその権利の権利者なのかが券面上に書かれている。ところが、入場券やチケットの場合には、誰がその権利の権利者なのかは券面上に書かれていない。その券を持ってきた人が権利者と扱われるだけである。このようなものが無記名証券である。改正以前は「無記名債権は動産とみなす」（旧86条3項）とされたので、無記名債権の即時取得ができるとされていたが、改正により、無記名証券（旧無記名債権）は有価証券としての規定の適用を受け（520条の20、記名式所持人払証券の規定準用）、即時取得の適用はされなくなった。

●盗品・遺失物の特則について ・・・【★★★】

　即時取得（192条）の対象となった動産が、盗品や遺失物であるときは、被害者や遺失者

問題でPointを理解する
Level 2 Q70

第1章
第2章
第3章
第4章
第5章
第6章
第7章
第8章
第9章
第10章

は、盗難または遺失の時から２年間はその物の回復請求ができる（193条）。盗品や遺失物は、被害者や遺失者がその意思とは関係なく占有を失ったものであることから、一定期間に限って、返還請求を認めることにしたのである。物が詐欺や恐喝によって交付された場合にはこの特則の適用はない。なぜなら、これらの場合は、物が占有者の意思に基づいて（瑕疵はあるものの占有を離す認識はある）、その支配から離れていく場合であるからである。なお、即時取得は占有に公信力を認めた制度であり、本来公信力は、権利外観法理とは違って、外観の形成にあたっての真の権利者の帰責事由を要求しないものである。しかし、193条は、この特例として、真の権利者の意思に基づかないで占有を離れた物（盗品・遺失物）についてだけは、例外を認めたのである。盗難または遺失の時から２年間は即時取得は成立しない、と解するのが判例である。

Level up Point！　本問は、即時取得の基本知識の問題（肢１・肢２・肢４）に、あまり考えたことのない論点（無記名証券の即時取得、盗品・遺失物の特則）を混入させたものといえる。正解は、肢４の自動車の即時取得の問題であるから、正解を見つけるのに苦労はしなかったと思われる。ただ、本問は、すべて具体的設例（ＡやＢが登場している）になっているので、具体的設例の中で即時取得のどの要件が欠けるのかをすばやく見極めるように。

A70　正解ー4

1ー誤　即時取得は、動産についての制度であり不動産についての制度ではない（192条）。

2ー誤　取得者は、善意かつ無過失であることが必要である（192条）。

3ー誤　旧86条3項はチケットなどの無記名債権を動産として、即時取得の適用が可能としていたが、改正法は無記名証券の規定を新設し、証券の交付による譲渡や、所持人の権利推定、善意取得を規定している（520条の20、520条の13以降の準用）。192条の即時取得は適用されない。

4ー正　自動車は動産であるが、自動車には道路運送車両法による登録制度があり、その所有関係は登録によって公示される。したがって、占有に対する信頼を保護する制度である即時取得は、登録されている自動車には適用されないものと解されている（判例）。

5ー誤　即時取得をしようとする場合において、対象となった物が盗品または遺失物の場合は、盗難・遺失の時から2年間は、被害者・遺失主は回復請求ができるとされている（193条）。したがって本肢でCが返還請求できるのは、盗難の時から2年間だけであって、いつまでも返還請求ができるわけではない。「常に」とある点が誤り。

第8章

所有権・用益物権・占有権

Level 1 p158〜p171　　Level 2 p172〜p177

1 所有権の取得

Level 2 ▷ Q78

承継取得→売買・相続など
原始取得→取得時効・即時取得・添付・無主物先占など
※添付→付合（不動産の付合・動産の付合）、混和、加工

2 相隣関係

Level 1 ▷ Q71　　Level 2 ▷ Q78

所有者間のほか、地上権者や永小作権者にも準用・類推適用 ▶p158
①隣地使用権（209条）→境界付近での建物築造修理のために隣地の使用を請求できる
　　　　　　　　　　　　※隣人の住家に立ち入るには隣人の承諾必要
②公道に至るための他の土地の通行権（210条）→公道に通じていない土地（袋地）の
　所有者
　　→周囲の他人の土地を通行可。償金を払うこと。
　　→共有地の分割による場合は、他の分割者の土地のみ通行可。無償。
③竹木の枝の切除請求・根の切取り（233条）→隣地の木の枝や根が越境してきたとき
　　→枝は切除を要求できるだけ。根は自分で切り取れる。

3 共有

Level 1 ▷ Q72,Q73　　Level 2 ▷ Q80

(1)持分権 ▶p160
　各共有者が共有物に対して持っている権利。量的に制限された所有権

(2)持分（権）のポイント
　①各共有者の持分の割合は等しいものと推定される。
　②共有者の一人が持分を放棄し、または相続人なしに死亡したときは、その持分は他の共
　　有者へ。ただし、特別縁故者には優先される。
　③5年以内の分割禁止特約は有効。
　④各共有者は、持分の割合に応じて、共有物全部を使用できる。
　⑤他の共有者が共有物を一人で占有するときでも、他の共有者は明け渡せとはいえない(そ
　　の占有者にも持分はあるため)。

(3)共有物の利用関係 ▶p163
　①保存行為（修繕・妨害排除請求）→各共有者が単独でできる。
　②利用・改良行為（賃貸する、賃貸借を解除する、土地を改良する）
　　→各共有者の持分の過半数の賛成でできる（頭数の過半数ではない）。
　③変更（処分）行為（農地の宅地化、土地の売却、建物取壊し）→全員の同意

⑷共有関係の主張

　各共有者は、その持分に基づく請求は単独でできるが、共有関係にあるということの主張は一人ではできない。

4 用益物権

Level 1 ▷ **Q77**

　用益物権単独の出題はあまりないが、時効など他項目との複合問題対策には、以下のポイントを押さえておく必要がある。

⑴**地上権（265条以下）** ▶p170

　他人の土地を工作物・竹木を所有するために使用する権利

　〈地上権のポイント〉

　　①地代は決めなくても可　②期間は永久としてもよい　③登記が対抗要件

⑵**永小作権（270条以下）** ▶p170

　他人の土地を耕作または牧畜のために使用する権利

　〈永小作権のポイント〉

　　①永小作料を必ず決めること　②期間は永久としては不可　③登記が対抗要件

⑶**地役権（280条以下）** ▶p171

　他人の土地（承役地）を自己の土地（要役地）の便益のために使用する権利

　〈地役権のポイント〉

　　①地役権だけを承役地と切り離して処分できない（付従性）。

　　②地役権は要役地の処分に随伴する。

　　③地役権の時効による取得可（継続かつ外形上認識できるものだけ。例：通路を開設した通行地役権）。

　　④承役地の一部を権利行使しないときは、その部分だけ時効消滅する。

5 占有権

Level 1 ▷ **Q74〜Q76**　Level 2 ▷ **Q79**

⑴**占有権の要件（180条）** ▶p164

　　①所持→社会通念上、物がある人の事実的支配に属するといえること

　　②自己のためにする意思

⑵**占有権の効果（188条以下）**

　　①本権の推定

　　②善意占有者の果実取得権

　　③費用償還請求権

　　④占有訴権（占有回収の訴え・占有保持の訴え・占有保全の訴え）

第1章
第2章
第3章
第4章
第5章
第6章
第7章
第8章
第9章
第10章

Q71 所有権

問 民法上の所有権に関する次の記述のうち、正しいのはどれか。 （国家一般）

1 共有物の管理および変更は、各共有者の持分価格の過半数によって決せられるが、保存行為は各自が単独でこれをなし得る。
2 所有地が袋地である場合、その所有者は公路に出るため囲繞地を通行する権利を有し、場合によっては通路を開設することもできる。
3 民法の相隣関係の規定は所有権に独自のものであって、地上権・永小作権には準用されない。
4 電力会社がある土地上に所有者の同意なくして電線を引いた場合、その所有者が電線の除去を求めることは権利の濫用であり許されない。
5 他人が無断で植林した場合、土地の所有権者はその他人に対し、苗木の抜去を請求することができる。

PointCheck

◉相隣関係···【★★☆】

自己の土地の利用は隣接する他人の土地に影響を及ぼすことが少なくなく、所有者相互の利用の調整を図る必要がある。相隣関係の規定は、所有権の制限という面と所有権の拡張という面を併せ持つ。

以下では、試験で注意すべき点のみ挙げておく。

①隣地の使用請求について相手方の承諾に代わる判決を得ることができるが、隣家への立入り請求について判決をもって代えることはできない（209条）。

②もともと袋地ではなかった土地が、分割または譲渡によって袋地となった場合、その袋地の所有者は分割または譲渡された他方の土地のみ通行できる（213条）。この場合、袋地所有者は、囲んでいる土地所有者に対して償金を支払わなくてもよい（213条1項後段）。

③低地所有者には、自然排水を認容する義務（承水義務）がある。自然的排水でない場合、承水義務はない（214条）。人工的排水のために隣地を使用することは原則として許されない（216～218条参照）。

④水流地の所有者は、対岸が他人所有のときは水路・幅員の変更はできない（219条1項）。両岸を所有するときは変更してもよい（219条2項本文）。

⑤境界標設置権とは、すでに確定している境界上に境界標を設置する土地所有者の権利であり、境界そのものについて争っているときは「境界確定の訴え」による。境界標の設置・保存の費用は相隣者が平分して負担するが（224条本文）、測量の費用は土地の広狭に応じて分担する（224条ただし書）。

●権利濫用の禁止…………………………………………………………【★★☆】

　権利の濫用とは、権利の行使として行われている行為が、具体的な場合に即して見てみると権利の社会性に反していて権利の行使として認めることができない場合をいう。民法は権利の濫用を禁止している（1条3項）。

　権利の濫用になるかどうかの判断に際しては、その行使によって害される利益と権利者の権利行使の利益とを比較衡量して判断するというのが判例の傾向である。しかし、初期の有名な判例である「宇奈月温泉事件」では、この利益衡量に加えて、権利を行使する者の加害の意思も判断要素に取り入れていた。学説は、単なる比較衡量だけでは、ともすると既成事実の正当化につながるとして、主観的要素である加害の意思も権利濫用となるためには必要とすべきだとする立場が有力である。

●宇奈月温泉事件…………………………………………………………【★☆☆】

　事件の概要は、「宇奈月温泉を経営する会社が源泉から引いた引湯管が、他人の土地の一部を無断で通っていた。それに目をつけた者が不当な利益を得る目的でその一部の土地を買い取り、物権的妨害排除請求権を行使して引湯管の撤去を要求し、撤去しなければ自己の土地と併せて時価の数十倍の額で買い取るように請求した」というものである。

　これに対する判旨（大判昭10.10.5）は、①利益の比較衡量、②権利行使者の主観面も考慮、の2点から考察して、権利の濫用にあたるとした。すなわち、①については、所有権が侵害されたとしてもその損失は非常に軽微なものである。これに対して引湯管を除去するのには莫大な費用がかかるとした。②については、権利者には不当な利益を得る目的があったとした。かくして、この場合の妨害排除請求権の行使は権利の濫用にあたると判断した。

A71 正解—2

1—誤　変更行為が各共有者の持分の過半数で決せられるとしている点が誤りである。共有物の変更は各共有者に重大な影響を与えるものであるから、共有者全員の同意がなければこれをすることはできない。

2—正　袋地の所有者の周囲の囲んでいる土地の通行権の問題である。囲繞地とは、袋地の周囲を囲んでいる土地のことをいうが、この言葉は、平成16年の改正で条文から削除された。本問の記載内容自体は正しい。

3—誤　相隣関係の規定は、隣りに暮らす者同士の関係を円滑にしようとするためのものであるから、地上権や永小作権を有して土地を使用する者にも準用ないし類推適用すべきである（地上権については準用規定がある。267条）。

4—誤　権利の濫用は、その行使によって害される利益と権利者の権利行使の利益とを比較衡量して判断されるから、常に権利の濫用となるわけではない。

5—誤　他人の土地に無権限で植林した場合、その苗木は土地に付合して土地の一部となり土地の所有者は苗木の所有権を取得する。よって、自分のものである以上自分で抜去すればよい。抜去の請求はできない。

Q72 共有の意義

問 共有に関する次の記述のうち、妥当なのはどれか。 （地方上級）

1 各共有者が自己の持分権を処分するためには、他の共有者全員の同意が必要である。
2 共有物の保存行為は、各共有者が単独でこれをすることができる。
3 共有物を利用または改良する行為については、各共有者は共有者全員の同意がなければすることはできない。
4 第三者により共有物に対する妨害がなされた場合、各共有者は、単独では共有物全部に対する妨害の排除を請求することはできない。
5 共有物の分割は自由で、各共有者は何時でも共有物の分割を請求することができ、分割の自由を制限する特約は無効である。

PointCheck

◉共有の意義・性質 …………………………………………………………………【★☆☆】

1つの物を共同所有する形態には、共有・合有・総有の3つがあるが、共有は個人主義的性格が最も強い。共有者は、各自の持分を持ち、持分を自由に処分することができ、しかも共有物を分割して共有関係を終了させることもできるのである。「持分」は、持分権を指す場合と、持分率を指す場合とがある。

◉共有者の権能 …………………………………………………………………………【★★★】

共有者の一人が持分を放棄したとき、または、相続人なくして死亡したときは、その持分は（国庫ではなく）他の共有者に持分の割合に応じて帰属する（255条）。持分権に基づく妨害排除請求や返還請求も認められる。

各共有者は、持分に応じて、共有物の全部を使用することができる（249条）。保存行為は、各共有者が単独ですることができる（252条ただし書）。共有物の管理（利用・改良行為）は、持分価格にしたがって過半数で決する（252条本文）。共有物の変更（物理的変更／法律的処分）をなすには、共有者全員の同意を必要とする（251条）。

各共有者は、いつでも共有物の分割を請求することができる（256条1項本文）。分割により、各自の持分権は単独所有権に変更する。ただし、5年以内であれば分割請求を禁止する特約をすることはできる（256条1項ただし書）。分割によって共有関係は消滅する（分割の効果は遡及しない）が、他の共有者に対して売主と同様の担保責任を負う（261条）。

●**共有の法的性質**……………………………………………………………………………………………【★☆☆】

　共有の持分権の法的性質については、(a)各共有者が各自1つの所有権を有するが、目的物が1個であるため、各所有権が互いに制限し合っている状態と見る説と、(b)1個の所有権を数人で、量的に分有する状態と見る説の2つの立場がある。ただ、持分権の法的性質をどのように解しても、持分権が共有関係による制約を伴う所有権であることに変わりはない。

(a)の立場　3個の所有権が1個の所有権
　　　　　　の器に封じ込められた状態

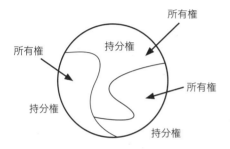

(b)の立場　1個の所有権を3人で持って
　　　　　　いる状態

A72　正解－2

1―誤　各共有者が持っている持分は、各共有者が自由に処分することができるものである。例えば、売却したり抵当権を設定したりすることも自由である。持分が売却された場合には、その譲受人が新たな共有者となって加わることになる。

2―正　保存行為は各共有者が勝手にやってよい。保存行為は、共有物の現状を保つために必要な行為であるから、だれか一人が勝手にやっても、他の共有者の意思に反することはないからである。

3―誤　共有物の利用や改良は、管理行為であり、これらは各共有者の持分の過半数の賛成で決せられる。全員の同意ではない。

4―誤　共有物に対する妨害がなされている場合に、これを排除することは保存行為となるから、各共有者は単独で妨害排除の請求をなすことができる。

5―誤　共有者には共有物分割請求権があり、各共有者は共有関係が嫌になればいつでも分割を請求することができるのが原則である。しかし、民法は、共有者間で、5年以内の期間内でなすのであれば、分割をしないという特約も有効であると規定している。つまり、不分割契約も5年以内で定めるのであれば有効である。

Q73 共有者の関係

問 民法における共有に関する次の記述のうち、妥当なものはどれか。 （地方上級）

1 不動産を登記する場合、各共有者の持分を記載するかどうかについては任意とされるが、記載しないときは各共有者の持分の割合は相互に等しいものと推定される。

2 共有者の一人が、他の共有者と協議をしないまま、自己の持分に基づいて共有物を単独で占有している場合、他の共有者はその者に対して当然に共有物の明渡しを請求できる。

3 共有者の一人が相続人なくして死亡しても、その者に特別縁故者がいる場合には、特別縁故者に財産分与がなされないことが確定した時に、死亡した者の持分は他の共有者に帰属するとするのが判例である。

4 共有物に対する第三者の不法行為に基づく損害賠償請求権は、各共有者が自己の持分についてのみ行使することはできず、共有物全体について行使しなければならない。

5 各共有者は、他の共有者全員の同意を得なければ共有物の分割を請求することはできないが、特別の事情があれば分割請求の訴えを裁判所に提起することができる。

PointCheck

●共有物分割の方法···【★☆☆】
　共有物の分割の方法としては、3つの方法がある。
　①現物分割：共有物自体を分けて各自の単独所有とするものであり、その価格に過不足のあるときは金銭支払いによる調整もできる（現物分割の調整的価格賠償）。
　②代価分割：共有物を売却して、その代金を分け合う場合である。
　③価格賠償：共有者のうちの一人の単独所有（または数人の共有）にさせ、他の者に対して持分の価格を賠償させる場合である。価格賠償では他の共有者は現物以外の利益しか得られないから、公平を欠くおそれがある。そこで、この方法は、裁判所による分割では採用すべきではないとされていた。ところが、判例は、特段の事情のあるときは、共有者の一人だけが単独所有権を取得し、他の者は価格の賠償を受ける「全面的価格賠償」も許されるとするに至った（最判平 8.10.31）。

●共有者の権利（持分の割合、持分権）·································【★★★】
　①持分の割合は等しいものと推定される（250 条）。
　②共有者の一人が持分放棄・相続人なしに死亡した場合、その持分は他の共有者に帰属（255 条）。
　③各共有者は持分を自由に譲渡できる。
　④持分が譲渡された場合に、譲渡人に対して他の共有者が有していた債権は、持分権の譲受人に対しても行使することができる。ただし、不分割契約は登記をしないと第三者に対抗できない。

●共有者相互の関係……………………………………………………………【★★★】

⑴共有物の利用関係

①目的物の使用	持分の割合に応じて目的物全部を使用（249条）
②保存行為	単独（252条ただし書)、修繕、腐敗しやすい物の売却
③管理行為	持分価格の過半数（252条本文)、共有物をいかに管理利用するか
④共有物の変更	全員一致（251条)、処分を含む
⑤費用その他の負担	持分の割合（253条1項）

⑵その他共有者相互間の関係

①単独で持分確認請求

②持分買受けのとき、単独で持分の移転登記請求

③約定に反する利用などで、共有者は単独で他の共有者に対する差止請求可能

●共有関係の対外的主張─第三者との関係（共有権確認、妨害排除請求等）………【★★☆】

①共同所有関係の確認は共有者全員でしなければならない（判例)。

自己の持分の確認を求めるものは単独で提起することができる（判例)。

②無権利第三者への登記抹消請求は各自単独でできる（判例)。

※共有物の賃貸借契約解除・明渡し請求は「管理行為」（252条本文）にあたるから、持分の過半数の共有者だけででき、全員（544条1項）ですることを要しない。

A73 正解─3

1─誤　共有不動産を登記する場合、申請書にその持分の記載をしなければならない。

2─誤　共有物の管理に関する協議に基づかずに、単独で占有すれば他の共有者の持分権の侵害となり、損害賠償責任が生ずる。しかし、占有者にも持分権がある以上、他の共有者が当然に明渡しを請求し得るものではない（判例)。

3─正　相続人のいない場合、特別縁故者が相続財産の分与を受け得るという規定（958条の3）の方が死者の持分は他の共有者に帰属するという規定（255条）に優先して適用される（判例)。

4─誤　損害賠償請求権は金銭債権であり、金銭は可分なものであるから、各共有者の持分に応じた分割債権となり、各自が請求できる。

5─誤　分割請求権は持分権の属性であり各共有者が自由に行使できる。裁判所に請求するのは、分割のやり方が協議で決まらなかったときである。

Q74 占有の意義

問 占有権に関する次の記述のうち、妥当なのはどれか。 （国家一般）

1 占有者がその占有を妨害され、または妨害されるおそれがあったとしても、妨害の停止または予防を求めて訴えを提起することはできない。
2 占有と所持とは同義であり、自己のためにする意思がなくとも、所持という事実があるかぎり、占有権は成立する。
3 所有の意思がないにもかかわらず、他人の物を一定期間占有した者は、その所有権を取得する。
4 占有権は、現実的な支配の移転がなくとも、当事者の意思表示だけで譲渡することができる。
5 占有者がその占有を侵奪されたときは、損害の賠償を請求することができるだけであり、その物の返還を請求することはできない。

PointCheck

●占有の意義 ……………………………………………………………………【★★★】

⑴占有／占有権／本権

占有とは、物を自己のためにする意思をもって所持することをいう。占有は事実的支配状態であるが、民法は占有にいろいろな法律効果を与えた（占有権）。本来のあるべき権利関係とは異なる事実的支配状態があったとしても、その事実の上に社会の取引関係は形成されていく。そこで、社会秩序や取引安全の観点からも事実状態を尊重する必要があるからである。なお、本来のあるべき支配関係の背景となる権利を本権（占有すべき権利）といい、所有権や賃借権などがこれにあたる。占有権は、占有という事実に与えられた法的効果であるから、泥棒にも占有権はある。ただ、泥棒は所有者でも賃借人でもないから、その占有は本権に基づくものではないのである。

⑵占有の要件（180条）

①所持（事実的支配状態の客観面）
②自己のためにする意思（事実的支配状態の主観面）

所持があるかどうかは社会通念によって判断されるので、必ずしも物理的に把持している必要はない。旅行者は留守宅の家財道具について占有を有しているのである。また、他人を媒介にする間接的なものでも所持と認められる（代理占有の場合）。自己のためにする意思があるかどうかは、占有者の主観で決するのではなく、占有権原の客観的性質から決まる（所有権者・賃借権者・盗人などは、その地位だけで、自己のためにする意思を有すると見られるのであって、実際の具体的な占有意思の有無は問題とならない）。

●占有訴権の種類………………………………………………………【★★☆】

占有訴権は、占有に対する侵害の態様に応じて、占有回収・占有保持・占有保全の3つの権利に分かれる。

(1)占有回収の訴え（200条）

これは、占有者がその占有を奪われて自分の占有がなくなった場合に、その物の返還と損害賠償の請求をする権利である。この場合の損害賠償の請求というのは、不法行為の責任を意味すると解されている（よって、侵奪者に故意・過失が必要）。また、奪われることが必要であるから、だまし取られたり（詐取）、落とした場合には占有回収の訴えは使えない（この点で、物権的返還請求権と異なる。物権的返還請求権なら詐取・遺失の場合にも、現に物を占有している相手に対して行使できる）。

占有回収の訴えは、占有を侵奪された時から、1年以内に提起しなければならない。占有者の占有を法的に保護してやるべきなのは、侵奪後1年ぐらいの間であろうという趣旨である。しかし、この期間内であっても、善意の特定承継人（その物を奪われた物とは知らずに買った者等）に対しては、提起することができない。なお、占有回収の訴えで物を取り戻したときは、それまでの占有は失われなかったものと扱われる。その結果、いったん生じた取得時効の自然中断は生じなかったことになる。

(2)占有保持の訴え（198条）

これは、占有者がその占有を妨害された場合（奪われるまでに至らない場合）に、その妨害の停止と損害賠償の請求をする権利である（損害賠償の請求について妨害者に故意・過失が必要なのは、(1)と同じ）。

この訴えは、妨害の存在する間か、またはそれがやんでから1年以内に提起しなければならない。ただし、工事による妨害の場合には、その工事の着手の時より1年以内にこの訴えを提起しなければならない。また、たとえ1年以内であっても、工事が竣成（完成）した後はこの訴えは提起できない。工事の場合には、妨害者の方が早く平和状態を作り上げてしまうというわけである。

(3)占有保全の訴え（199条）

これは、占有者がその占有を妨害されるおそれのある場合に、その妨害の予防または損害賠償の担保を請求する権利である。

この訴えは、妨害の危険が存在する間は提起できる。ただし工事による危険については、(2)の場合と同じ制限がある。

A74 正解—4

1—誤　占有保全の訴え（199条）が可能である。
2—誤　所持に加えて自己のためにする意思が必要である。
3—誤　取得時効は、自主占有（所有の意思がある占有）が要件となる。
4—正　簡易の引渡しや占有改定がこれにあたる。
5—誤　占有回収の訴えにより、物の返還も請求できる。

第1章
第2章
第3章
第4章
第5章
第6章
第7章
第8章
第9章
第10章

Q75 占有権

問 占有に関する次の記述のうち、正しいものはどれか。 (国家一般)

1 悪意占有とは、占有者が自らの占有が本権に基づかないものであることを知っている場合をいうから、本権の存在について疑いはもっているが、本権のないことを確定的に知っていたわけではないという場合には、悪意占有とはならない。

2 善意の占有者が、占有物から生ずる果実を取得する権利を有するのに対し、悪意の占有者は、現に存する果実を返還した上で、すでに消費した果実の代価を償還しなければならないが、過失により損傷または収取を怠った果実の代価の償還義務までも負うものではない。

3 善意の占有者は、占有物の返還にあたって、占有物の保存や管理に要した費用および占有物の改良のために要した費用の償還を請求することができるが、悪意の占有者は、占有物の保存や管理に要した費用のみ請求することができる。

4 占有訴権は、物の事実的支配に基づく妨害排除の請求権であって、本権の有無を問わないが、本権のないことを知っている者までも保護する必要はないから、悪意の占有者には占有訴権は認められず、訴訟において悪意であることが明らかになった場合には、占有の訴えは却下される。

5 占有承継人は、自己の占有のみを主張することも、前主の占有を併せて主張することもできるから、悪意の占有者が不動産を15年間占有した後、善意の占有承継人が7年間占有したという場合に取得時効を援用するには、後者の主張をすることになる。

PointCheck

●善意占有・悪意占有 ···【★★☆】

善意占有とは、本権がないのにあると誤信して（適法な占有だと信じて）なす占有である。悪意占有とは、本権がないことを知っている、または疑いを持ちつつ行う占有である（善意・悪意の用法が通常と異なるので注意すること）。

取得時効（162条）・占有者の果実取得（189条、190条）・即時取得（192条）・費用償還請求権（196条）などの場合に区別の実益がある。

　　・善意占有者…果実収取権あり（189条1項）
　　・悪意占有者…果実の返還、あるいは代価の償還（190条）

善意占有については、さらに、有過失の占有と無過失の占有が区別され、これは取得時効や即時取得の場合に区別の実益がある。占有者は、所有の意思をもって善意・平穏・公然に占有することは推定される（186条1項）。ただし、無過失は即時取得の場合を除いては推定されない。即時取得の場合には、188条を用いて無過失が推定される（判例）。

第1章
第2章
第3章
第4章
第5章
第6章
第7章
第8章
第9章
第10章

●善意の占有者は占有物から生ずる果実を取得することができる（189条）……【★★☆】

　この場合の善意の占有者とは、例えば、自分には永小作権があるとか賃借権があると信じているように、占有物の利用権があると信じている者をいう。このような者は後から所有者から占有物を返せといわれても果実は返さなくてもよいとしたのである（果実の所有権は元物の所有者にあるのが原則である）。

　これに対し、悪意の占有者は現存する果実を返還し、かつ、すでに消費した果実、過失によって収取を怠った果実や損傷した果実、の代価を返還しなければならない。

　なお、AがBから本権に基づいて訴えられて敗訴したときは、たとえ判決までの間自分に利用権があると信じていたとしても、訴え提起の時より、悪意の占有者だったものとみなされる（189条2項）。

●占有者の費用償還請求権（196条）……………………………………………【★☆☆】

　占有者は占有物を返還するにあたり、その物にかけた費用は返してもらえる。費用には、必要費（保存のために必要なもの）と有益費（改良にかかったもの）があるが、どちらも償還請求できる。本条のポイントは、悪意者にも必要費・有益費の償還請求が認められる点である。

A75 正解ー5

1―誤　民法上の一般的な用法では、善意とは不知をいい、悪意とは知っていることをいうが、占有制度においては、善意の占有者に与えられる諸効果（果実の取得や時効期間が10年間など）にかんがみ、本権の有無について疑いを持つ場合も悪意と解されている（通説）。

2―誤　悪意の占有者は、現に存する果実はもちろん、すでに消費した果実の代価のほか、過失により損傷しまたは収取を怠った果実の代価を償還する義務を負う（190条1項）。

3―誤　悪意の占有者にも、占有物の改良のために要した費用（＝有益費）の償還請求権はある。ただ、善意占有者の有益費償還請求権と異なり、悪意者の有益費償還請求権では、裁判所は回復者の請求があれば有益費の償還について期限を延ばしてやることができると規定されている（196条2項）。

4―誤　占有訴権の主体は、占有者であればよく、その善意・悪意を問わない。

5―正　前者の主張をすると①占有承継人の占有は7年間にすぎないから、たとえ善意であっても時効取得はできない（162条2項）。しかし、後者を主張すると②前主の占有を併せて主張すれば、計22年間となるので、悪意占有とされても時効取得が可能となる。

Q76 占有の種類

問 民法に定める占有権に関する次の記述のうち、妥当なものはどれか。 （地方上級）

1 代理占有とは、占有代理人が所持をなし、本人がこれに基づいて占有権を取得する関係をいい、例として、賃借人が賃貸人のために賃貸人の物を所持している場合が挙げられる。

2 占有は、占有者に所有の意思があるか否かにより、自主占有と他主占有とに区別されるが、買主は自主占有者であり、盗人は他主占有者である。

3 善意占有とは、占有者が所有権などの本権がないのにあると誤信してなす占有をいい、本権の有無に疑いを持ちながら占有している場合も、これにあたると解されている。

4 占有改定が成立するためには、当事者間の占有移転の合意だけでなく、占有物の現実の引渡しが必要である。

5 占有訴権は、占有の侵害がある場合にその侵害の排除を請求し得る権利であり、占有訴権の訴えと所有権などの本権に基づく訴えを二重に提起することはできない。

PointCheck

●善意の占有と悪意の占有 ……………………………………………………………【★★☆】

　占有の効力を規定した規定を見ると、「善意の占有者は」と書いてあるものがある。善意とは、一般に、「知らなかった」ことを意味するのであるが、この占有に関しての善意だけは、単に「知らなかった」というだけでは不十分であって、（自分に権利があると）「信じていた」ことを意味すると解されている。その結果「知らなかったが、疑っていた」という場合は悪意の占有者とされることになる。

●自己占有・代理占有 ……………………………………………………………………【★★☆】

　自己占有（直接占有）とは、本人自ら占有する場合である。他人（占有代理人）を介して占有を取得する場合は、代理占有（間接占有）という。代理占有（181条、204条）は、意思表示の代理（総則の代理）とは異なる。賃借人は賃貸人の代理人ではないが、賃貸目的物を代理占有しているのである。なお、占有補助者（占有機関）には、独立の占有は認められない。例えば店員が店内の商品を所持していても、店員に占有はなく、店主に直接占有があるのである。

　代理占有が成立すると、本人が占有代理人の占有を通して、占有権を取得する。したがって、取得時効は本人のために進行することになるし、即時取得の効果も本人が受ける。占有訴権も本人が有する。しかし、占有の善意・悪意や侵奪の有無などは占有代理について決する。例えば、即時取得の要件である善意・無過失は占有代理人に必要なのである。ただ、悪意の本人に善意占有の利益を享受させる必要はないから、占有代理人が善意でも本人が悪意の場合には悪意占有になると解されている（101条3項の類推適用）。

〈自己占有（直接占有）〉

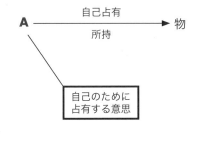

〈代理占有（間接占有）〉

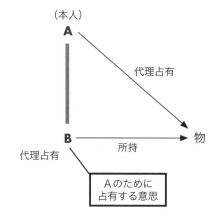

第1章

第2章

第3章

第4章

第5章

第6章

第7章

第8章

第9章

第10章

A76 正解─1

1─正　代理占有における占有代理関係とは、物を本人に返さなくてはならない関係であると考えてよい。賃借人と賃貸人との間にはこのような関係が認められる（このような関係は賃貸借終了後も存続することに注意）。

2─誤　自主占有における所有の意思は、占有をするに至った客観的原因から判断して所有者としてなす占有かどうかで判断される。そうすると買主の場合はもちろん、盗人の場合も（物を借りるつもりの盗人はいないのであるから）、自主占有となる。

3─誤　本権の有無に疑いを持ちながら占有している場合は、悪意の占有になる。よって本肢は誤り。一般的には、悪意というのはある事情を知っていることをいい、疑いを持っているだけでは善意・有過失止まりである。しかし、占有権の場合、善意の占有者に対して与えられる効果には、果実収取権や時効期間の短縮など無視できないものがあり、疑いを持っている者を善意者として扱うには抵抗がある。そこで、占有に関しては疑いを持つ者を悪意として扱うことにしている。

4─誤　占有改定は、譲受人のために占有する意思を表示するだけでよい。

5─誤　占有訴権と本権に基づく請求とは別のものであり、それぞれ別に訴えを提起し得る。

Q77 地上権

問 民法に規定する地上権に関する記述として、妥当なのはどれか。 （地方上級）

1 地上権の存続期間は、20 年以下であり、契約でこれより長い期間を定めたときであっても、その期間は、20 年とする。

2 地上権は、他人の土地を全面的に使用するためだけでなく、他人の土地の地下又は空間の一部だけを、上下の範囲に限って使用するために設定することもできる。

3 地上権者は、他人の土地において工作物又は竹木を所有するため、その土地を使用する権利を有するが、土地の所有者に必ず定期の地代を支払わなければならない。

4 地上権者は、その権利が消滅した時に、土地の所有者に対して時価相当額で工作物及び竹木の買い取りを請求でき、土地の所有者は、正当な理由がなければ、これを拒むことができない。

5 地上権者は、土地の所有者の承諾を得なければ、その地上権を譲り渡すことができない。

PointCheck

●地上権 ………………………………………………………………………【★★☆】

(1)地上権とは

　他人の土地上で工作物または竹木を所有するためなどの目的で、その土地を使用できる権利である。土地の賃借権と同じ借地権であるが、土地賃貸借は賃貸借契約に基づく債権であり、地上権は用益物権である。地上権を取得するには、地上権設定契約を土地所有者との間で締結する。それによって、所有権から地上権が分離されて地上権者に帰属する。地下や土地上の空間を目的とすることもできる（区分地上権）。

(2)地上権の存続期間

　設定契約で定める場合には、民法は上限・下限とも自由に決めてよい（永久の地上権も可能）。設定契約で存続期間を定めなかったときは、当事者は裁判所に請求して存続期間を決めてもらうことができる。この場合、裁判所は、20 年以上 50 年以下の範囲で定める。

(3)地代について

　地代は地上権に必須ではない（地代なしでもよい）。特約がなければ無償とされる。

●永小作権 ………………………………………………………………………【★★☆】

(1)永小作権とは

　小作料を払って、他人の土地で耕作または牧畜をする権利である。したがって、耕作・牧畜目的での地上権は設定できない。

(2)永小作権の存続期間

　設定契約で存続期間を定める場合には、20 年以上 50 年以下で定める（永小作権という名前に反して永久の永小作権は設定できない）。設定契約で存続期間を定めなかったときは、

別段の慣習のない限り、30年となる。

● 地上権と永小作権の比較···【★☆☆】

	目的	存在期間の定め	対価
地上権	工作物または竹木	自由	特約あれば支払う
永小作権	耕作または牧畜	20 〜 50 年	必要

● 地役権···【★★☆】

(1)地役権とは

　自己（A）の土地の便益のために、他人（B）の土地を使用する権利である。Aの土地のことを要役地といい、Bの土地を承役地という。

　例：Aの土地は袋地ではないがBの土地を通れば駅に行く近道になるという場合に、AはBの土地に通行地役権を設定する。そうするとAはBの土地を通行することができるようになり、Aの土地の利便性は高まる。

(2)地役権の特徴

　Aという人のためにあるのではなく、Aの土地の便益のためにある。

〈地役権の付従性ないし随伴性〉

　→地役権だけをAの土地（要役地）と切り離して他人に譲渡することはできない。

　→要役地の所有権を譲渡すれば地役権も随伴する。

(3)地役権の時効取得

「継続かつ表現」のものに限って認められる。

　例：通行地役権の場合ならば、通路を開設して通行する場合が「継続かつ表現」のものとなる。この場合の通路は要役地の所有者A自身によって開設されたものであることが必要とするのが判例である。

A77 正解ー2

1 ― 誤　地上権の存続期間は、上限・下限ともに自由に設定できる。存続期間を定めず裁判所が決定する場合は、20 年以上 50 年以下の範囲で定めることになる。

2 ― 正　地下の区分地上権を地下権、空間の一部を空中権と呼ぶ（269 条の 2）。

3 ― 誤　永小作権は「小作料を支払」うことが要件であるが、地上権は要件とはならない。

4 ― 誤　地上権が消滅した場合、地上権者は土地を原状に復して工作物等を収去することができるが、買い取りは請求できない。逆に、土地の所有者が時価相当額を提供して工作物等を買い取る旨を通知すると、地上権者は正当な理由がなければ拒否できない（269 条 1 項ただし書）。ちなみに、借地借家法上では借地契約（地上権設定契約を含む）が終了した場合、建物の買取請求権が発生する。

5 ― 誤　地上権は物権であり、設定者である土地所有者の承諾なしに、自由に地上権を処分することができる。

Q78 所有権

問 所有権に関する次の記述のうち、妥当なものはどれか。 (国家一般)

1 袋地（他の土地に囲まれて公道に通じない土地）の所有者は公道に出るために隣地を通行する権利を有し、必要があれば通路を開設することもできるが、通行地の損害に対しては償金を払わなければならず、その支払いを怠った場合には通行権は消滅する。

2 袋地の所有者はその袋地が土地の一部譲渡によって生じたものである場合には、隣地を償金なしに通行することができるが、その袋地が土地全部を同時に数人に譲渡したことによって生じた場合は、隣地の通行に際して償金を払わなければならない。

3 隣接する土地の境界について争いがある場合には、隣接する土地の所有者同士の合意によって境界を確定することができないときに限り、境界確定の訴えにより判決によって境界を確定することができる。

4 建物を築造する場合には、境界線から50センチメートル以上離さなければならないから、これに違反して建物を建築しようとする者に対しては、隣地所有者は建築の禁止または変更を求めることができるが、建築着手の時から1年を経過したときは、建物完成前であっても損害賠償の請求のみしかできない。

5 建物の建築工事請負人が、建築の途中でまだ独立の不動産になっていない状態で放置した建造物に、第三者が自分の材料を用いて工事を続け、独立の不動産として建物を完成させた場合、その完成建物の所有権は、常に、その建物の主たる所有者であった建造物の所有者に帰属するとするのが判例である。

PointCheck

●民法234条と建築基準法65条 ‥‥‥‥‥‥‥‥‥‥‥‥‥‥‥‥‥【★☆☆】

　民法234条は、境界付近での建物築造について、境界線から50センチメートル以上の距離を保つべきことを定めている（肢4）。そして、これに違反して建築をしようとする者があるときは、隣地の所有者は、建築の中止や変更を要求できるとしている（ただし、建築着手後1年経過、または建物が完成した後は、損害賠償の請求しかできないとされている）。

　この規定が判例上問題となったのは、建築基準法65条との関係においてである。すなわち、建築基準法65条は、「防火地域または準防火地域内にある建築物で、外壁が耐火構造のものは、その外壁を隣地境界線に接して設けることができる」としているが、これは、民法234条の規定に抵触する内容である。そこで両規定の関係をどう解するかが問題となった。この点について、判例は、建築基準法65条は、土地の合理的ないし効率的利用を図るという見地からこのような定めを置いたのであり、防火地域または準防火地域内にある外壁が耐火構造の建築物については、民法234条の適用が排除されるとした（最判平元.9.19）。

●建築途中の建物（建前）に第三者が工事を加えて建物として完成させた場合……【★★☆】

　Aから、建物の建築を依頼されたBが、自己の材料を用いて建物を建築し始めたが、建築途中のまだ独立した不動産になる前の状態（動産）で仕事をやめて放置した。そこでAから依頼を受けたCが、自分の材料を用いてその建物を完成させ独立の不動産とした。この場合、完成した建物の所有権の帰属を決定するのに、動産の付合の規定（243条）によるべきか、それとも加工の規定（246条）によるべきか、が問題となった。動産の付合の規定によるときは、主たる動産の所有者であるBが所有権を取得することになり、Cの工作の価値は反映されなくなる。これに対し、加工の規定によるときは、Cの提供した材料の価値だけでなく、Cの加えた工作の価値も反映させることができる。判例は、この場合には加工の規定によるべきであるとした（最判昭54.1.25）。

Level up Point!　本問は、相隣関係についてのやや細かい知識と、建前と加工の規定に関する判例の知識が要求される。これらの知識がなかった場合には、常識（法的なセンス）で考えていくしかない。例えば、肢1→通行権の消滅は行き過ぎ。肢2→全部を譲渡したときも袋地ができれば一部譲渡と同じこと。肢3→これは△印でもつけて保留としておく。肢4→常識的に考えて道理にかなった内容に見える。肢5→「常に」という言葉が怪しい。ということで、もっとも妥当な肢4を選ぶべきであろう。

A78　正解—4

1—誤　償金を払わないときであっても通行権はなくならない（210条）。公道に出られなくなってしまうのは明らかに不合理である。

2—誤　判例は、一部譲渡・残部留保の結果袋地を生じたという場合だけでなく、全部を数人に分けて譲渡した結果袋地が生じたという場合にも、その前は1つになっていた土地の部分のみを償金なしで通行することができるとしている。

3—誤　土地の境界は、相隣者間の合意によって変更できるものではない。境界について争いがあれば、境界確定の訴えを提起してよい。

4—正　234条は本肢のとおりに規定している。

5—誤　本肢の場合、問題の建造物はまだ建物になっておらず動産の状態（建前）である。これに別の材料を付加して建物とした場合、付合の規定によるべきか（主たる動産である建前の所有者が建物の所有権を取得する）、加工の規定によるべきかが問題となる。判例は、加工の規定を適用して建前状態の価格よりも第三者の工作によって生じた価格の方が高い場合には第三者が所有権を取得するとした。

Q79 占有権の相続

問 占有権に関する次のア～オの記述のうち、妥当なもののみをすべて挙げているものはどれか。ただし、争いのあるものは判例の見解による。 (国家一般)

ア 代理占有が成立するためには、本人と占有代理人との間に賃貸借等の占有代理関係が存在することが必要であるから、賃貸借関係が終了した場合は、賃借人が引き続き占有している場合であっても、賃貸人の代理占有は当然に消滅する。

イ 被相続人の事実的支配の中にあった物は、原則として、当然に相続人の支配の中に承継されるとみるべきであるから、被相続人が死亡して、相続が開始するときは、相続人が相続の開始を知っていたか否かにかかわらず、特別の事情のない限り、相続人は、被相続人の占有権を承継する。

ウ 占有者は、所有の意思で占有するものと推定されるから、占有者の占有が自主占有にあたらないことを理由として取得時効の成立を争う者は、当該占有が他主占有にあたることについての立証責任を負う。

エ 民法第187条第1項の規定は、相続のような包括承継の場合にも適用されるから、相続人は、その選択に従い、自己の占有のみを主張し、または被相続人の占有に自己の占有を併せて主張することができる。

オ 善意の占有者は、占有物から生ずる果実を取得するが、本権の訴えにおいて敗訴したときは、その判決が確定した時から悪意の占有者とみなされるから、そのとき以後の果実を取得することはできない。

1 ア、イ、オ　2 ア、ウ、エ　3 ア、ウ、オ
4 イ、ウ、エ　5 イ、エ、オ

(参考)　民法第187条(占有の承継)
　　　占有者の承継人は、その選択に従い、自己の占有のみを主張し、又は自己の占有に前の占有者の占有を併せて主張することができる。
　　第2項　略

PointCheck

●**占有権の相続**‥‥‥‥‥‥‥‥‥‥‥‥‥‥‥‥‥‥‥‥‥‥‥‥‥‥‥‥‥‥‥‥【★★☆】
(1)占有権の相続は可能か
　占有というのは事実状態であるとしても、占有権という権利関係は事実状態を社会的評価によって法的に構成したものであるから、占有者が死亡した場合に占有権がそのまま相続人に移転すると考えることも可能である。こう解すれば、占有者のAが死亡した場合には、その占有状態は相続人Bに承継され、あたかも一人の人間がずっと占有を続けていたかのごと

問題でPoint を理解する

Level 2 **Q79**

第1章

第2章

第3章

第4章

第5章

第6章

第7章

第8章

第9章

第10章

くとらえられることになる。したがって、相続人Bは被相続人Aの占有期間と自己の占有期間を通算して1つの占有として主張することができる。

⑵相続人は自己の固有の占有というものを有するか

では、Aの死亡後Bが現実に占有を始めた場合、Bは自分の占有期間だけ取り出して、自分の占有期間だけによる時効完成を主張することもできるのだろうか。相続人の持つ占有が被相続人から始まった1つの占有の延長でしかないとすれば、Bの占有期間分だけの権利主張はできないことになる。しかし、この点につき学説は、相続人Bのなす占有には、二面性があるとする。すなわち、相続人Bの占有には、被相続人Aの占有に連なる占有の面と相続人Bの固有の占有の面とがあるとしている。このように解するときは、Bはこの自分の固有の占有の面だけを主張することができることになる。判例もこれを認めている。

⑶相続人の固有の占有は、新権原によるものといえるか

被相続人Aの占有が他主占有だった場合、Bの固有の占有は自主占有となるだろうか。例えば、父親Aが友人から借りていた高級カメラを、父の死亡後、その子Bがてっきり父Aのカメラだと信じて占有した場合、Bの固有の占有の面は自主占有となるか、という問題である。これは、相続にも185条の適用があるかという問題である。すなわち、185条は他主占有が自主占有に変わる場合の1つとして、「新権原」で占有を始める場合を挙げているが、相続はこの新権原といえるかという問題である。この問題について、判例は、相続も185条の新権原にあたるとして、相続により他主占有から自主占有に変化し得ることを認めた。ただし、自主占有と認められるためには、相続人の事実的支配が客観的外形的に見て、独自の所有の意思に基づくものと解される事情が必要だとしている。

 占有に関する問題は、基本的な区別・分類・整理がしっかりできているかどうかが問われる。占有権の要件、占有の態様、占有承継、占有権の効力・占有訴権について、もう一度 Level 1 を整理しなおしてから、本問の論点を押さえれば十分な実力はつく。

A79 正解─4

ア─誤 賃貸借関係が終了しても、賃借人が引き続き占有している限り賃貸人の代理占有は消滅しない。

イ─正 占有における「所持」というのは社会通念によって判断すればよいから、相続の場合には、本肢のように解するのが判例である。

ウ─正 占有者の占有が自主占有であることについては、186条に推定規定があるので、本肢のようになる。

エ─正 占有の相続があった場合には、相続人のなす占有には、被相続人の時代からずっと続いてきている「被相続人の占有」と、相続人の下で発生した「相続人の占有」の2つの面があると考えられる。

オ─誤 訴え提起の時から、悪意の占有者とみなされる。
　　　以上から、イ、ウ、エが正しく、本問の正解は肢4である。

Q80 共有者の対外関係

共有に関する次の記述のうち、判例に照らし、妥当なものはどれか。 （国家一般）

1 不動産の共有者の一人が無断で自己の単独所有としての登記をし、当該不動産を第三者に譲渡して所有権移転登記をしたときは、他の共有者は、共有持分権に基づいて、当該移転登記の全部抹消を請求することができる。

2 不動産の共有者の一人が相続人なくして死亡したときは、その持分は他の共有者に帰属することとなるので、特別縁故者が存在する場合であっても、他の共有者は死亡した共有者から自己に持分移転登記をすることができる。

3 土地を目的とする賃貸借契約について、貸主が2人以上いる場合に貸主側から当該契約を解除する旨の意思表示をするには、民法第544条第1項の規定に基づき、その全員からこれを行う必要がある。

4 不動産の共有者の一人が、その持分に基づいて、仮装して当該不動産の登記簿上の所有名義者となっている者に対して、その登記の抹消を求めることは妨害排除の請求に該当し、いわゆる保存行為にあたるから、当該共有者は単独で当該不動産に対する所有権移転登記の全部抹消を請求することができる。

5 分割の対象となる共有物が多数の不動産である場合には、これらの不動産が隣接しているときには、一括して分割の対象とすることができるが、数箇所に分かれているときには、各不動産ごとに分割をし、それぞれについて価格賠償による調整が必要となる。

PointCheck

●共有の対外関係（判例） ……………………………………………………【★★★】
①共有物が不法占拠されているときは、各共有者は単独で、妨害排除請求や返還請求ができる。保存行為になるといえるからである。
②共有地について、まったく無権利の者が単独名義の登記をしているときは、各共有者は、その登記の全部の抹消を請求できる。保存行為になるといえるからである。
③共有者の一人から共有物を借りた者が共有物を独占して使用している場合、他の共有者は引渡しの請求はできない。その者の占有には貸した共有者の持分権に基づく分が入っているからである。
④共有物について所有権確認を求める訴えは、共有者全員で提起しなければならない。保存行為とはいえないからである。

●解除権の不可分性について ……………………………………………………【★★☆】
　解除権の不可分性というのは、契約の当事者の一方が数人いる場合には、解除の意思表示は、全員からしなければならず、また、全員に対してしなければならない、ということをいう（544条1項）。これは、契約の当事者が数人いる場合には、バラバラに解除がなされて

も困るので、全員が解除の意思表示をする（受ける）ことを要求したのである。この規定を共有物の賃貸借契約にも適用すれば、賃貸借契約の解除には全員の解除の意思が必要なようにも見える。しかし、判例はそうではないとしたわけである。判例は、共有物の賃貸借は共有物の管理行為であるから、544条1項は適用がないとして、持分の過半数を有するものだけで解除ができるとしたのである。

A 80　正解—4

1—誤　他の共有者は、自己の持分を主張して共有の登記にするように請求し得るだけである。第三者に譲渡人の持分は取得されているからである。

2—誤　特別縁故者がいる場合には、まず特別縁故者に与え、その後に他の共有者に帰属するというのが判例である。

3—誤　共有物を賃貸することは、共有物の管理行為にあたり、持分の過半数の賛成で行うことができる。判例は、賃貸借契約の解除についてもこの規定を適用し、持分の過半数の者が解除を決定し意思表示をすれば足りるとしている。解除の不可分性の例外となる。

4—正　仮装して当該不動産の登記簿上の所有名義者となっている者に対してなす抹消登記の請求は、その不動産の保存行為ということができ、各共有者が単独ですることができるとするのが判例である。

5—誤　分割の対象となる共有物が数箇所に分かれ、外形上一団と見られないときであっても、一括して分割の対象とし、分割後のそれぞれの部分を各共有者の単独所有とすることも現物分割の方法として許される、とするのが判例である。

※本問の肢1と肢4の比較

　肢1の場合、第三者は自分へ譲渡してくれた者の持分は有効に取得しているわけであり、他の共有者とは共有関係にある。だから、他の共有者が第三者に請求し得るのは、単独所有の登記をやめて共有の登記にせよ、ということだけである。これに対し、肢4の場合は、登記名義人となっている者はまったくの無権利者である。そこで、各共有者は、登記を全部抹消せよと請求できるのである。しかし、この場合も、各共有者は自己の持分権に対応する分しか抹消請求ができないのではないのか、ということが疑問になる。その疑問を解消するのが「保存行為」にあたるという構成なのである。保存行為にあたるので、他の共有者の持分の分も行使してよいことになるのである。

第9章 留置権・先取特権・質権

Level 1 p180〜p193　Level 2 p194〜p199

1 担保物権の種類と効力

Level 1 ▷ Q81,Q82

▶ p180

	法定担保物権		約定担保物権	
	留置権	先取特権	質権	抵当権
優先弁済的効力	×	○	○	○
留置的効力	○	×	○	×

2 留置権

Level 1 ▷ Q82〜Q85　Level 2 ▷ Q90

(1)意義

他人の物の占有者が、その物に関して生じた債権の弁済を受けるまで、その物を留置することができる権利。

(2)成立要件 ▶ p184

①他人の物を占有している者が債権を持つこと

②被担保債権が「物に関して」生じたものであること

物の修理代金債権、物の売却代金債権、占有物の費用償還請求権

(a)建物買取請求権による建物代金債権は、建物に関して生じた債権であるが、では、その建物を留置するにあたって、敷地となっている賃借土地まで留置してよいか。

→建物の留置に必要な限度で土地も留置してよい（判例）。

(b)造作買取請求権による造作売却代金債権は、造作に関して生じた債権であるが、その造作を留置するにあたって、造作が設置されている建物まで留置してよいか。

→建物まで留置することはできない（判例）。

③被担保債権の弁済期到来

④物の占有が不法行為で始まったものでないこと

占有開始当初は適法だったが、その後不法な占有となった場合も含む。

(3)効力 ▶ p188

留置的効力のみで優先弁済的効力はない（ただし、形式的競売は可）。留置権者が占有している限りで留置権は認められる（占有を失うと留置権は消滅）。よって、不動産の場合でも登記を対抗要件としない。留置権者が保管義務に違反したときは、債務者に留置権の消滅請求権がある（形成権）。

全体像をつかむ
POINT整理

第1章

第2章

第3章

第4章

第5章

第6章

第7章

第8章

第9章

第10章

3 先取特権

Level 1 ▷ **Q86**

⑴意義 ▶p190

法律の規定に従って、特定の債権を保護するため、債務者の財産について優先弁済が受けられる権利。

⑵一般の先取特権（306条以下）

債務者の総財産から優先弁済を受けられる。

被担保債権となるもの：共益費用・雇用関係・葬式費用・日用品供給

⑶動産の先取特権（311条以下）

債務者の特定の動産から優先弁済を受けられる。

被担保債権となるもの：不動産賃貸の借賃・旅館の宿泊代・動産の代金など

⑷不動産の先取特権（325条以下）

債務者の特定の不動産から優先弁済を受けられる。

被担保債権となるもの：不動産の保存費用・工事費用・売却代金

※先取特権は動産に対しては、追及力がなく、第三取得者に引き渡されれば行使できない。

4 質権

Level 1 ▷ **Q87**　Level 2 ▷ **Q88,Q89**

⑴意義 ▶p192

債権の担保として受け取った物を占有し、その物について優先弁済を受ける権利。

⑵質権設定契約（342条）

目的物となるもの→動産・不動産・債権などの権利

要物契約（債権質を除く）→合意＋引渡し（引渡しに占有改定は含まれない）

⑶効力

留置的効力・優先弁済的効力

⑷対抗要件

・動産質→継続占有（352条）

・不動産質→質権の登記（177条）

・権利質→通知または承諾など（364条）

⑸質権のポイント ▶p194

①被担保債権の範囲は抵当権よりも広い

抵当権のように、利息が2年分だけなどという制限はない。

②流質契約は禁止される

③転質も可

責任転質と承諾転質、責任転質→不可抗力による損害にも責任生ずる。

④動産質で目的物を奪われた場合は、占有回収の訴えのみ可能

⑤動産質で質物を任意返還した場合は、対抗力がなくなるのみ（判例）

⑥不動産質は質権者に使用収益権あり

反面、融資の利息は原則としてなし。

Q81 担保物権の意味

問 留置権、先取特権、質権および抵当権に共通する性質に関する次の記述のうち、妥当なものはどれか。 (地方上級)

1 これらの担保物権は付従性を有するから、目的物が第三者に譲渡された場合であっても、被担保債権から独立して消滅時効にかかることはない。

2 これらの担保物権も物権であるから、目的物が不動産である場合、登記なくして当該担保物権を第三者に対抗することはできない。

3 これらの担保物権は価値権であるから、目的物が担保権者の占有下にある場合であっても、担保権者は目的物の使用収益権を有しない。

4 これらの担保物権は優先弁済権を有するから、目的物が競売されたときは、担保権者は他の債権者に先立って弁済を受けることができる。

5 これらの担保物権は不可分性を有するから、被担保債権が弁済により縮減しても、担保権者は目的物の全部について権利を行使することができる。

PointCheck

●担保物権の通有性··【★★★】

　担保物権は債権を担保するために存在する物権であるから、共通した性質がある。これを担保物権の通有性という。

(1)付従性

　付従性とは、被担保債権がなければ担保物権も存在しないという性格をいう。担保物権が債権の担保のためにあるものである以上、当然の性格である。

①被担保債権が弁済や時効によって消滅すれば、担保物権も消滅する。逆に、被担保債権が消滅しない限り担保物権も消滅しない。

②被担保債権を発生させる契約が取消しにより無効なため被担保債権が発生していないときは、担保物権の設定契約も無効となる。

※なお、被担保債権が発生する前に抵当権などの設定契約をすることがある。金融の担保として用いられる約定担保物権の場合には、付従性を緩和して、このような場合にも担保物権の成立を認めるのが判例である。

(2)随伴性

　随伴性とは、被担保債権が譲渡されるなどして債権者が変わったときには、担保物権が、これを移転する意思表示がなくても、新債権者へ移転するという性格である。担保物権の使命は、債権を担保することにあるのだから、債権者が変われば新債権者の下に移動するのは当然なのである。

(3) 不可分性

　不可分性とは、債権全部の弁済があるまでは担保物権は目的物の全部について権利を行使

し得ることをいう。例えば、Aが、1000万円の債権のうち500万円の弁済を受けたとしてもAの担保物権はなお目的物全体に及んでおり、Aは目的物全部を競売することができる。もっとも、優先弁済を受けられるのは被担保債権の残額の500万円だけである。

⑷物上代位性

例えば、担保物権の目的物が滅失した場合、設定者が損害賠償請求権などの代償物（価値変形物）を取得していた場合、担保物権は代償物について権利を行使できる。これを物上代位性という。担保物権は、目的物の交換価値を支配していたものであるから、目的物がなくなっても、その価値変形物が発生すればそれに乗り移ることができるという発想である。

なお、物上代位性は、交換価値を把握している担保物権、つまり優先弁済的効力を持つ担保物権に認められる性格であり、留置権には認められない。また、先取特権のうち、債務者の総財産の上に成立する一般の先取特権には認める必要がない。

A81 正解—5

1—誤　担保物権は、被担保債権の存続する限り、担保物権だけが時効にかかることはないと解されているが（消滅における付従性）、抵当権については、民法に例外が定められており、抵当権は、債務者・抵当権設定者（物上保証人）との関係では、消滅時効にかからないが、他の者（抵当不動産の第三取得者・後順位抵当権者）との関係では、抵当権だけが消滅することが認められている（396条）。

2—誤　不動産質権・抵当権・先取特権は第三者に対抗するのに登記が必要であるが、留置権は、登記がなくても、自己の債権の弁済を受けるまで留置物を引き渡さなくてよいから、登記がなくても第三者に対抗し得るといえる。

3—誤　目的物が担保権者の占有下にある担保物権としては、質権・留置権がある。質権の場合、不動産質では、質権者に目的物の使用収益権が認められている。動産質や留置権では、債務者（設定者）の承諾を得れば使用・賃貸ができる。なお、留置権には優先弁済的効力がなく、交換価値を把握するものとはいえない。

4—誤　留置権には優先弁済的効力がなく、留置権者は目的物の競売代金から優先弁済を受けることはできない。ただ、民事執行法195条は、留置権による競売を認めている。これは長期の保管に困るような場合には競売してよいというだけであって、競売代金を優先弁済に充てることを認めたものではない。留置権は、あくまでも目的物を留置してその心理的圧迫によって返還を促すという性質のものである。

5—正　担保物権の通有性のうち、付従性や随伴性については根抵当権で例外が認められており、物上代位性については留置権で例外が認められている。しかし、不可分性だけはすべて担保物権に共通して認められている性質である。よって、本肢が正解となる。

Q82 留置権

問 民法上の留置権に関する次の記述のうち、妥当なのはどれか。 （国家一般改題）

1 留置権を行使し、その目的物の引渡しを拒むことは、被担保債権について催告・請求をしなくても当然に被担保債権の時効更新の効力を生ずる。
2 留置権とは、一定の要件が存在すれば法律上当然に生ずる場合と、この要件が存在しなくても当事者の意思に基づいて生ずる場合とがある。
3 留置権は、物について生じた債権が弁済されるまで、その物の引渡しを拒絶しうる物権であるところから、だれに対しても主張することができる。
4 留置権は占有を成立要件とするが、占有する物が不動産である場合には、登記をしないと留置権を第三者に対抗することができない。
5 留置権者が保管義務を怠った場合には、債権者は留置権の消滅を請求することができるが、この消滅請求権は形成権ではなく、留置権者に対して留置権消滅の承諾を求める請求権であるとするのが通説である。

PointCheck

●**法定担保物権と約定担保物権**………………………………………………………………【★★☆】

	法定担保物権	約定担保物権
意義	法律が定めている一定の債権が発生すると、当然に発生する担保物権	当事者間の設定契約によって発生する担保物権
例	留置権・先取特権	質権・抵当権

　法定担保物権は、民法が一定の債権を担保させるために特に発生させたものであるから、債権との付従性は厳格に守られる。債権が現実に発生していないところでは、法定担保物権は発生し得ない。これに対し、約定担保物権の場合は、金融のための手段として用いられるのであるから、被担保債権との間の付従性は必要に応じて緩和される。消費貸借の場合に、金銭を交付する前に、抵当権の設定契約を行い登記をすることも認められている。また、根抵当権では、発生・消滅を繰り返す個々の債権との間の付従性は断ち切られている。

●**訴訟において留置権の抗弁を提出した場合**………………………………………………【★☆☆】

　留置権によって目的物を留置するだけでは留置権を行使しているのにとどまり、被担保債権の行使ではないから、被担保債権の消滅時効の更新・完成猶予の効力は生じない（300条）。しかし、相手方が目的物の引渡し訴訟を提起したときに、留置権を抗弁として主張した場合には、その前提として被担保債権についての権利主張もなされていたと認め得る。したがって、判例は裁判上「催告」（すなわち時効完成の猶予）があったと認めて、時効が完成しな

問題でPoint を理解する
Level 1 Q82

第1章
第2章
第3章
第4章
第5章
第6章
第7章
第8章
第9章
第10章

いとしている。

●留置権における債権と物の牽連性……………………………………………【★★☆】

　債権と物の牽連性とは、その物を留置することによって債務者に心理的圧迫が加えられ、弁済を促すほどの関連性が認められることをいう。類型としては、債権が目的物自体から生ずる場合（賃借物にかけた必要費や有益費など）だけでなく、債権が目的物の引渡し義務と同一の法律関係（ないし生活関係）から生じた場合（売主の代金債権と売買の目的物、傘を取り違えた者同士が持つ返還請求権など）もある。

　判例によると、

(a)借地関係が終了し借地人が建物買取請求権を行使したときは（借地借家法13条）、借地人は代金債権のために建物を留置することができ、敷地の占有も継続できる（敷地の占有が不法行為にならないということだが、賃料相当額は不当利得となる）。しかし、

(b)借家関係が終了し借家人が造作買取請求権を行使したときは（借地借家法33条）、借家人が建物を留置することはできない。

※なお、当事者間で留置権が成立した後で目的物が第三者に譲渡されても、留置権者は引渡しを拒絶できる（双務契約の効力である同時履行の抗弁権の相対性と異なる点である）。

A82 正解－3

1 ―誤　留置権に基づいて留置し引渡しを拒絶しているというだけでは、被担保債権の消滅時効は更新しない。なぜなら、それだけでは被担保債権の存在することが明らかになったとはいえないからである。

2 ―誤　留置権は、法定担保物権であって、物を占有する者が、「物に関して生じた債権」を取得すれば、自動的に発生するものである。留置権が当事者の意思に基づいて発生するという点が誤り。

3 ―正　留置権は、物に対する制限物権であるから、その物を譲り受けた者にも主張できる。例えば、AがBのパソコンの修理をした場合、Aは修理代金債権を被担保債権として、パソコンの上に留置権を取得するが、この留置権はBがCにそのパソコンを譲渡してもCに対して行使できる。

4 ―誤　留置権者は、だれに対しても、自己の債権の弁済を受けるまで留置物を引き渡さなくてよいから、登記がなくても第三者に対抗し得るといえる。留置権者は目的物を必ず占有しているはずであるから（留置権者が目的物の占有を失ったときは留置権は消滅する）、特に登記などの対抗要件を必要としないのである。

5 ―誤　留置権者は、目的物を善管注意をもって保管する義務を負う。この義務に違反した場合には債務者は留置権の消滅を請求できる（298条）。この権利は形成権であり、一方的に意思表示するだけで、留置権消滅という法律効果が発生する。

Q83 留置権の成立要件

問 留置権に関する記述として正しいものは、次のうちどれか（争いがあるときは、判例の見解による）。
（裁判所職員）

1 留置権は、原則として、法律上の要件を満たせば当然に成立するが、当事者間の契約によって成立する場合もある。

2 他人の物の占有者は、その物に関して将来発生する債権について留置権を主張することはできないが、すでに発生している債権であれば、弁済期の到来前であっても留置権を主張することができる。

3 建物の賃借人が、造作買取請求権を行使して、造作の代金債権を取得した場合、この債権を被担保債権として、建物について留置権を行使することができる。

4 留置権者が所有者の同意を得て目的物を賃貸した場合、留置権者は、賃借人から得た賃料を、他の債権者に優先して債権に充当することができる。

5 留置権は、動産のみならず、不動産の上にも成立するが、不動産の留置権においては、登記を具備しなければ第三者に対抗することができない。

PointCheck

●留置権の成立要件のポイント・・・【★★★】
⑴他人の物の占有者であること

　留置権が発生するためには、債権を取得する者が、物を占有していなければならない。その物は、債務者の所有物であることが普通であるが、債務者以外の者の所有物であってもよい。例えば、BがCから借りて使用していた自動車の修理をAに依頼した場合にも、Aはその自動車の上に留置権を取得する。

　この占有は不法行為によって始められたものであってはならない。例えば、AがBの自動車を盗んで、修理し修理代（必要費）を償還請求しようとする場合にまで（悪意の占有者にも費用償還請求権はある、196条）留置権を認めるのは不当だからである。では、始めは適法に占有をしていたが途中から不法占有になった者はどうか。例えば、借家人が契約を解除された後も居座り、不法占拠中に借家を修理した場合である。判例は、このような場合にも留置権は認められないとしている。

⑵その物に関して生じた債権を有すること

　これを債権（被担保債権）と物との牽連関係という。比喩的にいえば、債権のために物が人質になる以上、その債権は物と関係のある債権でなければならないというわけである。では、この牽連関係はどのような場合に認められるであろうか。

　①債権が物自体から発生した場合

　　例えば、占有権のところで述べた占有者の必要費や有益費の償還請求権がこれにあたる。これらは物が修理や改良をしてもらったことにより発生した債権であるから、物は人

質になるべきなのである。

②債権が物の返還義務と同一の法律関係または同一の事実関係から発生した場合

これは、ＡＢ間でＡの自動車をＢに売る契約をした場合に、Ａは自動車に対し留置権を持ち、代金の支払いを受けるまでＢからの引渡し請求を拒絶し得るということである。この場合、自動車は自分が売られたことによって代金債権が発生したのだから、それが払われるまで人質になってやるべきだと考えることができる。実は、②の場合も①の場合の1つとして扱ってもよいのだが、②の場合にはＡＢ間に売買契約があり、この契約からＡの代金債権とＢの引渡し請求権が同時に発生しているという特徴があるから分けたのである。

「債権が物の返還義務と同一の事実関係」から生じた場合としては、ＡとＢが偶然にお互いの傘を取り違えて持ち帰った場合が挙げられる。この場合、ＡはＢの傘の上に留置権を取得する（Ｂも同様）。

⑶その債権が弁済期にあること

弁済期が到来していなければ債権の弁済を促すことはできないからである。

◉留置権に特有な消滅事由‥‥‥‥‥‥‥‥‥‥‥‥‥‥‥‥‥‥‥‥‥‥‥【★★☆】

⑴債務者による留置権の消滅請求（298条3項）

留置権者が、善管注意をもって保管する義務を怠ったり、債務者の承諾を得ないで留置物を使用・賃貸・担保供与した場合には、債務者は留置権の消滅を請求することができる。この消滅請求をすればそれだけで（留置権者の承諾不要）留置権消滅という法律効果が発生する（形成権）。

⑵代担保の供与による消滅（301条）

例えば、10万円の修理代のために高額の自動車を留置されるのはたまらないという場合に、債務者は、債権額相当の担保を提供して留置権の消滅を請求できる。

⑶占有の喪失（302条）

留置権者が占有を失えば留置権は消滅する。

A83 正解—4

1—誤　留置権は法定担保物権であるから、契約によって成立することはない。

2—誤　被担保権の弁済期が到来していることも留置権の成立要件である。

3—誤　造作代金債権を被担保債権として留置できるものは造作だけであって、建物まで留置することはできない。

4—正　留置権者は所有者の承諾を得れば、留置物を自ら使用したり、賃貸したり、担保に供することができる。この場合賃料は法定果実であるから、留置権者はこれを優先弁済に充てることができる（297条）。

5—誤　留置権者は、目的物を占有しているわけであるから、それで第三者は留置権の存在を知り得る。よって、不動産の場合にも登記を対抗要件とはしない。

Q84 留置権の成否

問 留置権に関する次の記述のうち、妥当なものはどれか。 （国家一般）

1 留置権は、当事者間の公平を図るための制度であるから、債務者に対してのみ行使することができる。

2 留置権によって担保される債権は、物自体から生じるかまたは物の返還義務と同一の法律関係から生じたものでなければならず、たとえば相互に相手方の傘を取り違えた二者の相互の返還請求権については留置権は成立しない。

3 造作は建物の付属物であるから、造作買取請求権の行使による造作代金債権を被担保債権として、その建物の明渡しも拒むことができるとするのが判例である。

4 留置権は債務者に対して弁済を間接的に強制する権利であるが、その目的物は債務者の所有物である必要はなく、債権者が占有する他人の物であればよい。

5 物の占有が不法行為により始まった場合でも、その後、その物に関して債権が生じた場合には、その債権の弁済を受けるまで物の引渡しを拒むことができる。

PointCheck

◉造作買取請求権・建物買取請求権と留置権·····································【★★★】

⑴造作買取請求と留置権

建物の賃借人は、賃貸借契約の期間が満了して契約が終了した際に、賃貸人の同意を得て建物に備え付けた畳、建具などの造作について買取請求権が認められている（借地借家法33条）。「造作」とは、建物に付加され、建物の使用に客観的便益を与えるものをいう。蛍光灯の設備などもこれにあたる。

建物賃借人が造作の買取りを請求した場合、賃貸人との間に造作についての売買契約が締結されたのと同じになる（形成権）。そこで、賃借人は造作代金債権を被担保債権として造作に留置権を取得する。しかし、留置権は造作にしか成立しないから、建物の明渡しを請求されれば、建物は明け渡さなければならない（判例）。

⑵建物買取請求権と留置権

借地に建物を建てて住んでいる土地の賃借人は、賃貸借契約の期限が来て土地を明け渡さなければならなくなったときに、地主に対して建物を時価で買い取るように請求できる。これを建物買取請求権という（借地借家法13条）。

土地賃借人が建物の買取りを請求すると、賃貸人との間に建物についての売買契約が締結されたのと同じになる（形成権）。そこで、賃借人は建物代金債権を被担保債権として建物について留置権を取得する。しかし、留置権は建物にしか成立しないはずである。この場合、判例は、造作の場合と異なり、建物だけでなく土地の留置も認めている。

⑶造作買取と建物買取との結論の差異

このように造作買取請求権の場合と建物買取請求権の場合とで扱いが異なるのは、なぜで

あろうか。建物買取請求権の場合には、建物だけでなく土地の引渡しも拒めるとしなければ留置権者の側の不利益が大きい（建物をどこかに移動して留置するというのは極めて困難である）のに対し、造作の場合には建物の留置権を否定しても、造作は移動が可能であるから、その不利益は大きくない（逆に建物の留置権を認める方が造作の買主である賃貸人に大きな不利益となる）からであると見ることができる。

●債権が物自体から生じた場合……………………………………………【★☆☆】

「債権が物自体から生じた場合」というのは、占有者が、頼まれてもいないのに勝手に物に必要費や有益費を支出したような場合である。この場合には、占有の効果として費用償還請求権を取得する。これを被担保債権とし留置権が発生する。これは、あたかも物は自分が修理や改善をしてもらったために債権が発生したのだからそれが払われるまで人質（物質）になってあげようという関係である。

これに対して、「債権が物の返還義務と同一の法律関係から生じた場合」というのは、所有者が自己の物を売却したときの売却代金債権のような場合である。この場合には、売却した物の所有権は買主に移転し、売主は他人の物の占有者となる。と同時に、売主の代金債権は「物に関して生じた債権」となり、物に留置権が発生する。このような場合を代金債権と物の引渡し義務とが売買契約という同一の法律関係から生じた場合と表現している（肢2の傘の取り違え）。

A**84** 正解―4

1―誤 留置権は物権であるから、債務者からその物を譲り受けた者に対しても行使することができる。

2―誤 相互に相手方の傘を取り違えた場合は、被担保債権（自分の傘を返せという権利）が物の返還義務（相手方の傘を返す義務）と同一の事実関係（傘の取り違い）から生じた場合にあたり、このような場合にも留置権は成立すると解されている。

3―誤 造作代金債権は、造作自体に関して生じた債権であり、留置できるのは造作だけであって建物まで留置することはできない（判例）。なお、建物買取請求権（借地借家法13条）の行使による建物代金債権の場合には、建物だけでなくその敷地も留置できるとされていること（判例）に注意。

4―正 留置権は、BがCから預かっていた物をAに修理に出した場合のように、債務者以外の第三者の所有物の上にも成立する（通説）。

5―誤 物の占有が不法行為によって始まった場合には、留置権は認められない（295条2項）。例えば、泥棒が盗んだ物を修理しても、その物に留置権は成立しない。

Q85 留置権の効力

問 留置権に関するア〜オの記述のうち、妥当なもののみを全て挙げているのはどれか。ただし、争いのある場合は判例の見解による。 (国家一般)

ア 留置権は、当事者間の公平を図るため、目的物を留置することにより債務者に対して債務の弁済を間接的に強制することのできる権利であり、弁済期が到来していない債権についても留置権が発生する。

イ 留置権の効力は、債務の弁済がなされるまで目的物を留置することができるという効力であるから、留置権を有する者は、債務の弁済がなされるまでは留置物の引渡しを拒絶することができるが、留置している間は、留置物を善良な管理者の注意をもって占有しなければならない。

ウ 留置権は、先取特権、質権、抵当権と同様に担保物権である以上、物の交換価値を把握するものであるから、留置権者は、留置物の競売代金に対して優先弁済権を有している。

エ 留置権が成立するためには、他人の物を占有していることが必要であるが、この留置権の目的物は債務者本人の所有物である必要があり、債権者が占有する第三者の物は留置権の目的物にはならない。

オ A所有の不動産を購入したBが売買代金を支払わずにその不動産をCに転売し、AがCから不動産の引渡請求をされた場合には、Aは、Cからの引渡請求に対し、未払の代金債権を被担保債権とする留置権の抗弁を主張することができる。

1 ア、イ 2 ア、ウ 3 イ、オ 4 ウ、エ 5 エ、オ

PointCheck

◉**留置権の効力のポイント**‥‥‥‥‥‥‥‥‥‥‥‥‥‥‥‥‥‥‥‥‥‥‥‥‥**【★★★】**

⑴**留置的効力**

　①留置権には、留置的効力があるが、優先弁済的効力はない。

　　※換価するだけの目的でなす競売は認められる（形式的競売）。

　②留置権は、物権であるから、この留置的効力は第三者にも対抗することができる。

　　例えば、Aが留置していた自動車がBからCに譲渡され、Cが所有権に基づいてAに引渡しを請求してきた場合にも、AはCに対して留置権を主張して引渡しを拒絶できる。また、Aが留置していた物が不動産の場合も同様である。この場合、不動産であっても留置権の登記は必要ではない。

⑵**果実を収取して債権の弁済に充てる権利**

　留置権者は、目的物から生ずる天然果実・法定果実を債権の弁済に充てることができる。自動車を留置していた場合には、債務者の承諾を得て、それを第三者に賃貸したときの賃料（法定果実）は被担保債権の弁済に充てることができる。

(3)留置物の管理

①保管上の注意義務

→ 善良なる管理者の注意（善管注意）をもって保管しなければならない。

②目的物の使用

→これについては、その物の保管に必要な使用であればできる、といえる。なぜならば、物には使用しないとだめになる物もあるからである。しかし、保管に必要な範囲を超えて使用することはできないのが原則である。

ただし、債務者の承諾を得れば、使用することもできる。さらに債務者の承諾を得れば他人に賃貸することもできるし、担保に出すこともできる（298条）。

※留置権者が、これら①②の義務に違反したときは、債務者は留置権の消滅を請求できる。

(4)留置権と物上代位

留置権は、優先弁済権がなく、目的物の交換価値を把握していない担保物権であるから、物上代位性は認められない。

(5)留置権と被担保債権の消滅時効

留置権によって目的物を留置しているというだけでは、被担保債権の消滅時効は更新・完成猶予されない（300条）。しかし、訴訟上、留置権を抗弁として主張すれば、裁判上「催告」（150条）をしていたこととなり、完成猶予事由として時効は完成しないとした改正前の判例がある。

A85 正解—3

ア—誤 弁済期が到来していない債権では留置しても弁済を強制することはできない。

イ—正 留置物を善良な管理者の注意をもって保管しなければならない。

ウ—誤 留置権には留置効力があるが、目的物の交換価値を把握する権利ではなく、優先弁済的効力はない（例外的に、目的物から生じる果実からは優先弁済を受けることができる）。したがって、価値代替物に対する物上代位性もない。

エ—誤 他人の自動車を修理に出した場合など、修理代金の債権者は第三者の物であっても留置権を取得する。

オ—正 物権である留置権は、債務者B以外の第三取得者Cに対しても主張できる。

第1章

第2章

第3章

第4章

第5章

第6章

第7章

第8章

第9章

第10章

Q86 先取特権

問　民法に定める先取特権に関する記述として、妥当なものはどれか。　　　　（地方上級）

1　先取特権には、債務者の総財産を目的とする一般の先取特権と、債務者の特定の財産を目的とする特別の先取特権とがあり、一般の先取特権と特別の先取特権が競合する場合は、常に特別の先取特権が優先する。

2　債務者の雇人は、最後の6か月分の給料について、先取特権を認められるが、退職金は給料の後払いの性格を持つものであっても先取特権が認められることはない。

3　債務者またはその扶養すべき同居の親族に、飲食品および薪炭油を供給した者は、最後の6か月分の代金について先取特権を認められるが、ここにいう債務者は自然人に限られ法人は含まれない。

4　旅店主は、旅客の宿泊料および飲食料について、その旅店に持ち込まれた手荷物の上に先取特権を認められるが、手荷物がその旅客の所有物であることを確定しなければならない。

5　不動産売買の先取特権は、不動産の代金について、売買による所有権移転登記と同時に、まだ代金の弁済がない旨を登記することによって、その不動産の上に認められるが、代金の利息については、先取特権は認められない。

PointCheck

◉先取特権・・【★☆☆】

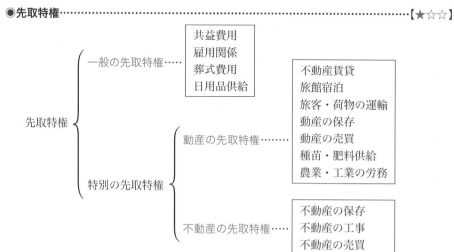

⑴一般の先取特権

　一般の先取特権とは、債務者の総財産の上に成立する担保物権である。公平の原則（共益

費用）、社会政策的考慮（雇用関係・日用品供給）、公益的理由（葬式費用）、などに基づいて認められたものである。「共益費用」はすべての債権者に対して利益を与えるものであるから、先取特権が認められるとともに、すべての債権者に優先する。「雇用関係」の先取特権は、使用人の生活に必要な給料債権などを保護するという社会政策的考慮に基づく。雇用関係に基づいて生じた債権の中には、給料のほか、賞与、退職金も含まれる。以前は、「最後の6か月分」だけという限定があったが、現在はそのような制限がなくなっている。なお「日用品の供給」の先取特権は、最後の6か月分の供給分に限られている。

(2)動産の先取特権

　動産の先取特権にはいろいろなものがあるが、「不動産賃貸」「旅館宿泊」は当事者の意思推測に基づくが、それ以外の動産の先取特権は、公平の見地から認められたものである。「旅館宿泊」の先取特権は、宿泊代・飲食代を被担保債権として、旅館に持ち込まれた手荷物の上に成立する。旅館は客の手荷物を信頼して待遇することから、当事者の意思の推測により認められた担保物権である。

(3)不動産の先取特権

　不動産の先取特権は、不動産の「保存」や「工事」の先取特権は、その費用を被担保債権として、当該不動産の上に成立する。「不動産売買」の先取特権は、代金と利息を被担保債権として、売却した不動産の上に成立する。いずれも、公平の見地から認められたものである。

A86 正解ー3

1ー誤　一般の先取特権と特別の先取特権とが競合する場合には、特別の先取特権が優先するのが原則であるが、共益費用の先取特権だけは例外で、その利益を受けたすべての債権者に対して優先する効力を有する。よって、本肢は「常に」としている点で誤り。

2ー誤　雇用関係の先取特権には、かつては、給料の最後の6か月分という制限があったが、現在はなくなっている。なお、改正前の判例は、給料の後払いの性格を持つ退職金について、雇用関係の先取特権によって担保される給料（当時は6か月分）の相当額については退職金にも先取特権が認められるとしていた。

3ー正　日用品供給の先取特権は、多額の債務を負っている者でも日用品を買うことができるようにするという社会政策的配慮に基づくから、そこでの債務者は自然人に限られ、法人は含まれない（判例）。

4ー誤　先取特権には即時取得の規定が準用されているから、本肢の場合には、即時取得による保護がある。

5ー誤　不動産売買の先取特権の被担保債権には、不動産の代価だけでなくその利息も含まれる。なお、不動産売買の先取特権の効力を保存するためには、「売買契約と同時に代価またはその利息が弁済されていない旨を登記しなければならない」とされている。

Q87 質権

問 質権に関する次の記述のうち、最も適当なのはどれか（争いのあるときは、判例の見解による。）。

（裁判所職員）

1 動産質権者は、第三者によって質物の占有を奪われた場合、占有回収の訴えによってのみ質物を回復することができ、質権に基づいて質物の返還を求めることはできない。

2 質権設定契約は要物契約であるから、質権者に対して質物を引き渡すことが必要であるが、その引渡しの方法としては、占有改定も許される。

3 質権には、留置権と同様に留置的効力があるから、質権者は、債務者のみならず自己に優先する先取特権者や抵当権者に対しても、被担保債権の弁済を受けるまでは質物の引渡しを拒絶することができる。

4 質権者は、質権設定者の承諾がない限り、自己の債務の担保として質物をさらに質入れすることはできない。

5 質権設定者の保護のために、民法は流質契約を禁止しているのであるから、弁済期経過後であっても流質契約を締結することはできない。

PointCheck

●**質権の種類**··【★★★】

種類	要物契約性	対抗要件
動産質	動産の引渡し	占有の継続
不動産質	不動産の引渡し	登記
権利質	－	通知・承諾

(1)動産質

①質権設定契約

質権の設定は、債権者と質権設定者（債務者あるいは物上保証人）の間で行われる。質権設定契約は、要物契約であるから、質権設定の合意のほかに、目的物の引渡しも必要である。この引渡しは留置的効力を発揮させるためであるから、引渡し後も設定者が借りておくことにする「占有改定」は認められない（345条）。なお、簡易の引渡しや指図による引渡しは認められる。

②質権を設定できる物

質権の対象となる物は、譲渡できるものでなければならない（343条）。なぜなら、質権には優先弁済的効力があるから、競売できるものでないと意味がないからである。したがって、麻薬などの禁制物には質権の設定はできない。

これに対し、差押えが禁止されている動産（生活に欠くことのできない衣服や寝具など）は、債権者が強制的に取り上げるのを禁じただけであって、本人の意思で譲渡することま

で禁じたわけではないから、質権の対象となる。

③動産質の対抗要件

　動産質権の対抗要件は、占有の継続である（352条）。質物を遺失したり侵奪されると、対抗力を失うことになる。質権者が質物の占有を失った場合、質権自体に基づく返還請求は認められず、占有訴権による（353条）。ただ、質物を遺失したり、詐取された場合には、占有回収の訴えによることもできない。なお、質権設定者は「第三者」ではないから、質権者が占有を失っても設定者が占有するときは、質権自体に基づく返還請求をすることができる。

⑵**不動産質**

　不動産質の設定も要物契約なので、引渡しがなければ不動産質権の効力は生じない。ただし、対抗要件は登記である。存続期間は10年であり、これより長期の期間を定めても10年に短縮される（360条1項）。質権者には不動産の使用収益権がある。

⑶**権利質**

　権利質とは、財産権を目的とする質権をいい（362条1項）、債権を目的とする債権質が重要である。債権証書の有無にかかわらず合意のみで効力が生じる。債権質の対抗要件は、構造上の類似から債権譲渡に準じる（364条）。

A87 正解—1

1—正　動産質権における占有の継続は、対抗要件であって効力の存続要件ではない。質権者が占有を喪失しても質権自体は消滅せず、その質権を第三者に対抗できなくなるだけである。したがって、第三者に対して質権に基づく質物の返還を求めることはできず、占有回収の訴えによってのみ質物を回復する（353条）。

2—誤　要物契約である質権設定には目的物の引渡しが要件となるが、この引渡しは留置的効力のためであるから、占有改定は認められない。ただし、引渡しとして指図による引渡しを用いることもできる。指図による引渡しの場合、目的物は設定者の下にはないわけであるから、留置的効力も期待できるからである。

3—誤　347条は「質権者は、前条に規定する債権の弁済を受けるまでは、質物を留置することができる。ただし、この権利は、自己に対して優先権を有する債権者に対抗することができない」と規定する。上位の優先弁済的効力を有する担保権者に対しては、引渡し請求を拒むことはできない。

4—誤　転質については質権設定者の承諾による承諾転質もあるが（298条2項、350条）、348条は特に、「質権者は、その権利の存続期間内において、自己の責任で、質物について、転質をすることができる」と規定し、質権者の責任転質を認めている。

5—誤　「弁済期までに弁済しない場合は質物は質権者のものになる」という流質契約については、質権者が経済的に優位な立場を利用して不利な契約を締結するおそれから、弁済期前になすことは禁じられる（349条）。しかし、弁済期後は、不利な契約を強いることはないので、流質契約も可能である。

Q88 質権

問 民法に規定する質権に関する記述として、妥当なものはどれか。 （地方上級改題）

1 質権は目的物を占有し、そこから優先弁済を受けることができるので、同一の動産に複数の質権を設定できず、債務者の一般財産から弁済を受けることはできない。
2 不動産質権者は目的物である土地の使用収益権を有し、質権設定者は当該土地の管理費用を負担することになる。
3 質権の設定は債権者にその目的物を引き渡すことによってその効力を生ずるが、この引渡しには簡易の引渡しが含まれるので、質物を第三者に保管させたままでも有効になすことができる。
4 動産質権者が質物の占有を第三者によって奪われたときは、占有回収の訴えによらなくても、担保物権としての質権に基づく返還請求が認められる。
5 質権の被担保債権の範囲には、元本、利息及び違約金が含まれるが、目的物の引渡しを受けているので、質物に隠れた瑕疵があっても、それにより生じた損害の賠償は含まれない。

PointCheck

◉質権の確認ポイント……………………………………………………………………【★★★】

①要物契約性

動産質権は、要物契約であり、目的物を引き渡さなければ成立しない（344条）。この引渡しについては占有改定は含まない（345条）。占有移転による公示の目的を貫徹するためである。

②質権に基づく返還請求

動産質権は、継続して占有していなければ、質権を第三者に対抗できない（352条）。したがって、質権に基づいて第三者に対して返還請求することはできない。しかし、質権が消滅するわけではなく、例えば占有侵害者が質権設定者である場合には、質権者は、質権に基づいて返還請求することができる。

③質物の使用

動産質権者は所有者（質権設定者）の承諾なくして質物を使用・賃貸・担保とすることができず、保存に必要な使用のみなすことができる（350条、298条）。

④質権の対抗要件

動産質権の対抗要件は占有継続であるが、不動産質権の対抗要件は登記である。不動産質権の登記は、単なる対抗要件であり、効力発生要件ではない（177条）。

⑤質権の随伴性

質権は債権の譲渡に随伴する（債権が移転すれば質権も一緒に移転）。

⑥転質

転質とは、原質権が把握した担保価値をさらに把握するものであり、原質権の担保価値

が現実化しない限り、転質権もまた現実化できない。したがって、原質権の被担保債権の弁済期が到来しなければ、転質権の実行はできない（判例・通説）。

⑦承諾転質・責任転質

質権者は設定者の承諾がある時に転質（承諾転質）をなし得ることはいうまでもないが、承諾がなくても、一定の要件と責任の下に転質をなし得る（348 条、責任転質）。

⑧転質の場合の責任

承諾転質の場合は、350 条・298 条から、質権者は過失責任しか負わない（415 条）。これに対し、責任転質の場合は不可抗力による損害の賠償責任を負う旨規定されている（348 条）。

Level up Point! 　質権は、抵当権との違いに着目して整理しておくことがポイントである。両者の最大の違いは、抵当権が、目的物の占有を設定者に委ねて、専ら優先弁済権によって債権を担保しようとするのに対し、質権は優先弁済権だけでなく、留置的効力によっても債権を担保しようとする点である。この留置的効力がある、ということから、肢 1 にあるように質権が占有を要素とすることが導かれ、肢 2 にあるように不動産質の場合には土地を質権者が占有しているので、目的物となった農地がやせてしわないように使用収益する必要が出てくるのである。また、肢 3 にある要物性において引渡しとして認められないのは、設定者に占有が残ってしまって留置的効力が発揮できなくなる占有改定だけである。肢 4 において質権による返還請求が否定されるのは、動産質で目的物の占有は留置的効力のためだけでなく、質権の公示方法としても用いられているから、占有を失えば第三者に主張できなくなるということによる。

A88 正解―3

1―誤　質権者も債権者の一人として、債務者の一般財産から弁済を受けることもできる。また、同一の動産の上に複数の質権を設定することは少ないが、指図による引渡しを利用すれば二重に質権を設定することも可能ではある。指図の意思表示の順序が質権の順位となる。

2―誤　不動産質権者は目的物の使用収益権を有する反面、管理費用やその他不動産に関する負担を負わなければならないと規定されている（253 条 1 項）。

3―正　質権の設定が要物契約とされている趣旨は、質権の留置的作用を発揮させるためである（通説）。占有改定は許されないが、その他の引渡しは要物性を充たす。したがって、質物を第三者に保管させたままでも有効に質権設定をすることができる。

4―誤　動産質権の対抗要件は、目的物の継続占有であるから、質物の占有を第三者によって奪われたときは対抗力を失い、占有回収の訴えによってのみ返還請求が可能となる。

5―誤　質権によって担保される債権は、元本・利息・違約金・質権実行の費用・質権保存の費用・債務不履行による損害賠償・質物の隠れた瑕疵によって生じた損害である（346 条）。抵当権と異なり、質権の場合には、後順位担保権者がほとんど登場しないので、被担保債権の範囲は抵当権よりも広い。

Q89 権利質

民法に定める権利質に関する記述として、妥当なものはどれか。 （地方上級）

1 権利質は、株式や公社債には設定することができるが、著作権などの無体財産権には設定することができない。

2 債権質の効力要件および対抗要件は、債権の種類によって異なり、手形や小切手などの指図証券については、証書の交付が要件とされ、裏書を要しない。

3 権利質の被担保債権は、元本と違約金に限られ、利息については、当事者の特約がある場合にのみ被担保債権に含めることができる。

4 質入された金銭債権の額が質権の被担保債権の額を超えない場合、質権設定者が、債務の弁済期前に、債務の弁済に代えて、この債権を直ちに質権者に帰属させる契約は流質契約に当たり、認められないと解されている。

5 質入された金銭債権の弁済期が、質権の被担保債権の弁済期より早く到来した場合は、質権者は第三債務者に弁済金額を供託するよう請求することができる。この場合、質権は供託金請求権のうえに存続する。

PointCheck

◉**権利質**‥‥‥‥‥‥‥‥‥‥‥‥‥‥‥‥‥‥‥‥‥‥‥‥‥‥‥‥‥‥‥‥‥‥‥‥‥‥‥【★★☆】

　権利質とは、債権・株式・公社債・無体財産権などに設定された質権をいう。質権者は、被担保債権の債務不履行の場合に、質権の目的債権を自分で直接取り立てたり、権利を競売したりして、優先弁済権を行使し得る。以下では、債権の上の質権、すなわち債権質のポイントについて説明する。

⑴債権質の成立要件（362条）

　動産や不動産の質権設定契約は要物契約であるが、債権質では「質物」を引き渡すことはできない。以前は、債権証書の引き渡しが設定の要件とされたこともあったが、改正法では合意により債権質の設定を認めている（旧363条・365条の削除）。ただし、手形・小切手などの指図証券については、裏書（質入裏書）がなければその効力を生じないとされている（520条の7、520条の2）。

⑵債権質の対抗要件（364条）

　債権質の対抗要件としては、①質入された債権の債務者（第三債務者）への対抗要件と②第三者に対する対抗要件の2つを考えることになる。

　①については、質入債権の債務者（第三債務者）は、自分の債権者に弁済して質入債権を消滅させてはならないことになるから、そのための対抗要件が必要となる。民法は、第三債務者への通知、または、その承諾を第三債務者への対抗要件としている。

　②についても、この通知・承諾が基準となるが、第三者に対する対抗要件となるためには、通知または承諾が確定日付のある証書で行われたことが必要である。なお、手形などの

　　指図証券については、裏書をして交付することが必要とされていることから、債務者へ
　　の通知やその承諾は不要である。

⑶債権質の効力（366条）

　債権質においては、質権者は、自分で直接に第三債務者から取り立てることが認められて
いる。また、質入債権の弁済期が被担保債権の弁済期よりも先に到来した場合には、債権質
権者は、第三債務者に供託させ、供託金の上に質権を存続させることができる。なお、民事
執行法による債権執行の手続きによることもかまわない。

Level up Point!　　権利質は、多くの人にとって手薄な分野である。被担保債権と質権の目的となる債権の2つ
をイメージし（債務者が2人いる）、本問の解説と **PointCheck** に書いてあることを押さえる
ことで、得点源とすることができる。

A89　正解－5

1－誤　質権の目的となるものは譲渡可能なものでなければならないが、著作権などの
　　　　無体財産権も、譲渡できる以上、質権の目的となり得る。

2－誤　指図証券については、裏書をして交付することが質権の効力要件である（527
　　　　条の7、520条の2）。

3－誤　権利質の被担保債権も他の質権の場合と同様に、利息も被担保債権に含まれる。

4－誤　金銭債権が質権の目的になっていた場合、質権の実行として債権を競売してみ
　　　　てもあまり意味がない。そこで民法は、質権者が質権の目的となっている債権
　　　　の債務者（第三債務者）から直接弁済を受けることを認めている。このような
　　　　金銭債権の扱いを考えると、質入債権の額が被担保債権の額を超えない場合に
　　　　なす本肢のような契約を、流質契約にあたるとして、無効とする必要はないと
　　　　解される。

5－正　質権を実行するには、被担保債権が債務不履行になることが必要である。しか
　　　　し、質入された債権者の弁済期が被担保債権の弁済期よりも先に到来した場合
　　　　には、第三債務者に対して弁済を禁じておくわけにもいかないので、質権者は
　　　　第三債務者に供託させることができ、質権はその供託金の上に存続するものと
　　　　されている（366条3項）。

第1章
第2章
第3章
第4章
第5章
第6章
第7章
第8章
第9章
第10章

Q90 留置権

問 民法上の留置権に関する次のA～Fの記述のうち、適当なもののみをすべて挙げているのはどれか（争いがあるときは、判例の見解による）。 (裁判所職員改題)

A 不動産の二重売買において、先に不動産の占有を取得した第1買主は、所有権移転登記を経由した第2の買主からの明渡請求に対し、履行不能に基づく損害賠償債権を被担保債権として、留置権を主張することはできない。

B 建物の賃借人は、賃貸人に対して、造作代金債権を被担保債権として賃貸借の目的物である建物について留置権を主張することはできない。

C 建物の賃借人は、賃借中に支出した必要費・有益費の償還請求権を被担保債権とする留置権の行使として、建物に居住することはできない。

D 売主は、売買の目的物について、善意の転得者に対しても、買主に対して有する未払代金債権を被担保債権として留置権を主張することができる。

E 留置権を行使し、その目的物を留置して引渡しを拒むことは、債権の請求と同視できるので、留置権の行使により、被担保債権の消滅時効は更新する。

F 原告から被告に対する物の引渡請求訴訟において、被告の留置権の抗弁を認める場合、その物に関して生じた債務の支払義務を負う者が、原告ではなく第三者であるときは、原告の被告に対する物の引渡請求は棄却される。

1 A、B、D
2 A、B、F
3 B、C、E
4 C、D、F
5 C、E、F

PointCheck

●留置権の行使と被担保債権の消滅時効‥‥‥‥‥‥‥‥‥‥‥‥‥‥‥‥‥‥‥【★★☆】
　債権者が目的物を留置しているだけでは、被担保債権の消滅時効は更新されない。しかし、単に留置物を占有するにとどまらず、留置権に基づいて債務者に対して目的物の引渡しを拒むにあたり、被担保債権の存在を主張した場合は、被担保債権の消滅時効が完成猶予され得る。改正前の判例ではあるが、この場合には、訴訟継続中、完成猶予事由としての「催告」がなされていたと扱い、その限度で消滅時効の完成猶予の効力を認めた。

●留置権と同時履行の抗弁権‥‥‥‥‥‥‥‥‥‥‥‥‥‥‥‥‥‥‥‥‥‥‥‥【★★★】
⑴競合の可否
　物の引渡しを目的とする双務契約（売買など）では、債権の効力として同時履行の抗弁

問題で**Point**を理解する

Level 2 **Q90**

第1章

第2章

第3章

第4章

第5章

第6章

第7章

第8章

第9章

第10章

が認められ、相手方がその債務の履行を提供するまでは、自己の債務の履行を拒むことができる（533条）。留置権は、同時履行の抗弁権とその性質および要件が異なるので、物の引渡債務者には両者が競合的に発生し、選択的主張が可能となる。

⑵引換給付判決

引換給付判決とは、原告の被告に対する反対給付と引き換えに、被告に原告に対する給付を命じる判決である。留置権・同時履行の抗弁権の主張が認められると、引換給付判決（目的物の引渡しと引き換えに100万円を支払え）がなされる。

Level up Point！ 本問で、答えが比較的容易に分かるのは、記述Bが○であるということと、記述Dも○であること、そして記述Eは×であるということであろう。ここまでを正確に判断できれば、解答選択肢の中の肢1にたどりつくことができる。記述A、Fの判断が Level 2 となる。

A90 正解—1

A—正　本肢のような事例で判例は、損害賠償債権は、その物に関して生じた債権ということはできないとして、留置権を否定した。実質的に見ても、被担保債権となる履行不能に基づく損害賠償債権の債務者は、売主であるが、売主は第1の買主に対して目的物の引渡しを請求する地位にはない。その地位にあるのは第2の買主である。第2の買主に対して引渡しを拒んでも、売主の損害賠償債権の履行を促す関係が認められない。よって、留置権を認めても意味がないといえる。

B—正　造作代金債権と牽連関係にあるのは造作であって、建物とは牽連関係はない。よって、建物は留置できない。

C—誤　建物の賃借中に支出した必要費・有益費の償還請求権は、建物に関して生じた債権であり、これを被担保債権として建物に留置権が成立する。この場合留置権の行使として建物に居住することも「保存に必要な使用」にあたり、認められるが、賃料相当額を不当利得として返還すべきこととなる。

D—正　売買代金債権は、目的物に関して生じた債権であるから、目的物に対して売主は留置権を有している。これは物権であるから、善意の転得者に対しても行使できる。

E—誤　目的物を留置しているだけでは、被担保債権を請求したとはいえないから、被担保債権の消滅時効は更新されない（300条）。

F—誤　被告の留置権が認められた場合、判決は「引換給付判決」となる。原告敗訴の「棄却」ではない。

以上から、AとBとDが正しいので、正解は、肢1となる。

第10章 抵当権・譲渡担保

Level 1　p202 ～ p215　　Level 2　p216 ～ p221

1 抵当権

Level 1 ▷ **Q91 ～ Q96**　Level 2 ▷ **Q98,Q100**

(1)抵当権の特徴 ▶ p202

　抵当権者は目的物を占有せず、担保価値のみを把握する（非占有担保）。設定者は使用収益しながら、担保を設定することが可能となる。

　また、後順位の抵当権が設定できる。公示方法は登記（登録）によるしかないため、登記（登録）制度のない物には抵当権を設定できない。

(2)設定契約 ▶ p202

　①目的物となる物：民法上は、土地・建物（の所有権）、地上権・永小作権。
　　特別法により、自動車なども可
　②諾成契約：債権者と設定者（債務者、あるいは物上保証人）の合意
　③対抗要件：抵当権の登記

(3)効力 ▶ p204 ▶ p208

　①効力の及ぶ目的物の範囲：付加一体物（＝付合物○、従物×）に及ぶ。
　　→ただし、抵当権設定の時にあった従物には及ぶ（87条2項）。
　　→果実に対しては、債務不履行になれば及ぶが、それまでは及ばない。
　②被担保債権の範囲：元本＋利息などは2年分まで
　③物上代位性：担保目的物の「売却代金債権」「賃貸による賃料債権」「滅失・損傷による損害賠償債権」「保険金債権」に代位する。抵当権は物の交換価値を把握→価値代替物にも効力を及ぼすとした。
　　→抵当権者による差押えが必要。差し押さえる前に弁済されてしまえば代位できない。
　　　しかし、差押え前に他に譲渡されたり、他の債権者に差し押さえられても代位可。抵当権の登記で優先権は公示済み。
　④物権的請求権：抵当権が侵害されれば、妨害排除・妨害予防請求権は当然ある。
　　抵当権に基づく明渡請求権は、妨害行為により交換価値の実現が妨げられ優先弁済請求権の行使が困難になるという場合に限って認められる。
　　→このような場合、債権者代位権の転用による救済も可

(4)法定地上権 ▶ p212

　①法定地上権の趣旨
　　土地と建物が同一所有の場合、土地の自己利用権が設定できないので、土地・建物の一方に抵当権を設定しそれが実行（競売）されると、建物が存続できなくなってしまう。この不利益を回避し、土地と建物を別個の不動産とした民法の趣旨から、一定の要件の下で当然に、建物のための地上権が発生するとしたのが、法定地上権の制度である（388条）。

②要件

　(a)抵当権設定当時、土地の上に建物があったこと

　　→抵当権者が抵当権設定時点で、法定地上権を覚悟していることが必要。

　(b)抵当権設定当時、土地と建物の所有者が同一人であること

　　→別人のときは、抵当権設定時点で利用権があるはず。その利用権を競売後も存続させればよいから。

　　※二番抵当権設定時には、土地・建物の所有者が同一人だったが、一番抵当権設定時点では、別人だったという場合。

　　→一番抵当権を基準に判断する。

　　一番抵当権者は法定地上権を覚悟できない。よって、不成立。ただし、一番抵当権が建物の抵当権だった場合は、法定地上権成立としてよい。

③法定地上権と共有

　土地が共有の場合には、法定地上権は成立しない。法定地上権は土地に対する制限であり、土地の他の共有者を害することはできないからである。

⑸根抵当権

　根抵当権は、継続的契約に基づき発生・消滅を繰り返す債権を、次から次へと担保していく。被担保債権となるものの範囲は、根抵当権設定契約で定めてある（これを定めない包括根抵当は無効）が、被担保債権となるものの範囲の変更も可能である（利害関係人の承諾不要）。個々の被担保債権と根抵当権との間には、付従性・随伴性はない。被担保債権額がいくらになるか予測できないので、極度額を定めておく必要がある。ただ、後順位抵当権者など利害関係人の承諾を得れば、極度額の変更も可能である。一定の事由が生じると、根抵当権は、その時点にあった被担保債権のみを担保するものへ変わる（根抵当権の確定）。

2 譲渡担保　　　　　　　　　Level 1 ▷ **Q97**　 Level 2 ▷ **Q99**

　債権者に、債務者の所有物をいったん無償で譲渡した上で、これを債権者から借りておくこととし、債務を履行すれば物は返してもらえることにしておく。このように所有権移転の形で担保を設定するものが譲渡担保である。債務不履行の場合には、債権者は、債権額との差額を清算すれば、その物を自由にすることができるというものである。動産にも抵当権を設定したのと同様のメリットがあり、不動産では煩雑な競売手続を回避できるというメリットがある。▶p214 ▶p219

第1章
第2章
第3章
第4章
第5章
第6章
第7章
第8章
第9章
第10章

Q91 抵当権の設定

問 民法に規定する抵当権に関する記述として、通説に照らし、妥当なものはどれか。

(地方上級)

1 抵当権設定契約の当事者は、抵当権者と抵当権設定者であり、抵当権設定者は債務者に限られる。
2 抵当権の設定は、登記または登録などの公示方法が可能なものに認められ、不動産だけでなく地上権や永小作権上にも設定することができる。
3 抵当権者は、被担保債権の一部の弁済があった場合には、目的物の全部に対して抵当権を実行することはできなくなる。
4 抵当権者が利息を請求する権利を有するときは、いかなる場合でも、満期となった全期間の利息について、抵当権を実行し優先弁済を受けることができる。
5 抵当権は、抵当権設定者に不動産の使用または収益権を留保する制度であり、抵当不動産から生じた果実に抵当権の効力が及ぶことは一切ない。

PointCheck

●抵当権の特色 ･･･【★★★】

①抵当権は優先弁済的効力によって債権を担保するものであるが、質権と異なり、抵当権には留置的効力はない。つまり、目的物は設定者の下に置かれ、抵当権者は目的物を占有すべき権利を持たない（非占有担保）。
②抵当権では、設定者は抵当権設定後も目的物を使用収益していられる。これが抵当権のメリットである。
③目的物の占有が設定者にとどめられているということは、抵当権の存在は外形的には分からないということでもある。そこで抵当権の対抗要件は登記（登録）によらざるを得ない。複数の抵当権が設定される場合の順位も登記の順によることになる。
④登記（登録）が対抗要件ということになれば、登記（登録）のできるものしか抵当権の目的物になれないことになる。その結果、抵当権を利用できる物はかなり限定されてくる（民法は、抵当権の目的物となり得る物を、不動産・地上権・永小作権に限定している）。これが抵当権の弱点である。

●抵当権の設定のポイント ･･･【★★★】

(1)設定契約

①当事者

抵当権設定契約は、債権者と設定者（債務者または物上保証人）の間で行われる。抵当権には留置的効力はないから、目的物の引渡しは不要であり、諾成契約である。

②抵当権を設定できる物

抵当権を設定できる物は、民法の規定では、不動産(土地・建物)、地上権、永小作権である。

問題でPoint を理解する
Level 1 Q91

第1章
第2章
第3章
第4章
第5章
第6章
第7章
第8章
第9章
第10章

これらについては、抵当権の設定を登記し対抗要件を備えることが可能である。なお、民法以外の特別法によって、自動車・工場なども抵当権の設定が可能になっている。

③被担保債権と付従性

　抵当権は被担保債権がなければ存在し得ない（付従性）。しかし、実際には、被担保債権の成立前に抵当権の設定および登記を済ませてしまうことがある。このような場合、厳密にいえば、まだ抵当権は存在していないのであるから、登記は無効だという話になりかねないが、抵当権のような約定担保物権については融資を受ける状況に応じて付従性も柔軟に適用すべきものとされている（付従性の緩和）。

　そこで判例は、このような場合であっても現実の抵当権が成立すると解し、すでになされた抵当権の登記も有効であるとしている。

(2)抵当権設定の対抗要件

　抵当権の第三者に対する対抗要件は登記である。なお、未登記抵当権は、第三者に対抗することはできないが、抵当権としては存在しているので、未登記抵当権であっても抵当権を実行し優先弁済を受けることはできる（ただし、抵当権の存在を確定判決などで証明することが必要）。

●担保不動産の収益執行制度……………………………………………【★☆☆】

　かつては、抵当権は、債務不履行があれば、目的物を競売してその換価代金から優先弁済を受けることしかできなかった。しかし、バブル経済の崩壊とともに不動産の価格が下がってくるに及んで、不動産の賃貸収入から債権の回収を図る要求が出てきた。賃料に対する物上代位はこれを可能にするものではあったが制度としてこれを完備すべく創設されたのが担保不動産の収益執行制度である。これにより、抵当権者は確実に賃料などの果実から優先弁済を受けられるようになった。

A91 正解ー2

1　誤　抵当権者は、債権者に限るが、設定者は債務者に限られない。債務者以外の者が設定者の場合、物上保証人と呼ばれる。

2ー正　抵当権は目的物の交換価値のみを把握するため、登記・登録などの公示が必要となる。

3ー誤　担保物権の不可分性から、被担保債権の全額の弁済があるまで（最後の1円まで）、目的物全部に抵当権の効力が及んでいる。したがって、一部の弁済のあった後も目的物全部を競売できる。ただし、優先弁済を受ける額は未弁済の分に限られる。

4ー誤　利息などについては、満期となった最後の2年分だけしか優先弁済を主張できない。後順位抵当権者などを保護するためである。

5ー誤　被担保債権につき債務不履行が生じた時以降は、果実にも抵当権の効力が及ぶことが明文化（371条）されている。これは、担保不動産の収益執行制度の創設に対応して規定されたものである。

Q92 抵当権の効力

問　抵当権に関する次の記述のうち、妥当なのはどれか。　　　　　　　　　（国家一般）

1　抵当権者が抵当権を実行するには、それに先立って抵当権設定者に対してその旨を通知しなければならない。

2　抵当権は、登記しなければそれを対抗することはできないが、抵当権設定の当事者間では登記がなくとも、対抗することができる。

3　抵当権は、抵当目的物のみならずそれに付加して一体となっている物にもその効力が及ぶが、それは抵当権設定前からすでに付加していた物に限られる。

4　抵当権は、付加一体物にもその効力が及ぶから、抵当目的物の不動産にも果実にも当然に効力が及ぶといえる。

5　抵当不動産が売却されてしまっても、抵当権に登記があれば第三者にも抵当権を対抗し得ることから、売却代金に対して物上代位は認められない。

PointCheck

●抵当権の及ぶ目的物の範囲（付加一体物）‥‥‥‥‥‥‥‥‥‥‥‥‥‥‥‥【★★★】

　建物に抵当権が設定されてから実行されるまでに何年も経っていたという場合、その間に屋根の瓦や和室の畳が新しく取り替えられていたり、古いエアコンが新しいエアコンに取り替えられていたりすることがある。このような場合、建物に設定された抵当権の効力はこれらの取り替えられた物にも及ぶのだろうか。

　この点に関して民法は、抵当権の効力はその目的である不動産に付加して一体となっている物（付加一体物）にも及ぶという規定を置いた（370条）。そこで、この付加一体物の意味ないし範囲が問題となる。

①「付合物」は付加一体物に含まれるか

　　屋根瓦のように建物に付加され構成部分となった物、付合物は付加一体物である。

②畳やエアコンのように建物の構成部分にはならず別個独立の物でありながら建物の効用を助ける関係にある物、すなわち「従物」に対して抵当権の効力は及ぶか

　　判例は、付加一体物とは、付合物を意味し、従物は含まれないとする立場に立つ。したがって、判例の立場では、畳やエアコンのような従物には、抵当権の効力は及んではいないことになる。学説は反対の立場のほうが多い。

※なお、以上の従物は、抵当権設定後に登場した従物の場合である。これに対し、抵当権設定前からすでにあった従物については、87条2項の「従物は主物の処分に従う」という規定が適用される。その結果、設定前の従物には抵当権の効力は及ぶことになる。

	抵当権設定当時	抵当権設定後
付合物	○	○
従物	○（87条2項）	×

●抵当権の被担保債権の範囲……………………………………………………【★★☆】

　被担保債権が利息付きのものだったときは、抵当権はその利息も担保することになる。しかし、利息というのは、きちんと払っていないとどんどん増えていくものであるから、たまった利息を全部抵当権が担保するということになれば後順位抵当権者はその予期に反して損失を被るということが起こる。そこで民法は、抵当権が担保する被担保債権の範囲について制限を設け、「利息その他の定期金」は満期の到来した「最後の2年分」だけに限るとした（375条）。その結果、例えば、AがBに1000万円を利息年1割で5年間融資した場合、Bがたとえ5年分の利息を全部ためていたとしても、Aが抵当権を実行して優先弁済を受け得るのは、最後の2年分の利息、すなわち200万円だけとなる（結局、1000万円＋200万円＝1200万円が、優先弁済を受け得る額となる）。これにより、後順位抵当権者はAの抵当権によって把握された交換価値は1200万円までだと考えて、目的物の残余価値を評価すればよいことになる。

A92 正解—2

1—誤　設定者への通知は不要。かつて滌除（てきじょ）という制度があった当時は、第三取得者に対する通知が必要だったが、現在は滌除という制度自体がなくなった。

2—正　抵当権は登記が対抗要件であるから、登記をしなければ第三者に対抗することはできない。よって、本肢の前半は正しい。また、登記のない抵当権は、これを第三者に対抗することはできないが、抵当権の設定当事者の間では対抗要件は不要であるから、登記がなくても抵当権を主張し得る。よって、後半も正しい。

3—誤　370条は、抵当権は「抵当権の目的である不動産に付加して一体となっている物に及ぶ」と規定しているが、付加して一体となった時点はこれを問わないから、抵当権設定前から付加されていた物であろうと、抵当権設定後付加された物であろうと関係なくすべて付加一体物といえる。

4—誤　抵当権の目的物から生じた果実は、付加一体物にはあたらない。また、抵当権は、非占有担保であり、設定者に使用・収益を委ねるところに特徴があるから、果実には抵当権の効力が及ばないのが原則である。しかし、債務者が期限に弁済を怠り債務不履行になった時以降は、その後の果実に抵当権の効力が及ぶことになる（371条）。

5—誤　物上代位の規定の上では、売却代金の上にも物上代位ができることになっている。よって、これが認められないとする本肢は正しくない。しかし、登記のある抵当権は抵当不動産が売却されても、第三取得者へ追及してそこにある不動産を競売することができるから、物上代位のメリットは特にないといえる。

第1章
第2章
第3章
第4章
第5章
第6章
第7章
第8章
第9章
第10章

Q93 抵当権の成立・変更

問 民法に定める抵当権に関する記述として、次のうち妥当なものはどれか。 （地方上級）

1 抵当権は、被担保債権に対する付従性を有し、設定時に被担保債権が存在することを要するため、消費貸借において、金銭の授受がなされる前に抵当権を設定することはできない。

2 抵当権の順位を変更する場合は、各抵当権者の合意を得るだけでなく、利害関係人がいる場合には利害関係人の承諾が必要であるが、抵当権の順位の変更は、登記をすることによって、その効力が発生する。

3 抵当不動産について権利を取得した者は、抵当権者に対して抵当権消滅請求をすることができ、当該権利の取得者が抵当債務者の場合には、所有権を取得した場合に限り、消滅請求をすることができる。

4 最高裁判所は、ガソリンスタンドの店舗建物に設定した抵当権の効力は、当該ガソリンスタンドの地下タンクの価格が建物価格よりもはるかに高いことを理由に、地下タンクには及ばないと判示した。

5 最高裁判所は、不法占有者によって抵当不動産の交換価値の実現が妨げられ、優先弁済権の行使が困難な場合であっても、抵当権者が所有者の妨害排除請求権を代位行使することはできないと判示した。

PointCheck

●抵当権の処分 ··【★★☆】

(1)転抵当

抵当権者が、抵当権にさらに抵当権を設定するものである。

(2)抵当権の順位の譲渡・放棄

先順位抵当権者が、後順位抵当権者に対して、自己の優先弁済枠を与えるもので、「譲渡」は先順位・後順位が入れ替わり、「放棄」は同順位になる。

(3)抵当権の順位の変更

全抵当権者の合意により優先順位を変更するもので、利害関係人がいる場合にはその承諾も必要である。登記をすることによって順位の変更の効力が生じる。

(4)抵当権の譲渡・放棄

抵当権者以外の債権者(一般債権者)に対して、譲渡・放棄を行うものである。

●抵当権に基づく明渡し請求 ··································【★★★】

抵当権の目的物を第三者が不法に占拠している場合、抵当権者はその第三者を追い出すことができるであろうか。

まず、抵当権は目的物を設定者の下にとどめておき、使用収益を任せるもので、抵当権は目的物を占有する権利を含まないものである。したがって、第三者が占有する場合には抵当

権者はなすすべがないことになる。

　しかし、第三者が不法占拠している結果、目的物の競売において買い手がつかず競売代金が下落しそうだということになれば、話は別である。そのような場合であれば、抵当権の侵害ありとして、抵当権に基づいて妨害の排除を請求することができると解されている（最大判平 11.11.24）。

　注）抵当権者は、債権者代位権によって、設定者の有する所有権に基づく明渡し請求権を代位行使して目的物の明渡しを請求することもできる（上記判例）。

● **抵当権侵害と損害賠償請求**···【★★☆】

　抵当目的物を侵害して損傷させても、直ちに抵当権侵害の不法行為とはならない。侵害行為によって目的物の価値が下がり、被担保債権全額を担保できなくなったときに初めて損害が発生しその限度で不法行為が成立するのである。なお、損害額（被担保債権額を下回った分）は競売をする前でもある程度は確定できるため、抵当権の実行が可能となった時以降（＝弁済期以降）であれば、競売をする前でも損害賠償の請求はできるとされている（判例）。

● **抵当権消滅請求（379条）**···【★☆☆】

　抵当不動産について所有権を取得した者（第三取得者に限る）の方から、抵当権者に対して、自分が買った代価かまたは抵当不動産を評価した金額を提示して、その金額で抵当権を消滅するように求めるのが抵当権消滅請求である。抵当権者がこれを承諾すればその金額を渡して抵当権は消滅させられることになる。これに対して、抵当権者が承諾しないのであれば、抵当権者は2か月内に抵当権を実行して抵当不動産を競売しなければならない。

A93 正解—2

1—誤　抵当権や質権など、金融を受ける場合の担保として用いられる約定担保物権にあっては、成立における付従性は緩和されており、要物契約である587条の消費貸借においても、金銭の授受がなされる前に抵当権を設定することも可能と解されている。

2—正　374条2項は、順位の変更の登記を効力発生要件と規定している。

3—誤　抵当権消滅請求は、抵当不動産の所有権を取得した第三取得者に限ってできるものである。

4—誤　判例は、ガソリンスタンドの地下タンクなどは、店舗建物の従物にあたるとして、店舗建物に設定された抵当権の効力がこれらの設備にも及ぶことを認めた。

5—誤　判例には、本肢のような状況の場合には、抵当権者が所有者の妨害排除請求権を代位行使することもできるとしたものと、抵当権に基づく妨害排除として当該不動産の明渡し請求ができるとしたものの2つがある。

Q94 物上代位

問 物上代位に関する次の記述のうち、判例に照らし、妥当なものはどれか。 （国家一般）

1 動産売買の先取特権を有する者が物上代位権を行使しようとする場合において、物上代位の目的となる債権（以下「目的債権」という）が他の一般債権者によって差し押さえられたときは、一般債権者を害することはできないから、その後に先取特権者が目的債権に対して物上代位権を行使することは許されない。

2 動産売買の先取特権を有する者が物上代位権を行使しようとする場合において、目的債権が第三者に譲渡されたときは、当該第三者を害することはできないから、その後に先取特権者が目的債権に対して物上代位権を行使することは許されない。

3 抵当権を有する者が物上代位権を行使しようとする場合において、目的債権が第三者に譲渡されたときは、当該第三者を害することはできないから、その後に抵当権者が目的債権に対して物上代位権を行使することは許されない。

4 抵当権は抵当権設定者に目的物の使用および収益を認めるものであるから、抵当権の目的不動産が賃貸された場合においては、抵当権者は、賃料債権に対して物上代位権を行使することは許されない。

5 譲渡担保権は、実質的には債権を担保するものではあるが、譲渡担保債権者に目的物の所有権を移転するものであるため、担保権に関する物上代位の規定は適用されず、譲渡担保権者は、譲渡担保権に基づき物上代位権を行使することは許されない。

PointCheck

●物上代位···【★★★】

　物上代位とは、担保物権の目的物が滅失・損傷したことによって、その交換価値が金銭等に変じた場合に、その価値変形物に担保物権が及んでいくことである。担保物権は、目的物の交換価値を支配していたものであるから、目的物がなくなっても、その価値変形物が発生すればそれに乗り移ることができるという発想である。

⑴物上代位が生ずる価値変形物

　①損害賠償請求権

　②火災保険金請求権

　③目的物を売った売却代金

　④目的物を賃貸した場合の賃料

　※賃料の中には使用による目的物の減価分が含まれていると考えることができ、賃料は交換価値のなし崩し的実現といい得るからである。

⑵差押えをする意味

　物上代位をするには、その価値変形物が設定者に払い渡されない間に権利行使しなければならない。なぜなら、設定者が支払いを受けてしまうと、価値変形物が設定者の一般財産に

問題でPointを理解する

Level 1 **Q94**

第1章

第2章

第3章

第4章

第5章

第6章

第7章

第8章

第9章

第10章

混入してしまい特定性を失ってしまうからである。設定者の一般財産に混入した物にまで追及できるとすると、それは一般財産に対する優先権を認めるという強力な権利に変貌してしまう。そこで、物上代位をする者は、第三債務者が払渡しをする前に差押えを行って、物上代位したことを知らせ、設定者に弁済してしまうことのないようにすることが必要である。これが差押えを必要とする理由である（通説）。

　差押えは、物上代位した物の代位を公示してその優先権を確保するというために行うものではない（代位の公示は抵当権の登記）ので、代位の目的債権の譲渡があった場合でも、譲渡された目的債権に対して物上代位することができる（判例）。目的債権に対して、一般債権者による差押えがあった場合も同様である（判例）。

❖担保物権の効力比較

	優先弁済的効力	留置的効力	物上代位性
留置権	なし	あり	なし
先取特権	あり	なし	一般の先取特権だけなし
質権	あり	あり	あり
抵当権	あり	なし	あり

A94 正解—2

1—誤　物上代位の目的債権について、一般債権者が差し押さえた段階にあるときは、その後に先取特権者が物上代位をすることは妨げられない、とするのが判例である。

2—正　物上代位の目的債権が第三者に譲渡された場合には、先取特権者は物上代位ができなくなるとするのが判例である。なぜなら、動産の先取特権は公示されていないから、目的債権が譲渡されてしまうと、その債権に先取特権の効力が及んでいることが公示されなくなるからである。

3—誤　抵当権の物上代位の場合には、目的債権が譲渡されても、物上代位できるとするのが判例である。なぜなら、抵当権は登記によって公示されており当該目的債権に物上代位のあり得ることは予測できるからである。

4—誤　賃料は、目的物の交換価値のなし崩し的実現ということができ、目的物の価値代替物たる面がある。よって、賃料に対する物上代位も認められる。

5—誤　譲渡担保は、実質的には債権の担保として権利を保有している関係であるから、物上代位性も認めてよいと解されている（通説・判例）。

Q95 抵当権の効力・消滅

問 A は債権者 B のために自己所有の建物に抵当権を設定した。この事例に関する次の記述のうち、正しいものはどれか。 (地方上級)

1 抵当権設定後にこの建物が完全に取り壊されて、新たな建物が再築された場合、旧建物の登記がそのまま残っていても、抵当権の効力は再築された建物には及ばない。

2 この建物が賃借地上に建っていた場合、抵当権の効力は従たる権利である敷地の賃借権にも及ぶから、競落人はこの賃借権も取得し、地主の承諾を得ることなく敷地を利用することができる。

3 B の債権が同一性を保ったまま B から C に譲渡された場合、A は B のために抵当権を設定したのであるから、A の承諾がない限り、C が抵当権を取得することはない。

4 この抵当権が未登記の場合には、B は、抵当権に基づいて競売を申し立てることも他の債権者に先立って配当を受けることもできない。

5 抵当権設定後に 2 階が増築された場合、B は、建物の競売代金のうち増築された部分を除いた部分について優先的に弁済を受けることができる。

PointCheck

●抵当権が消滅する場合·······························【★★☆】

抵当権が消滅する場合としては、次のような場合がある。

①目的物の消滅：目的物がなくなれば物権は消滅する。
  →価値代替物が生じていれば、物上代位の問題となる。
  →抵当権の目的物となっていた建物を取り壊して、同じ土地に代わりの建物を建てても抵当権は復活しない。
  →地上権の上に抵当権が設定されていた場合に、その地上権を放棄しても抵当権者には対抗できない。

②混同：抵当権者と所有権者が同一人となった場合、抵当権は消滅する。

③抵当権消滅請求権：抵当不動産の第三取得者が一定金額を提示して消滅を請求する。

④代価弁済：抵当権者が、抵当権の目的物の売却代金と引換えに抵当権を消滅させる。

⑤時効消滅：第三取得者などとの関係では被担保債権から独立して時効消滅する。

●抵当権の効力が及ぶ範囲についての判例·····························【★★☆】

①抵当権は抵当権設定当時の抵当不動産の従物に及ぶか。→及ぶ

②建物に抵当権が設定された場合、土地の借地権にも抵当権は及ぶか。→及ぶ
  建物所有のための敷地の利用権（従たる権利）は建物と一体となって建物の財産的価値を形成しているから。

③ガソリンスタンド用店舗に抵当権を設定した場合に、その地下に設置されているガソリ

問題でPointを理解する
Level 1 **Q95**

第1章

第2章

第3章

第4章

第5章

第6章

第7章

第8章

第9章

第10章

ンタンクに抵当権の効力は及ぶか。→及ぶ

　ガソリンタンクなどの設備は店舗の建物の従物であるから。

④甲建物と乙建物が内部の隔壁によって区分されていて、甲建物にＡの抵当権、乙建物に
　Ｂの抵当権がついていた場合において、両建物の隔壁が取り除かれて１棟の丙建物に
　なったときは、ＡＢの抵当権は消滅するか。→しない

　ＡＢの抵当権は丙建物について、甲建物と乙建物の価格の割合に応じた持分について存
続する。

⑤抵当山林の立木を使用収益の範囲を越えて伐採した場合、伐採した木に抵当権の効力は
　及ぶか。→及ぶ

　いったん土地の一部として立木に抵当権の効力が及んでいた以上、伐採され動産となっ
た場合でも伐木に抵当権の効力は及ぶ。

Ａ95　正解一1

1―正　抵当権の設定されていた建物が完全に取り壊されれば抵当権も目的物を失って
　　　消滅する。再築された建物は別個の建物であって、その建物を抵当権に入れた
　　　ければ改めて抵当権を設定するしかない。登記がそのまま残っていることは権
　　　利関係の消長とは関係がない。

2―誤　抵当権の効力が敷地の賃借権にも及ぶという点や競落人に取得されるという点
　　　は正しい。しかし、賃借権の移転を賃貸人（地主）に対抗するには賃貸人の承
　　　諾またはこれに代わる裁判所の許可を得ることが必要であり（612条1項、
　　　借地借家法20条1項）、競落人が地主の承諾なしに敷地を使用すれば不法占
　　　拠者となる。

3―誤　担保物権には、被担保債権が他人に移転すれば、担保物権も原則としてそれに
　　　伴って移転するという性質（随伴性）がある。その債権を担保するのが担保物
　　　権の役目だからである。抵当権を設定する者はこのような担保物権の性質を承
　　　知の上で設定するわけであるから（法の定めを知らないという言い訳は許され
　　　ない）、債権の譲渡があれば随伴性によって当然に担保物権も移転する。この
　　　場合Ａの承諾は不要である。

4―誤　登記は第三者に対する対抗要件にすぎないから、未登記であっても抵当権に基
　　　づく競売の申立てはできる。ただ、対抗力がない以上第三者に優先して弁済を
　　　受けることはできず、按分比例による平等弁済を受け得るにとどまる。

5―誤　抵当権の効力は、抵当目的物に付加して一体となった物（付加一体物という）
　　　にも及ぶ（370条）。2階を増築した場合、その2階部分は従来の建物と一体
　　　となる（付合する）から、この部分にも抵当権の効力は及ぶ。

Q96 法定地上権

問　法定地上権に関する次の記述のうち、判例に照らし正しいものはどれか。（国税専門官）

1　更地に抵当権が設置された後に建物が築造された場合、抵当権者がその築造をあらかじめ承認していたのであれば、抵当権者が当該土地を更地として評価して設定したことが明らかであっても、法定地上権は成立する。

2　抵当権設定当時存在していた建物が完全に滅失した場合には、後に建物が再築されたときであっても、法定地上権は認められない。

3　抵当権設定当時土地と建物の所有者が異なっていても、その後当該土地および建物の所有者が同一人になった場合には、法定地上権が認められる。

4　抵当権設定当時同一人に属していた土地と建物のうちの一方が、その後抵当権の実行に至るまでの間に第三者に譲渡された場合でも、法定地上権は認められる。

5　建物共有者の一人がその敷地を単独で所有する場合に、同人が当該土地に抵当権を設定し、その実行により第三者が当該土地を競落した場合、法定地上権は認められない。

PointCheck

◉**法定地上権**‥‥‥‥‥‥‥‥‥‥‥‥‥‥‥‥‥‥‥‥‥‥‥‥‥‥‥‥‥‥‥‥‥‥‥‥‥**【★★★】**

⑴**成立要件（388条）**

①抵当権設定当時、土地上に建物があったこと

　更地に抵当権が設定された後に、建物が建てられ、その後抵当権が実行されても抵当権者は、その土地を地上権の制限のない更地と評価して担保としたはずだから法定地上権は成立しない（地上権の設定された土地の価格は更地の4割程度に落ち込むと言われている）。なお、設定当時に建物があれば、その建物がいったん滅失して再築されても再築された建物のために法定地上権は成立する。抵当権者はその土地に法定地上権の発生があることを踏まえて土地を評価していたはずだからである。

②土地と建物の所有者が同一人であったこと

　土地の所有者と建物の所有者が別人のときは、すでに地上権や賃借権などが存在しているはずであるから、それをもって抵当権者や買受人に対抗すればよく、法定地上権は認められない。たとえ、抵当権実行前に土地と建物の所有者が同一人になった場合でも、同様である。

③土地・建物のどちらか一方または双方に抵当権が設定されたこと

⑵**法定地上権と共有**

　土地が共有の場合には法定地上権は成立しない。なぜなら、そもそも地上権というものは土地の所有権の制限であり、土地の共有者（C）にとって不利益なものである。それを他の共有者の行為で押し付けられてはたまらないからである。これに対し、建物が共有の場合には、法定地上権は成立する。建物の共有者（C）にとって法定地上権が成立することは利益

なことだからである。なお、土地も建物も共有の場合には、法定地上権は成立しない。土地の共有者を害することになるからである。

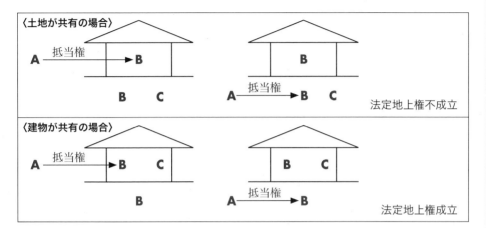

A96 正解—4

1—誤 法定地上権が成立するためには、抵当権設定時に建物が存在していたことが必要である。本肢では抵当権設定の当時更地であり、更地として土地を評価して抵当権が設定された以上、例え抵当権者が将来建物を建てることを承諾していても、法定地上権は成立しないとするのが判例である。

2—誤 再築された建物について法定地上権が成立する。抵当権設定の当時において建物が存在していれば、法定地上権の成立を見越して抵当権が設定されていたはずだからである。

3—誤 法定地上権が成立するためには、抵当権設定時に建物と土地の所有者が同一人であることが必要である。土地と建物の所有者が別人の場合には、敷地について利用権（賃借権・地上権）が存在していたはずであるから、その利用権の存続を図れば足りる。

4—正 本肢の場合、抵当権設定当時に土地と建物がともに同一人に帰属しているのであり、法定地上権の成立要件は充たされている。例え土地または建物の譲渡の際に敷地の利用権の設定がなされても、土地に抵当権が設定されていたときは抵当権には対抗力で負けざるを得ないし、建物に抵当権を設定していたときは抵当権者は法定地上権の成立を期待していたはずである。したがって、法定地上権の成立は肯定すべきである（判例）。

5—誤 本肢のような場合、建物の他の共有者としては法定地上権を手に入れることは利益にこそなれ何ら不利益を受けるものではない。したがって、法定地上権は認められる（判例）。

Q97 譲渡担保

問 譲渡担保に関する次の記述のうち、正しいものはどれか。 (国家一般)

1 債権者と債務者の間で、既存の債権を担保するために、譲渡担保が設定された場合も抵当権が設定された場合も、目的物の所有権が債権者に移転する点では共通する。

2 債権者Aと債務者Bの間で既存の特定の債権を担保するために譲渡担保を設定することは認められるが、増減する可能性のある将来の債権を担保するためにこれを設定することは認められない。

3 債権者Aと債務者Bとの間で動産について譲渡担保が設定された後もBが引き続き目的物を占有している場合、Aは、Bに対して所有権を主張することはできるが、第三者に対して所有権を主張することはできない。

4 不動産について譲渡担保が設定された後、債務者Aが債務を弁済したにもかかわらず目的物が債権者Bから第三者Cに譲渡された場合、Cが背信的悪意者であるときを除いて、Aは登記がなければ不動産の所有権をCに対抗することができない。

5 構成部分が変動する集合動産は、その種類や所在場所などでは目的物を特定することは困難であるから、これを1個の物として譲渡担保の目的とすることはできない。

PointCheck

●譲渡担保の意義 ··【★★☆】

　譲渡担保は、民法に規定のある担保物権ではなく、取引界が必要に迫られて既存の法的制度を駆使して編み出した担保の仕組みである。債務者が自己の所有物をいったん債権者に譲渡し、「債務を完済すれば返してもらえるが、債務不履行となるときは返してもらえなくなる」ということにしておくものである（物の価額と債権額の差額は清算される）。債務を弁済するまでの間、債務者は物を使用し続けるために、債権者から借りておく場合が多い。

　具体例でいうと、Aから融資を受けるBが、担保に供する機械をタダでAに譲渡し、将来債務を完済したときは機械の所有権はBに返ってくるとの約束をしておく。そして、それまでの間は、BはAからその機械を借りておくことにする。もしも、Bが債務を弁済できなかったときは、Aはその機械の所有権を確定的に取得しそれによって債務の弁済を受けることになる。この場合Aは、機械の価額と債権額の差額をBに清算する。

　これを実質的にみれば、動産の上に抵当権を設定したのと同じ機能を営んでいることになる。

●譲渡担保と二重譲渡 ··【★★☆】

　①債務者のBがさらにCにも譲渡をしたら二重譲渡となる。これに対処するためAは動産物権変動の対抗要件として占有改定をしておく必要がある。

　②Bが債務を弁済すれば所有権はBに戻ってくるが、それにもかかわらずAが第三者Cに

売却してしまうことがある。この場合の法律関係は、Aを基点とするA→B、A→Cという二重譲渡の関係となる。

※なお、譲渡担保では、競売をしなくてすむため、抵当権制度がある不動産についても譲渡担保は行われる。その場合の対抗要件は登記である。上の①②は不動産についても同様に問題となることである。

◉債務弁済前の二重譲渡……………………………………………………………【★★☆】

　肢4では、債務者Aが弁済した後に債権者BがCに譲渡しているが、弁済期到来後Aの弁済前に、債権者Bが第三者Cにその不動産を譲渡していたらどうであろうか。弁済期到来後であっても債権者が清算金を支払うまでは、債務者は目的物を受け戻すことができるのであるが、債権者が他に処分してしまうともはや受け戻すことはできなくなる。したがって、債権者BがCに譲渡したときは、たとえCが背信的悪意者だった場合でも、Aは取り戻すことはできないとされている（判例）。

◉集合物の上の譲渡担保……………………………………………………………【★☆☆】

　在庫商品などのように、搬入と流出が繰り返され、常に構成要素が流動している動産群であっても、経済的に見て一体をなしている物は全体を1個の物と見ることができる。このような物を集合物という。このような集合物に譲渡担保を成立させるには、その種類、所在場所、量的範囲などによって目的物の範囲が特定されることが必要である（判例）。

A97 　正解—4

1—誤　抵当権の場合には、所有権が債権者に移転することはない。

2—誤　増減する可能性のある将来の債権を担保する場合は、根抵当権のようなものであり、根譲渡担保ということになるが、このようなものも有効であると解されている。

3—誤　動産について譲渡担保がなされるときは、債権者は債務者との間で占有改定をしておくことによって対抗要件を備えておく。したがって、第三者に対しても、所有権を主張できる。

4—正　債務者Aが弁済をすれば目的物の権利はAに戻ってくるが、これも不動産の物権変動であるから、Aは対抗要件（登記）を取得しなければ第三者に対抗できない（177条）。したがって、Cが背信的悪意者である場合を除いて、Aは登記がなければCに所有権の取得（回復）を主張できない。

5—誤　倉庫内の商品全部などのように、構成部分が変動する集合動産を全体として1個の物と見ようとするのが集合物概念であり、判例はその種類、所在場所、量的範囲の指定などにより、目的物の範囲を特定できる場合には、この概念によって1個の物とみなし得るとしている。

Q98 法定地上権

問 法定地上権に関する次の記述のうち、妥当なものはどれか。 （国税専門官）

1 法定地上権とは、土地と建物が同一の所有者に属する場合において、そのいずれか一方に抵当権が設定され、競売の結果、土地所有者と建物所有者が異なるに至ったとき、一番抵当権者が競売の際に地上権を設定したものとみなす制度である。

2 更地に抵当権を設定する際に、抵当権設定者と抵当権者との間で、将来その土地の上に建物を建築したときは、競売の時に地上権を設定したものとみなすという合意がなされていた場合は、抵当権設定者は土地競落人に対し、地上権を主張することができるとするのが判例である。

3 土地について一番抵当権が設定された当時、土地と地上建物の所有者が異なり、法定地上権成立の要件が充足されていなかった場合であっても、土地と地上建物を同一人が所有するに至った後に、後順位抵当権が設定されたときには、その後に抵当権が実行され土地が競落されたことにより一番抵当権が消滅した時点で、地上建物のための法定地上権が成立するとするのが判例である。

4 土地及びその地上建物の所有者が建物につき抵当権を設定したとき、土地の所有権移転登記を経由していなければ、法定地上権は成立しないため、抵当権設定者は第三者に対して対抗することができないとするのが判例である。

5 抵当権設定当時土地および建物の所有者が異なる場合においては、その土地または建物に対する抵当権の実行による競落の結果、当該土地および建物が同一人の所有に帰していても、法定地上権は成立しないとするのが判例である。

PointCheck

◉後順位抵当権者のための法定地上権 ･･【★☆☆】

肢3の事例は以下のような場合である。

・一番抵当権設定時→土地と建物の所有者が別人→法定地上権の成立要件なし

・二番抵当権設定時→土地と建物の所有者が同一人となる→法定地上権の成立要件具備

そして肢3では、一番抵当権は土地についてのものであり、一番抵当権者を害することから法定地上権の成立は認められない（判例）。

もしこれが建物について一番抵当権があり、その後建物について二番抵当権が設定されたが、その際には、法定地上権の成立要件を充たしていたという場合であったらどうであろうか。判例は、この場合には、法定地上権の成立を認めている。なぜなら、この場合に法定地上権の成立を認めても一番抵当権に不利益はないからである。つまり、法定地上権は建物を他人の土地上に所有し得る権利であるから、これがあることによって建物の競売価格は上がることはあっても下がることはない。よって、建物に一番抵当権が設定されていた場合には法定地上権の成立を認めても一番抵当権者は利益を受けるだけだということになる。

問題でPointを理解する
Level 2 **Q98**

第1章
第2章
第3章
第4章
第5章
第6章
第7章
第8章
第9章
第10章

以上をまとめると以下のようになる。

・一番抵当権・二番抵当権が土地の抵当権だった場合→法定地上権不成立
・一番抵当権・二番抵当権が建物の抵当権だった場合→法定地上権成立

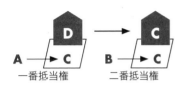

〈法定地上権不成立〉

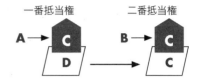

〈法定地上権成立〉

Level up Point!　法定地上権は、いろいろな形で出題がなされるので、おざなりの学習ではおぼつかない分野である。しかし、成立要件のうち、①抵当権設定当時の建物の存在、②土地と建物の所有者が同一、の2つを覚えて適用すれば大体の場合に正解になる。なお、登記名義がどうなっていたかは考えなくてよい。以上のことを本問に適用すると、肢2と肢4は誤りだと分かる。そして肢5は正しいといえることになる。なお、肢3はやや難しい。本問を機にしっかり学習しておいてほしい。

A98 正解－5

1－誤　土地または建物のいずれか一方に抵当権が設定された場合に限定している点が正しくない。土地と建物の両方に抵当権が設定されていたときでも、競売の結果土地と建物の所有者が別々になるときには、法定地上権は成立する。

2－誤　本肢のような合意があっても、土地に抵当権を設定した当時、建物が存在せず更地として評価していた以上、法定地上権は成立しないとするのが判例である。

3－誤　例え二番抵当権設定当時には、法定地上権の成立要件が充たされていようとも、抵当権が実行されれば、一番抵当権者も優先弁済を受けることになるのであるから、法定地上権の要件が具備されているかどうかは、一番抵当権を基準として判断すべきである。本肢では、一番抵当権の設定当時には、土地と建物所有者が別々であったのであるから、法定地上権は成立しない。判例は、本肢のような場合に法定地上権を認めれば一番抵当権者が把握した担保価値を損なわせることになるということを理由にしている。

4－誤　判例は、登記がなされていない場合でも法定地上権の成立を認める。登記がなされていなくても実質的には土地と建物の所有者が同一人なわけであるから、法定地上権を認めても問題はないからである。

5－正　抵当権設定当時土地および建物の所有者が異なる場合には、何らかの利用権があったはずであり、それが抵当権実行後も存続すればよいのであるから、法定地上権は成立しない。

Q99 担保物権・非典型担保

問 次に挙げる担保物権のうち、民法に規定がないものはどれか。　　　　（地方上級類題）

1　他人の物の占有者が、その物に関して生じた債権を有するときは、その債権の弁済を受けるまでその物を留置することができるもの。
2　債務者または第三者が占有を移さずして債務の担保に供した不動産につき、他の債権者に先んじて自己の債権の弁済を受ける権利が認められるもの。
3　債権の担保として、債務者または第三者より受け取った物を占有し、その物について他の債権者に先んじて自己の債権の弁済を受ける権利が認められるもの。
4　法律が定める特殊の債権を有するものは、債務者の財産につき他の債権者に先んじて自己の債権の弁済を受ける権利を有すると認められているもの。
5　担保の目的である財産権を債権者に移転させた上で、債務者が債務を弁済した時には返還することを約するもの。

PointCheck

◉譲渡担保と債務者の受戻し……………………………………………………………【★☆☆】

　譲渡担保において、債務の履行期が到来したのに債務者が債務を履行しないときは、債権者は譲渡担保を私的に実行することになる。この場合の私的実行というのは、目的物を自分で取得してその評価額と債務の差額（清算金）を債務者に返還したり、第三者に処分してその代金との差額（清算金）を債務者に返還することを指す。債務者は、目的物を債権者が自分で取得する場合には、債権者が清算金を支払うまでは、遅滞している損害と債権額を弁済して目的物を受け戻すことができるが（下図①）、第三者に処分したときには、もはや受け戻すことはできない（下図②）。債務者が受け戻せなくなった以上、第三者は例え背信的悪意だったとしても保護される。

　なお、「履行期が到来する前に」債権者が第三者に処分していたときは、債務者は履行期に弁済して所有権を復帰させることができる。この場合、すでに譲り受けていた者との関係は、二重譲渡の関係となり、対抗要件の早い者が勝つことになる。

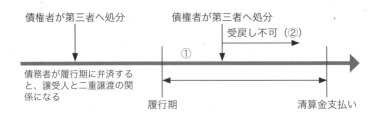

問題でPoint を理解する

Level 2 Q99

第1章

第2章

第3章

第4章

第5章

第6章

第7章

第8章

第9章

第10章

●譲渡担保以外の非典型担保……………………………………………【★☆☆】

他の非典型担保としては①仮登記担保、②所有権留保、などがある。

①仮登記担保

債務不履行に陥ったときには目的物を代物弁済することを予定しておき（停止条件付代物弁済契約・代物弁済の予約）、その条件付権利を仮登記によって保全しておくものである。これにより、債務不履行が生ずると、目的物の所有権が債権者に移転し、債権は弁済されたことになる（債権者には清算義務がある）。仮登記をしておく理由は、途中で債務者が第三者にその不動産を譲渡した場合に対する債権者の防衛のためである。

この仮登記担保は譲渡担保と法律的構成が大きく違っている。それは、譲渡担保は初めから所有権が債権者に移転しており、その後、弁済があれば債務者に戻ってくるという仕組みである。これに対し、仮登記担保は、債務不履行に陥るまでは所有権は債務者が有しており、債務不履行になって初めて所有権が移転していくという仕組みである。

②所有権留保

売買代金債権を担保するために、分割払金の支払いが終わるまで目的物の所有権を売主に留保しておくものである。代金完済の時に買主は所有権を取得する。

Level up Point! 　本問自体は素直な問題であり、誤ることはないであろう。本問を機に、譲渡担保などの非典型担保（民法に規定のない担保）についてのポイントを確認してほしい。

A99 正解─5

1─誤　「他人の物の占有者が」「その物に関して生じた債権」という記述から、留置権のことをいっていると判断できる。留置権は民法に規定のある担保物権である。

2─誤　「占有を移さずして」「担保に供した」という記述から、抵当権のことをいっていると判断できる。抵当権は民法に規定のある担保物権である。

3─誤　「債務者または第三者より受け取った物を占有し」という記述から、質権のことをいっていると判断できる。質権は民法に規定のある担保物権である。

4─誤　「法律が定める特殊の債権」という記述から先取特権のことをいっていると判断できる。先取特権は民法に規定のある担保物権である。

5─正　「財産権を債権者に移転させた上で」という記述から、譲渡担保のことをいっていると判断できる。譲渡担保は民法に規定のない担保物権である。よって、本肢が正解となる。

Q100 抵当権の効力

問 実行前の抵当権の効力に関するア～オの記述のうち、妥当なもののみを全て挙げているのはどれか。

(国家一般)

ア 抵当権の設定登記がされた建物を賃借した者は、賃借権の登記をしていなくとも、競売手続の開始前から建物を使用又は収益していれば、その建物の競売における買受人の買受けの時から6か月を経過するまでは、その建物を買受人に引き渡さなくてよい。

イ 抵当権の設定登記がされた建物を賃借した者は、賃借権の登記をしていなくとも、登記をした抵当権を有する全ての者の同意を得ることができれば、その建物が競売されても、当該賃借権は買受人に引き受けられ、存続する。

ウ 自己の所有する建物に抵当権を設定した債務者が、その過失により、当該建物を損傷させた場合、債務者は期限の利益を失う。

エ 抵当権者は、抵当権の設定登記がされた建物を買い受けた第三取得者に対して、その売買代金を自己に支払うことを請求し、抵当権を消滅させることができる。この代価弁済は、売買価格が被担保債権額を下回っている場合に利用されるものであるから、第三取得者の同意を要しない。

オ 抵当権の設定登記がされた建物を買い受けた第三取得者は、自らが申し出た金額を抵当権者に支払うことにより、抵当権の消滅を請求することができる。抵当権者としてはこれに応ずる義務はないが、請求に応じない場合、抵当権者は1か月以内に増価競売の請求をしなければならない。

1 ア、ウ　　**2** ア、エ　　**3** イ、ウ　　**4** イ、オ　　**5** エ、オ

PointCheck

●抵当不動産の賃借人の保護··【★★☆】

　不動産賃借権は債権なので、「抵当権設定後」の賃借人は、抵当権が実行されれば買受人に対して賃借権を対抗できないのが原則である。ただ、すぐに立ち退かなければならないとすると賃借人に酷な場合もあり、抵当不動産の賃借人を保護する制度が必要となる。

　以前は、短期賃貸借の期間は賃借権を保護するという規定があったが、逆に抵当権実行を阻害する目的で制度が悪用されることがあった。そのため、現在では「建物賃貸借」に限って、建物賃借人は買受人に対し6か月の明け渡しが猶予されることとなった（395条）。

　また、賃借人がついている物件のほうが価値が有る場合もあるので、抵当不動産の全ての抵当権者が認めるなら、抵当権設定後の賃借権であっても実行後も対抗できるとした。全抵当権者の同意と、同意のある賃借権であるとの登記があれば、買受人にも対抗できるようになる。

◉**代価弁済**‥‥‥‥‥‥‥‥‥‥‥‥‥‥‥‥‥‥‥【★★☆】

　抵当権付の不動産の権利を取得する者は、抵当権実行で権利を失うことは避けたい。

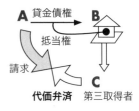

　抵当権者の側から考えると、抵当不動産の第三取得者が現れて、その代金が債務の弁済に当てられるものなら、抵当権を実行する必要もなくなる。そこで、抵当不動産の第三取得者が、「抵当権者の請求」に応じて、その代価を弁済すれば、抵当権はその第三者のために消滅するとしている（378条）。これは、あくまでも抵当権者のほうから請求し、抵当権を実行できなくするもので、第三取得者側からも請求に応じるのでなければ効力はない。

◉**抵当権の消滅請求**‥‥‥‥‥‥‥‥‥‥‥‥‥‥【★☆☆】

　抵当権付不動産の権利を取得する者は、できたら買い受ける段階で抵当権を消滅させたい（通常は担保付の物件は取引しづらい）。そこで、第三取得者が抵当不動産を自ら評価し、その金額を抵当権者に提供し、抵当権の消滅を請求できるとした。もちろん、抵当権の実行される前、競売の差押えの効力が発生する前に消滅請求がされなければならない。

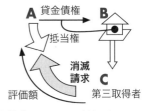

　しかし、第三者側の低い評価で抵当権が消えてしまったら抵当権者にとって不利である。その場合は、抵当権者の対抗手段として、通常の競売を申し立て抵当権を実行することが認められる。

　ストレートに条文の内容を問う問題とはいえ、利害関係人の利害調整をする派生的制度には苦手意識があると思う。しかし、正解肢だけ見れば比較的基本事項であるので、代価弁済や増加競売の細かい部分が試されているわけではない。やはり確実に基本事項から整理暗記していく態度で臨もう。

A100 正解—1

アー正　建物の賃借権だけは、競売による建物の買受人に対して6か月の明渡猶予がみとめられる。

イー誤　賃借権の登記は必要である。その上で、賃借権登記以前の全ての抵当権者が同意し、同意の登記をすれば、抵当権者および買受人に賃貸借を対抗できる（387条）。

ウー正　債務者が担保を損傷させたときは、期限の利益を主張することができない（137条）。

エー誤　抵当権者の請求に応じて代価を弁済するのであり（378条）、第三取得者の同意が必要であり、第三取得者が同意しなければ効力は生じない。

オー誤　抵当権者の対抗措置としての増価競売制度・増価買受義務は廃止されている。抵当権者は2か月以内に抵当権を実行して普通の競売を申し立てればよい。

INDEX

224

◆参考文献

内田貴	『民法 I ～ IV』	東京大学出版会
川井健	『民法概論 1 ～ 3』	有斐閣
川井健	『担保物権法』	青林書院
川井健・鎌田薫編	『物権法・担保物権法』	青林書院
大村敦志	『基本民法 1、2、3』	有斐閣
潮見佳男	『プラクティス債権総論』	信山社
潮見佳男	「基本講義 債権各論 1、2」	新世社
平野裕之	『プラクティス債権総論』	信山社
四宮和夫・能見善久	『民法総則』	弘文堂
近江幸治	『民法講義 1 ～ 7』	成文堂
星野英一	『民法概論 I ～ IV』	良書普及会
星野英一	『民法 財産法』	放送大学教育振興会
星野英一	『家族法』	放送大学教育振興会
松坂佐一	『民法提要』	有斐閣
我妻栄	『民法講義 I ～ IV、V 1 ～ V 4』	岩波書店
我妻栄・有泉亨・川井健	『民法 1 ～ 3』	勁草書房
平井宜雄編	『民法の基本判例』	有斐閣
星野英一・平井宜雄・能見善久編	『民法判例百選 I 、II（第 5 版）』	有斐閣
中田裕康・潮見佳男・道垣内弘人編	『民法判例百選 I 、II（第 6 版）』	有斐閣
水野紀子・大村敦志・窪田充見編	『家族法判例百選（第 7 版）』	有斐閣
加藤一郎・米倉明編	『民法の争点 I 、II』	有斐閣
内田貴・大村敦志編	『民法の争点』	有斐閣

❖ **MEMO** ❖

❖ **MEMO** ❖

本書の内容は、小社より 2020 年 3 月に刊行された
「公務員試験 出るとこ過去問 2 民法Ⅰ」（ISBN：978-4-8132-8744-5）
および 2023 年 3 月に刊行された
「公務員試験 出るとこ過去問 2 民法Ⅰ 新装版」（ISBN：978-4-300-10602-0）
と同一です。

公務員試験　過去問セレクトシリーズ

公務員試験　出るとこ過去問　2　民法Ⅰ　新装第2版

2020 年 4 月 1 日　初　　版　第 1 刷発行
2024 年 4 月 1 日　新装第 2 版　第 1 刷発行

編　著　者	Ｔ　Ａ　Ｃ　株　式　会　社	
	（出版事業部編集部）	
発　行　者	多　　田　　敏　　男	
発　行　所	ＴＡＣ株式会社　出版事業部	
	（ＴＡＣ出版）	

〒 101-8383
東京都千代田区神田三崎町 3-2-18
電話　03（5276）9492（営業）
FAX　03（5276）9674
https://shuppan.tac-school.co.jp/

印　　刷	株式会社　光　　　邦	
製　　本	株式会社　常　川　製　本	

© TAC　2024　　　Printed in Japan　　　ISBN 978-4-300-11122-2
N.D.C. 317

公務員講座のご案内

大卒レベルの公務員試験に強い！

2022年度 公務員試験

公務員講座生[1]
最終合格者延べ人数[2]

5,314名

国家公務員（大卒程度）	計	2,797名
地方公務員（大卒程度）	計	2,414名
国立大学法人等	大卒レベル試験	61名
独立行政法人	大卒レベル試験	10名
その他公務員		32名

※1 公務員講座生とは公務員試験対策講座において、目標年度に合格するために必要と考えられる、講義、演習、論文対策、面接対策等をパッケージ化したカリキュラムの受講生です。単科講座や公開模試のみの受講生は含まれておりません。
※2 同一の方が複数の試験種に合格している場合は、それぞれの試験種に最終合格者としてカウントしています。（実合格者数は2,843名です。）
＊2023年1月31日時点で、調査にご協力いただいた方の人数です。

1位 全国の公務員試験で合格者を輩出！

詳細は公務員講座（地方上級・国家一般職）パンフレットをご覧ください。

2022年度 国家総合職試験

公務員講座生[1]

最終合格者数 217名

法律区分	41名	経済区分	19名
政治・国際区分	76名	教養区分[2]	49名
院卒/行政区分	24名	その他区分	8名

※1 公務員講座生とは公務員試験対策講座において、目標年度に合格するために必要と考えられる、講義、演習、論文対策、面接対策等をパッケージ化したカリキュラムの受講生です。単科講座や公開模試のみの受講生は含まれておりません。
※2 上記は2022年度目標の公務員講座最終合格者のほか、2023年度目標公務員講座生の最終合格者40名が含まれています。
＊ 上記は2023年1月31日時点で調査にご協力いただいた方の人数です。

2022年度 外務省専門職試験

最終合格者総数55名のうち
54名がWセミナー講座生です。[1]

合格者占有率[2] 98.2%

外交官を目指すなら、実績のWセミナー

※1 Wセミナー講座生とは、公務員試験対策講座において、目標年度に合格するために必要と考えられる、講義、演習、論文対策、面接対策等をパッケージ化したカリキュラムの受講生です。各種オプション講座や公開模試など、単科講座のみの受講生は含まれておりません。また、Wセミナー講座生はそのボリュームから他校の講座生と掛け持ちすることは困難です。
※2 合格者占有率は「Wセミナー講座生（※1）最終合格者数」を、「外務省専門職採用試験の最終合格者総数」で除して算出しています。また、算出した数字の小数点第二位以下を四捨五入して表記しています。
＊ 上記は2022年10月10日時点で調査にご協力いただいた方の人数です。

WセミナーはTACのブランドです

合格できる3つの理由

1 必要な対策が全てそろう！ ALL IN ONE コース

TACでは、択一対策・論文対策・面接対策など、公務員試験に必要な対策が全て含まれているオールインワンコース（＝本科生）を提供しています。地方上級・国家一般職／国家総合職／外務専門職／警察官・消防官／技術職／心理職・福祉職など、試験別に専用コースを設けていますので、受験先に合わせた最適な学習が可能です。

▶ カリキュラム例：地方上級・国家一般職 総合本科生

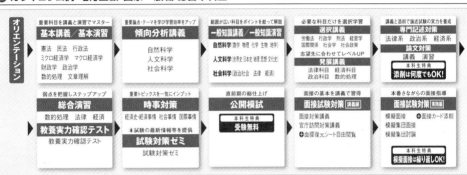

※上記は2024年合格目標コースの内容です。カリキュラム内容は変更となる場合がございます。

2 環境に合わせて選べる！ 多彩な学習メディア

フォロー制度も充実！
受験生の毎日の学習をしっかりサポートします。

▶ 欠席・復習用フォロー
クラス振替出席フォロー
クラス重複出席フォロー

▶ 質問・相談フォロー
担任講師制度・質問コーナー
添削指導・合格者座談会

▶ 最新の情報提供
面接復元シート自由閲覧
官公庁・自治体業務説明会 など

※上記は2024年合格目標コースの一例です。年度やコースにより変更となる場合がございます。

3 頼れる人がそばにいる！ 担任講師制度

TACでは教室講座開講校舎と通信生専任の「担任講師制度」を設けています。最新情報の提供や学習に関する的確なアドバイスを通じて、受験生一人ひとりを合格までアシストします。

▶ 担任カウンセリング
学習スケジュールのチェックや苦手科目の克服方法、進路相談、併願先など、何でもご相談ください。担任講師が親身になってお答えします。

▶ ホームルーム（HR）
時期に応じた学習の進め方などについての「無料講義」を定期的に実施します。

パンフレットのご請求は

TAC カスタマーセンター **0120-509-117**
受付時間 平日 9:30～19:00　土曜・日曜・祝日 9:30～18:00
※受付時間は、変更させていただく場合がございます。詳細は、TACホームページにてご確認いただきますようお願い申し上げます。

TACホームページ **https://www.tac-school.co.jp/**

公務員講座のご案内

無料体験入学のご案内
3つの方法でTACの講義が体験できる!

教室で体験
迫力の生講義に出席 　予約不要!　最大3回連続出席OK!

1. 校舎と日時を決めて、当日TACの校舎へ
TACでは各校舎で毎月体験入学の日程を設けています。

2. オリエンテーションに参加(体験入学1回目)
初回講義「オリエンテーション」にご参加ください。体験入学ご参加の際に個別にご相談をお受けいたします。

3. 講義に出席(体験入学2・3回目)
引き続き、各科目の講義をご受講いただけます。参加者には体験用テキストをプレゼントいたします。

● 最大3回連続無料体験講義の日程はTACホームページと公務員講座パンフレットでご覧いただけます。
● 体験入学はお申込み予定の校舎に限らず、お好きな校舎でご利用いただけます。
● 4回目の講義前までにご入会手続きをしていただければ、カリキュラム通りに受講することができます。

※地方上級・国家一般職、理系(技術職)、警察・消防以外の講座では、最大2回連続体験入学を実施しています。また、心理職・福祉職はTAC動画チャンネルで体験講義を配信しています。
※体験入学1回目や2回目の後でもご入会手続きは可能です。「TACで受講しよう!」と思われたお好きなタイミングで、ご入会ください。

ビデオで体験
校舎のビデオブースで体験視聴

TAC各校のビデオブースで、講義を無料でご視聴いただけます。(要予約)

各校のビデオブースでお好きな講義を視聴できます。視聴前日までに視聴する校舎受付までお電話にてご予約をお願い致します。

ビデオブース利用時間 ※日曜日は④の時間帯はありません。
① 9:30 ～ 12:30 　② 12:30 ～ 15:30
③ 15:30 ～ 18:30 　④ 18:30 ～ 21:30

※受講可能な曜日・時間帯は一部校舎により異なります。
※年末年始・夏期休業・その他特別な休業以外は、通常平日・土日祝祭日にご覧いただけます。
※予約時にご希望日とご希望時間帯を合わせてお申込みください。
※基本講義の中からお好きな科目をご視聴いただけます。(視聴できる科目は時期により異なります)
※TAC提携校での体験視聴につきましては、提携校各校へお問合せください。

Webで体験
スマートフォン・パソコンで講義を体験視聴

TACホームページの「TAC動画チャンネル」で無料体験講義を配信しています。時期に応じて多彩な講義がご覧いただけます。

TAC ホームページ **https://www.tac-school.co.jp/**

※体験講義は教室講義の一部を抜粋したものになります。

TAC出版 書籍のご案内

TAC出版では、資格の学校TAC各講座の定評ある執筆陣による資格試験の参考書をはじめ、資格取得者の開業法や仕事術、実務書、ビジネス書、一般書などを発行しています!

TAC出版の書籍

*一部書籍は、早稲田経営出版のブランドにて刊行しております。

資格・検定試験の受験対策書籍

- ❂日商簿記検定
- ❂建設業経理士
- ❂全経簿記上級
- ❂税　理　士
- ❂公認会計士
- ❂社会保険労務士
- ❂中小企業診断士
- ❂証券アナリスト

- ❂ファイナンシャルプランナー(FP)
- ❂証券外務員
- ❂貸金業務取扱主任者
- ❂不動産鑑定士
- ❂宅地建物取引士
- ❂賃貸不動産経営管理士
- ❂マンション管理士
- ❂管理業務主任者

- ❂司法書士
- ❂行政書士
- ❂司法試験
- ❂弁理士
- ❂公務員試験(大卒程度・高卒者)
- ❂情報処理試験
- ❂介護福祉士
- ❂ケアマネジャー
- ❂社会福祉士　ほか

実務書・ビジネス書

- ❂会計実務、税法、税務、経理
- ❂総務、労務、人事
- ❂ビジネススキル、マナー、就職、自己啓発
- ❂資格取得者の開業法、仕事術、営業術
- ❂翻訳ビジネス書

一般書・エンタメ書

- ❂ファッション
- ❂エッセイ、レシピ
- ❂スポーツ
- ❂旅行ガイド (おとな旅プレミアム/ハルカナ)
- ❂翻訳小説

TAC出版

(2021年7月現在)

書籍のご購入は

1 全国の書店、大学生協、ネット書店で

2 TAC各校の書籍コーナーで

資格の学校TACの校舎は全国に展開！
校舎のご確認はホームページにて

➡ 資格の学校TAC ホームページ
https://www.tac-school.co.jp

3 TAC出版書籍販売サイトで

CYBER TAC出版書籍販売サイト
BOOK STORE

24時間
ご注文
受付中

TAC 出版　で　検索

https://bookstore.tac-school.co.jp/

新刊情報を
いち早くチェック！

たっぷり読める
立ち読み機能

学習お役立ちの
特設ページも充実！

TAC出版書籍販売サイト「サイバーブックストア」では、TAC出版および早稲田経営出版から刊行されている、すべての最新書籍をお取り扱いしています。
また、無料の会員登録をしていただくことで、会員様限定キャンペーンのほか、送料無料サービス、メールマガジン配信サービス、マイページのご利用など、うれしい特典がたくさん受けられます。

サイバーブックストア会員は、特典がいっぱい！（一部抜粋）

通常、1万円（税込）未満のご注文につきましては、送料・手数料として500円（全国一律・税込）頂戴しておりますが、1冊から無料となります。

専用の「マイページ」は、「購入履歴・配送状況の確認」のほか、「ほしいものリスト」や「マイフォルダ」など、便利な機能が満載です。

メールマガジンでは、キャンペーンやおすすめ書籍、新刊情報のほか、「電子ブック版TACNEWS（ダイジェスト版）」をお届けします。

書籍の発売を、販売開始当日にメールにてお知らせします。これなら買い忘れの心配もありません。

公務員試験対策書籍のご案内

TAC出版の公務員試験対策書籍は、独学用、およびスクール学習の副教材として、各商品を取り揃えています。学習の各段階に対応していますので、あなたのステップに応じて、合格に向けてご活用ください!

INPUT

『みんなが欲しかった!
公務員
合格へのはじめの一歩』
A5判フルカラー

●本気でやさしい入門書
●公務員の"実際"をわかりやすく
　紹介したオリエンテーション
●学習内容がざっくりわかる入門講義

・数的処理（数的推理・判断推理・
　空間把握・資料解釈）
・法律科目（憲法・民法・行政法）
・経済科目（ミクロ経済学・マクロ経済学）

『みんなが欲しかった!
公務員 教科書&問題集』
A5判

●教科書と問題集が合体!
　でもセパレートできて学習に便利!
●「教科書」部分はフルカラー!
　見やすく、わかりやすく、楽しく学習!

・憲法
・[刊行予定]民法、行政法

『新・まるごと講義生中継』
A5判
TAC公務員講座講師
郷原 豊茂 ほか

●TACのわかりやすい生講義を誌上で!
●初学者の科目導入に最適!
●豊富な図表で、理解度アップ!

・郷原豊茂の憲法
・郷原豊茂の民法I
・郷原豊茂の民法II
・新谷一郎の行政法

『まるごと講義生中継』
A5判
TAC公務員講座講師
渕元 哲 ほか

●TACのわかりやすい生講義を誌上で!
●初学者の科目導入に最適!

・郷原豊茂の刑法
・渕元哲の政治学
・渕元哲の行政学
・ミクロ経済学
・マクロ経済学
・関野喬のパターンでわかる数的推理
・関野喬のパターンでわかる判断整理
・関野喬のパターンでわかる
　空間把握・資料解釈

要点まとめ

『一般知識
出るとこチェック』
四六判

●知識のチェックや直前期の暗記に
　最適!
●豊富な図表とチェックテストで
　スピード学習!

・政治・経済
・思想・文学・芸術
・日本史・世界史
・地理
・数学・物理・化学
・生物・地学

記述式対策

『公務員試験論文答案集
専門記述』
A5判
公務員試験研究会

●公務員試験（地方上級ほか）の
　専門記述を攻略するための問
　題集
●過去問と新作問題で出題が予
　想されるテーマを完全網羅!

・憲法〈第2版〉
・行政法

書籍の正誤に関するご確認とお問合せについて

書籍の記載内容に誤りではないかと思われる箇所がございましたら、以下の手順にてご確認とお問合せをしてくださいますよう、お願い申し上げます。

なお、正誤のお問合せ以外の**書籍内容に関する解説および受験指導などは、一切行っておりません。**
そのようなお問合せにつきましては、お答えいたしかねますので、あらかじめご了承ください。

1 「Cyber Book Store」にて正誤表を確認する

TAC出版書籍販売サイト「Cyber Book Store」の
トップページ内「正誤表」コーナーにて、正誤表をご確認ください。

CYBER TAC出版書籍販売サイト
BOOK STORE

URL：https://bookstore.tac-school.co.jp/

2 ①の正誤表がない、あるいは正誤表に該当箇所の記載がない ⇒ 下記①、②のどちらかの方法で文書にて問合せをする

★ご注意ください★

お電話でのお問合せは、お受けいたしません。

①、②のどちらの方法でも、お問合せの際には、「お名前」とともに、
「対象の書籍名（○級・第○回対策も含む）およびその版数（第○版・○○年度版など）」
「お問合せ該当箇所の頁数と行数」
「誤りと思われる記載」
「正しいとお考えになる記載とその根拠」
を明記してください。

なお、回答までに1週間前後を要する場合もございます。あらかじめご了承ください。

① ウェブページ「Cyber Book Store」内の「お問合せフォーム」より問合せをする

【お問合せフォームアドレス】

https://bookstore.tac-school.co.jp/inquiry/

② メールにより問合せをする

【メール宛先　TAC出版】

syuppan-h@tac-school.co.jp

※土日祝日はお問合せ対応をおこなっておりません。
※正誤のお問合せ対応は、該当書籍の改訂版刊行月末日までといたします。

乱丁・落丁による交換は、該当書籍の改訂版刊行月末日までといたします。なお、書籍の在庫状況等により、お受けできない場合もございます。
また、各種本試験の実施の延期、中止を理由とした本書の返品はお受けいたしません。返金もいたしかねますので、あらかじめご了承くださいますようお願い申し上げます。

（2022年7月現在）